HISPANOAMÉRICA

HOLT, RINEHART AND WINSTON
New York · Toronto · London

Library of Congress Catalog Card Number: 69-11756

Printed in the United States of America
03-080027-7

9012345 4 987654321

Preface

Discovered at an age when Europe was opening its doors to new experiments, new ideas, America was the recipient of vigorous and adventurous men who wanted to expand their horizons. Both North and South America blended the old with the new and what they are today is the result of the fusion of European thinking and traditions and the inheritance received from civilizations that had reached their peak before Columbus set foot in the New World. This is especially true of that vast continent that we know as Latin America. The Incas, the Mayas and the Aztecs, along with many other Indian civilizations, had such impact on daily habits, art, and literature, that they are still very much in evidence in our day.

We have concerned ourselves in this book not with the whole of Latin America, but only with those regions discovered, explored and colonized by the Spaniards, that is to say *Hispanoamérica*, Spanish America. Brazil was populated, as we know, by the Portuguese and Haiti by the French. But even in the remaining eighteen nations that make up Spanish America today, there is enough variety in culture, wealth and history to fill volumes. We have tried to convey to students a feeling for the past and for Spanish American traditions and institutions.

In order to fulfill our aims, we have divided the book in two parts. Part I is a chronological account of events from pre-Columbian times to the independence movement in the 19th century and the Mexican Revolution of 1910. Of course, this is not a detailed historical account but only an effort to acquaint the students of Spanish with those outstanding events that shaped the destinies of a very complex and at times contradictory world.

In Part II we have endeavored to describe the most important institutions and activities, both national and international, that have had direct bearing upon Spanish American life during the 20th century. We have attempted, also, to interpolate some historical facts that may help one to understand those institutions and traditions.

Since we have prepared this book for students who have finished the elementary courses in college or high school, we have tried to maintain simplicity and readability in the language as well as accuracy in the presentation of factual material.

We hope that this book will not only help the student in learning Spanish but also in understanding a continent that has endowed the Western World with vast cultural wealth.

We thank Mrs. María Peinado for her tireless help in preparing this manuscript. Special thanks go to Professor Abraham Arias-Larreta for giving us permission to use the translation of "Pastorín", "El canto del escudo" and "Popol Vuh" from his book *Literaturas aborígenes*.

Roberto Esquenazi-Mayo
Carmen Esquenazi-Mayo

Contenido

Primera parte | **EL PASADO**

CUEVAS DE ALTAMIRA

1 España antes del descubrimiento

Se sabe[1] por las pinturas de las cuevas de Altamira, en la provincia de Santander, y por otras en la provincia de Albacete, que España ya estaba habitada en los tiempos prehistóricos. Se desconoce[2] la raza que las pintó, pero los arqueólogos han encontrado evidencias de hombres muy
5 primitivos en el suelo peninsular.

España ha sido poblada por muchas razas. Probablemente los iberos fueron sus primeros habitantes, y se extendieron por todo el territorio. En el siglo XII a. de C. los fenicios, que sólo querían comerciar, establecieron colonias a lo largo de[3] la costa sur de España, y seis siglos después,
10 los griegos, también comerciantes, se instalaron en la costa nordeste. En el siglo VI a. de C. llegaron los primeros celtas, no comerciantes, sino conquistadores, que se mezclaron tanto con la población, que nació una nueva raza, la «celtíbera», que determinó la formación étnica de España.

Un siglo después aparecieron en la Península los cartagineses, que
15 sometieron todo el sur y la parte occidental, y allí permanecieron hasta que los romanos los vencieron en el año 205 a. de C.

---

[1]Se sabe: *It is known.*
[2]Se desconoce: *It is not known.*
[3]a lo largo de: *along, along with.*

Los romanos tenían una cultura superior, e influyeron poderosamente en España, que asimiló sus ideas, costumbres, trajes, religión y lengua. Del latín hablado por los romanos proviene la lengua castellana actual. Roma dejó huellas profundas en el arte, en los acueductos, en los caminos, en la arquitectura, en la cerámica, en el intelecto español. Muchos peninsulares se distinguieron entre los personajes del Imperio Romano, como el poeta épico Marco Anneo Lucano, el poeta lírico Marco Valerio Marcial, el geógrafo Pomponio Mela, y más que ninguno, Lucio Anneo Séneca, que llegó a ser[4] maestro del cruel emperador Nerón.

Ya en el siglo II d. de C. los discípulos y seguidores de los apóstoles San Pablo y Santiago habían extendido el cristianismo en la Península, y también los numerosos mártires, perseguidos por sus ideas religiosas, habían afianzado la fe cristiana de los españoles.

---

[4]llegó a ser: *became.*

ACUEDUCTO DE SEGOVIA

En el año 414 d. de C. llegaron a la Península los visigodos, de origen escandinavo, que habían sido unas veces aliados de los romanos en Europa, y otras veces los combatieron. En el año 410 saquearon a Roma, y la dominaron por varios años. Cuando llegaron a España como aliados de los romanos, ya estaban bastante cristianizados. En España tuvieron que luchar contra los vándalos, los suevos y los alanos, pueblos germánicos procedentes del norte de Europa que habían penetrado en la Península en el siglo V y se habían instalado en regiones comprendidas entre el noroeste de Galicia y la costa sur. Cuando el Imperio Romano de Occidente cayó en al año 476, los visigodos se independizaron de ellos y dominaron la mayor parte del territorio español. En el año 585 establecieron su capital en Toledo. Pero el conocimiento visigodo era inferior al hispano-romano, y a pesar de[5] su supremacía política, la ley, la lengua, la religión y la cultura romana prevalecieron.

Aunque los visigodos estaban ya cristianizados cuando llegaron a España, eran arrianistas,[6] una secta que rechazaba la divinidad de Cristo, y esta creencia creó odios entre ellos y la población católica. Leovigildo fue el primer rey visigodo que trató de resolver este problema religioso. Quería unir a los peninsulares bajo el arrianismo. Pero su hijo mayor, Hermenegildo, verdadero católico opuesto a estas ideas, se rebeló contra su padre, y provocó una guerra civil en la cual murió. El trono lo ocupó

[5]a pesar de: *in spite of.*
[6]arrianistas: *followers of Arius, who never accepted the Catholic dogma of the divinity of Christ.*

entonces su hermano menor, quien se hizo[7] católico. Muchos cortesanos y sacerdotes le siguieron. La única religión permitida fue la católica, y el latín fue adoptado como la lengua oficial. Los judíos fueron perseguidos, y la iglesia se convirtió en el punto principal de unión de visigodos y españoles. Los monasterios fueron los verdaderos centros de aprendizaje y divulgación de la cultura. San Isidoro, arzobispo de Sevilla, fue el intelectual más notable de esa época. Escribió muchas obras, pero la más importante fue *Etimologías*, que trasmitió a la Edad Media el conocimiento de aquel tiempo.

Los musulmanes provenientes del África derrotaron fácilmente a los visigodos en España, apoyados por los judíos perseguidos, y a partir del[8] año 711 ocuparon la mayor parte del territorio. Las regiones dominadas estaban gobernadas por el emir, y formaban el emirato de España, sometido al emirato de África. Ambos emiratos estaban subordinados al califato de Damasco, gobierno de más categoría, regido por el califa.

La España musulmana iba adelantando lentamente hasta el año 756, cuando el emir de Córdoba proclamó independiente a su emirato. Más tarde[9] otro emir, Abderramán, se nombró califa, y creó el califato de Córdoba. En el año 997, el general musulmán Almanzor tomó a Santiago de Compostela[10] y entonces la España árabe alcanzó su mayor poderío. Córdoba se convirtió en una de las ciudades más populosas de Europa, y también en una de las más cultas.

Cuando Almanzor murió, el territorio comenzó a dividirse, y aprovechando esta debilidad, los nuevos reinos cristianos del norte comenzaron a extenderse, sometiendo a los musulmanes. Así comenzó el período llamado de la «Reconquista», que en los siglos IX y X tomó grandes dimensiones. Los cristianos querían «reconquistar» el país, sobre todo Santiago de Compostela. Según una leyenda, se había descubierto el sepulcro del apóstol Santiago[11] en Compostela, lo que dio gran impulso a este movimiento. Peregrinos de toda Europa, principalmente de Francia, iban hasta Compostela a visitar esa famosa tumba. Santiago se convirtió en el santo patrón[12] del país, y el grito de «¡Santiago!» fue el grito de guerra de los españoles cristianos.

---

[7]se hizo: *became*.
[8]a partir del = desde ese momento, desde entonces.
[9]Más tarde = Después.
[10]Santiago de Compostela: Ciudad erigida donde se encuentra el sepulcro del apóstol Santiago.
[11]Santiago: *Saint James*.
[12]santo patrón: *patron saint*.

La Reconquista se inició en Asturias, en el año 718. Los cristianos refugiados en las montañas del norte se unieron bajo el mando de Pelayo, y derrotaron por primera vez a los moros en un lugar llamado Covadonga. Pelayo fue entonces nombrado rey, y su reino fue Asturias, el primer reino cristiano. Cuando ganó más tierras, este reino trasladó su capital a León, y se llamó reino de León (942). Desde 1037 se convirtió en el reino de Castilla y de León. Su territorio era ya extenso. En otras regiones del norte surgieron nuevos reinos cristianos, como Navarra y Aragón, que a veces unidos y otras veces solos, combatieron contra los moros. En el siglo XIII los musulmanes tuvieron su pérdida más grande cuando Navarra y Aragón, unidos con Castilla, los derrotaron en las Navas de Tolosa. Venticuatro años después cayó también Córdoba y más tarde

MEZQUITA DE CÓRDOBA

Sevilla, quedando sólo Granada que se rindió en 1492 a los Reyes Católicos,[13] Fernando de Aragón e Isabel de Castilla. Estos reyes habían unido sus dos poderosos reinos desde 1469, cuando realizaron sus bodas.

El sentimiento español se exaltó durante los siete siglos que duró la Reconquista. Los Reyes Católicos lograron la unidad nacional con la caída de Granada, e inmediatamente ocurrió el descubrimiento de América. De modo que[14] el temperamento de estos hombres que habían sido por tantos años soldados religiosos, se manifestó en todas las fases de la exploración, la conquista y la colonización del Nuevo Mundo.

Preguntas

1. ¿Por qué se sabe que España estaba habitada en tiempos prehistóricos?
2. ¿Quiénes probablemente fueron los primeros habitantes de España?
3. ¿Qué querían hacer los fenicios en España?
4. ¿Dónde se instalaron los griegos en España?
5. ¿Cómo surgió la raza celtíbera?
6. ¿Quiénes derrotaron a los cartagineses?
7. ¿De dónde viene la lengua castellana?
8. ¿De quién fue maestro Séneca?
9. ¿Quiénes derrotaron a los visigodos?
10. ¿Quién fue Leovigildo?
11. ¿Quién fue San Isidoro?
12. ¿Cuándo se independizaron los visigodos de los romanos?
13. ¿Cuándo alcanzaron su mayor poderío los musulmanes de España?
14. ¿Qué hecho dio impulso a la Reconquista?
15. ¿Cuándo cayó Granada?
16. ¿Cuándo se unieron los reinos de Castilla y Aragón?
17. ¿Qué lograron los reyes con la caída de Granada?

---

[13]Reyes Católicos: *the Catholic Sovereigns.* [14]De modo que: *So, so that.*

LA ALHAMBRA, GRANADA

2 Cristóbal Colón y el descubrimiento

Cristóbal Colón nació probablemente en Génova, Italia, en el año 1451. Era hijo de un comerciante muy pobre, y tuvo[1] que trabajar desde muy joven. Hizo[2] varios viajes por el Mediterráneo, como marinero. En Portugal se casó y vivió durante muchos años. Allí aprendió el castellano, que era la lengua hablada por las personas distinguidas, y estudió latín. 5 Estaba en Lisboa cuando su señora murió al poco tiempo[3] de tener un hijo que llamaron Diego. Desde Lisboa probablemente navegó hasta Irlanda e Islandia. Después concibió la idea de llegar a la India por mar, sin seguir la ruta del África.

En el siglo XV la India era un territorio importante para los europeos, 10 porque era rica en especias, algunas de ellas muy estimadas. Además, los relatos del veneciano Marco Polo, que en el siglo XIII había ido por tierra a ese territorio, habían fascinado a los occidentales. En aquellos años tomaba mucho tiempo llegar al sur de la India en barco, porque había que[4] recorrer toda la costa del continente africano. Por eso[5] Colón 15 quería encontrar una ruta más corta.

---

[1]tuvo = pretérito (infinitivo: tener).
[2]Hizo = Pretérito (infinitivo: hacer).
[3]al poco tiempo = poco después, meses después.
[4]había que = era necesario, tenía que.
[5]Por eso = A causa de eso, por esa razón.

En el siglo XV ya se creía que la tierra no era plana. Colón había estudiado los geógrafos griegos, algunos de los cuales, como Ptolomeo, estaban seguros de que la tierra era esférica. Siguiendo esta teoría, Colón afirmaba que navegando siempre en la misma dirección—hacia el oeste— tendría que llegar a las costas de la India.

En 1484 Colón solicitó ayuda del rey de Portugal para realizar sus planes, pero el rey ni le ayudó, ni le aceptó la idea. Dos años después entró Colón en España dispuesto a[6] pedir apoyo, pues no tenía dinero ni tampoco barcos para hacer el viaje. La reina Isabel la Católica le escuchó y quiso[7] ayudarle, pero como estaba empobrecida por la lucha contra los moros en Granada no pudo hacer nada. Colón tuvo que esperar en España, y allí tuvo una amante que le dio un hijo que llamaron Fernando. Este segundo hijo fue después su biógrafo. Cuando Colón regresó a Portugal pidió de nuevo ayuda al rey portugués, y como tampoco fue apoyado, envió a Inglaterra a su hermano Bartolomé, pero el monarca inglés no quiso interesarse en sus planes.

En 1491 Isabel recibió de nuevo[8] a Colón. El comité, que ella y el rey Fernando habían seleccionado para estudiar los planes de Colón, había

---

[6]dispuesto a = listo a, preparado para.
[7]quiso = pretérito (infinitivo: querer).
[8]de nuevo = otra vez, una vez más.

rechazado esos planes. En 1492, ya rendida Granada a los españoles, la reina decidió auxiliarle, y Colón pudo al fin iniciar su primer viaje el 3 de agosto de 1492. Los preparativos del viaje se realizaron en el puerto de Palos. De allí partieron tres carabelas, la Niña, la Pinta y la Santa María, con una tripulación de ciento veinte hombres, con rumbo al oeste, al 5 mando de[9] Colón, que iba en la Santa María.

Después de sesenta y nueve días de navegación, el 12 de octubre, cuando ya los marineros, desalentados y temerosos, se negaban a proseguir el viaje, uno de los hombres divisó una isla, a la cual llegaron y Colón nombró San Salvador. Colón y sus marineros se maravillaron con el 10 color de los pájaros y de las flores, con el verdor de los árboles, y con los habitantes que allí encontraron. Siguiendo hacia el sur descubrieron Cuba, y explorando sus costas pasaron más de un mes navegando hacia el este. El 5 de diciembre, ya de regreso a España, encontraron la isla de Haití, que llamaron La Española. Por creer que había llegado a la India Colón 15 llamó indios a los habitantes de aquellas islas. De aquí partieron rumbo a Europa, después de dejar cuarenta y cuatro hombres en tierra, los tripulantes de la carabela Santa María, que se había destrozado frente a las costa norte de La Española. Estos hombres construyeron un fuerte llamado La Navidad.[10] Colón los dejaba encargados de buscar oro y explorar la isla 20 y sin abusar de los nativos, ni hombres ni mujeres.

Cuando Colón arribó a Lisboa el 4 de marzo de 1493, y contó su aventura, muchos portugueses que estaban celosos del éxito de Colón, pidieron que le encarcelaran. Pero fracasaron, y al llegar Colón al puerto español de Palos comenzó su momento más glorioso. En Barcelona el 25 éxito fue enorme. Le recibieron los Reyes Católicos, que le trataron con grandes honores, y se dispusieron a[11] ayudarle a organizar otro viaje para convertir a los indios al catolicismo, y para que obtuviera rápidamente oro en abundancia. En poco más de seis meses, con el apoyo real, Colón salió de España en la segunda empresa, con diecisiete barcos, varios nobles, 30 cinco frailes, comida, numerosos granos y semillas, caballos, cabras, ganado, caña de azúcar, etc. Sin embargo,[12] ni una sola mujer fue admitida en este nuevo intento de volver a América.

En total Colón efectuó cuatro viajes de exploración al Nuevo Mundo.

---

[9]al mando de = mandados por, bajo la orden, gobernados por.

[10]Navidad: Llamó así a este fuerte porque era la época de Navidad.

[11]se dispusieron a: *they were ready*.

[12]Sin embargo: *Nevertheless*.

En su tercer viaje le enviaron preso y encadenado a España, debido a intrigas de los colonos; pero al llegar, los reyes lo libertaron. Al regreso de su cuarto y último viaje, Colón estaba triste y desanimado. La reina Isabel, que había sido siempre su protectora, ya había muerto.[13] Colón
5 falleció en Valladolid, España, el 20 de mayo de 1506, ignorado de todos, en una pobreza absoluta. Nunca supo la magnitud de su empresa. Murió sin saber que había descubierto un mundo nuevo, un continente inmenso, en vez de[14] un camino más corto a la India.

---

[13]había muerto = pluscuamperfecto (infinitivo: haber, morir) (*was dead, had died*).

[14]en vez de: *instead of.*

EL MUNDO CONOCIDO, SIGLO XV

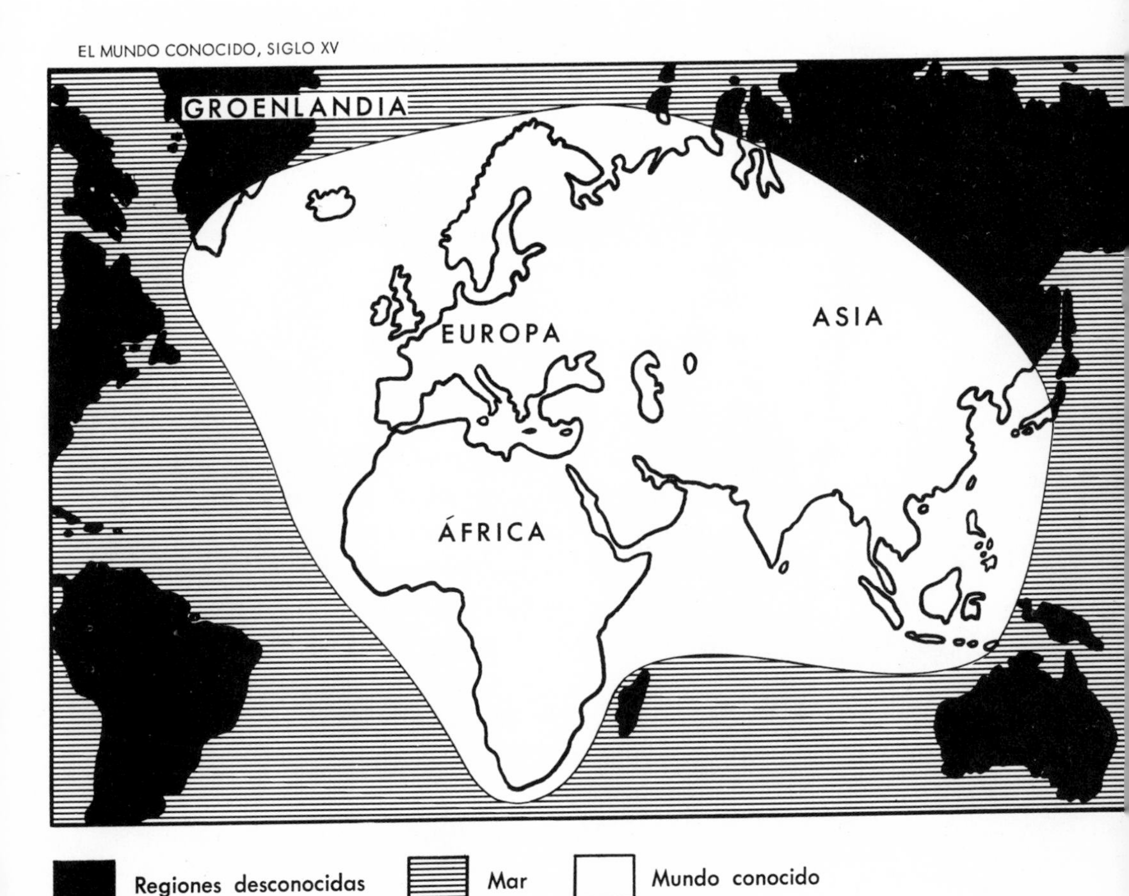

Preguntas

1 ¿Dónde nació Colón?
2 ¿Dónde se casó Colón?
3 ¿Por qué la India era importante para los europeos?
4 ¿Por qué tomaba mucho tiempo llegar a la India en barco?
5 ¿Cuándo solicitó Colón ayuda del rey de Portugal?
6 ¿Cómo se llamó el segundo hijo de Colón?
7 ¿Ayudó el monarca inglés los planes de Colón?
8 ¿Cuándo inició Colón su primer viaje?
9 ¿De qué puerto salió Colón en su primer viaje?
10 ¿Cuántas carabelas había en el primer viaje?
11 ¿Cuánto tiempo duró el primer viaje?
12 ¿Qué isla descubrió Colón después de San Salvador?
13 ¿Cuántos hombres dejó Colón en La Española?
14 ¿De qué dejó encargados a estos hombres?
15 ¿Dónde recibieron los reyes a Colón?
16 ¿Por qué los reyes le ayudaron a preparar otro viaje a Colón?
17 ¿Vinieron mujeres en el segundo viaje?
18 ¿Cuántos viajes efectuó Colón?
19 ¿Dónde murió Colón?

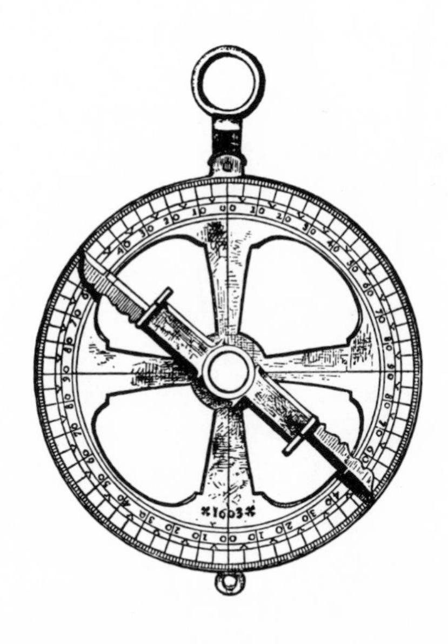

3 América antes de España

El indio es el hombre más antiguo de América. Se desconoce su origen, y existen muchas teorías para explicar su presencia en el Nuevo Mundo. Se asegura[1] que muchos siglos antes del descubrimiento llegaron a este continente habitantes del Asia que tenían civilizaciones muy primitivas. Estos hombres, probablemente cazadores, pasaron el estrecho de Bering 5 y fueron poblando poco a poco[2] la distancia que hay desde el noroeste del Canadá hasta la Patagonia. Aunque esta teoría es la más aceptada por los antropólogos, otros investigadores afirman que el indio es autóctono del continente, y varios piensan que llegó desde la Polinesia, arrastrado por las corrientes marinas del océano Pacífico, o a causa de[3] un accidente. 10

Cuando los españoles llegaron a América encontraron pueblos de lenguas diferentes y caracteres físicos bien diferenciados. Algunos nativos eran de piel cobriza, otros de piel amarillenta. Aunque muchos de estos pueblos siguieron siendo primitivos y nómadas a pesar de los siglos que pasaron en el continente americano, otros alcanzaron una preparación 15 mucho mejor y tuvieron una buena organización social. Entre los indígenas poco avanzados se encontraban los arahuacos en algunas zonas que hoy son el Brasil, el Perú, y Venezuela; los tupiguaraníes, que se extendían a lo largo de la costa y en parte del territorio del Brasil; los caribes, caníbales y guerreros feroces que poblaban desde la desembocadura del 20 río Orinoco hasta el norte de Venezuela y las islas de las Antillas; los araucanos, que habitaban el sur de Chile; los charrúas, ahora extinguidos,

[1]Se asegura = Se afirma.
[2]poco a poco = lentamente, despacio.
[3]a causa de: *because of.*

estaban en Bolivia; en Cuba vivían los taínos y los ciboneyes cuando Colón descubrió la isla. Eran ineptos, crédulos y muy primitivos. Desaparecieron completamente desde los comienzos de la conquista. Los chibchas eran de Colombia, básicamente agricultores, con una vida política y una organización social bastante adelantadas. En el centro del Brasil estaban los ges, y al sur del continente, en la Argentina, los pampas y los patagones.

En general, todos los indios americanos practicaban la agricultura. Aunque el maíz fue el producto básico de sus civilizaciones, cosechado desde la Patagonia hasta el Canadá, al llegar los españoles al Nuevo Mundo encontraron muchos otros comestibles desconocidos en Europa. La papa, el boniato, el maní, el cacao, fueron pronto adoptados y utilizados por los europeos.

Las tres razas indígenas más adelantadas en los tiempos del descubrimiento eran los aztecas de México, los mayas de la península de Yucatán y los incas del Perú. Llegaron a formar imperios que alcanzaron civilizaciones notables, aunque no supieron utilizar la rueda o las bestias de tiro.[4]

[4]bestias de tiro: *animals that pull vehicles.*

MACHU PICCHU, PERÚ

También se sabe por los restos de construcciones y objetos encontrados, que existieron otras civilizaciones de alta cultura que habían ya desaparecido cuando ocurrió el descubrimiento de América. Entre ellas estaba la civilización tolteca, de México, que se distinguió principalmente por sus ciudades y monumentos. La ciudad de Teotihuacán, con sus pirámides del Sol y de la Luna y el templo de Quetzalcóatl fue una de las ciudades ceremoniales más importantes que tuvo esta raza. Los toltecas dispusieron de su propia escritura y practicaron la escultura y la pintura. Fueron magníficos agricultores. Cultivaron granos, maíz, frijoles, papas, ají, yuca, frutas muy diversas y plantas medicinales. Su gobierno era de tipo monárquico. Fueron de las primeras tribus indígenas que llegaron del norte hasta el valle de México. Allí estuvo después la civilización chichimeca, que se fundió con la tolteca y la azteca siglos antes del descubrimiento.

PIRÁMIDE DE LA LUNA, TEOTIHUACÁN

En la América del Sur, anterior a los incas, se desarrolló la cultura Chavin en la parte central del norte del Perú. Sus miembros fueron grandes expertos en cerámica, y supieron cómo tallar la madera. Parece que[5] vivieron en estas regiones desde el año 850 más o menos hasta el
5 año 500 a. de C.

También en el norte del Perú, pero en la costa, estuvo la civilización mochica. Sus miembros fueron artistas, ingenieros y constructores de magníficos templos. La cerámica mochica fue realmente notable. Construyeron un imperio unido por caminos muy buenos. Tuvieron médicos
10 que fueron capaces de efectuar amputaciones, según se ve en algunos restos descubiertos.

La cultura paraca y la hazca también florecieron en el Perú. La cultura paraca se distinguió por los tejidos, y la nazca, principalmente por la cerámica. La cultura chimú, también peruana, de la costa, se caracterizó
15 por las fortalezas, murallas y monumentos que levantaron sus creadores, que además, fueron excelentes tejedores[6] y ceramistas.

La presencia del indio y su influencia en la integración y evolución de los pueblos del Nuevo Mundo es uno de los factores esenciales que hay que estudiar para poder comprender a Hispanoamérica. No se puede
20 olvidar que las naciones hispanoamericanas son el resultado de la tradición española, la esclavitud de los negros, la inmigración europea y la asiática, y sobre todo, el impacto de las razas indígenas.

---

[5]Parece que: *It seems that.* [6]tejedores: *weavers.*

Preguntas

1 ¿Qué es el indio?
2 ¿Qué hombres, probablemente cazadores, pasaron el estrecho de Bering?
3 ¿Cuál es la teoría más aceptada por los antropólogos?
4 ¿Tenían todos los indios la piel del mismo color?
5 ¿Cómo seguían siendo algunos pueblos a pesar de los siglos que pasaron en el continente?
6 ¿Eran los indios físicamente iguales?
7 ¿Qué indios eran poco avanzados?
8 ¿Qué indios caníbales poblaban la desembocadura del Orinoco, el norte de Venezuela y las Antillas?
9 ¿Dónde estaban los indios araucanos?
10 ¿Dónde vivían los indios taínos y los ciboneyes?
11 ¿De dónde eran los chibchas?
12 ¿Cuál fue el producto básico de las civilizaciones indígenas?
13 ¿Qué indios estaban entre las razas adelantadas?
14 ¿Dónde estaban las culturas nazca y paraca?
15 ¿De qué son el resultado las naciones hispanoamericanas?

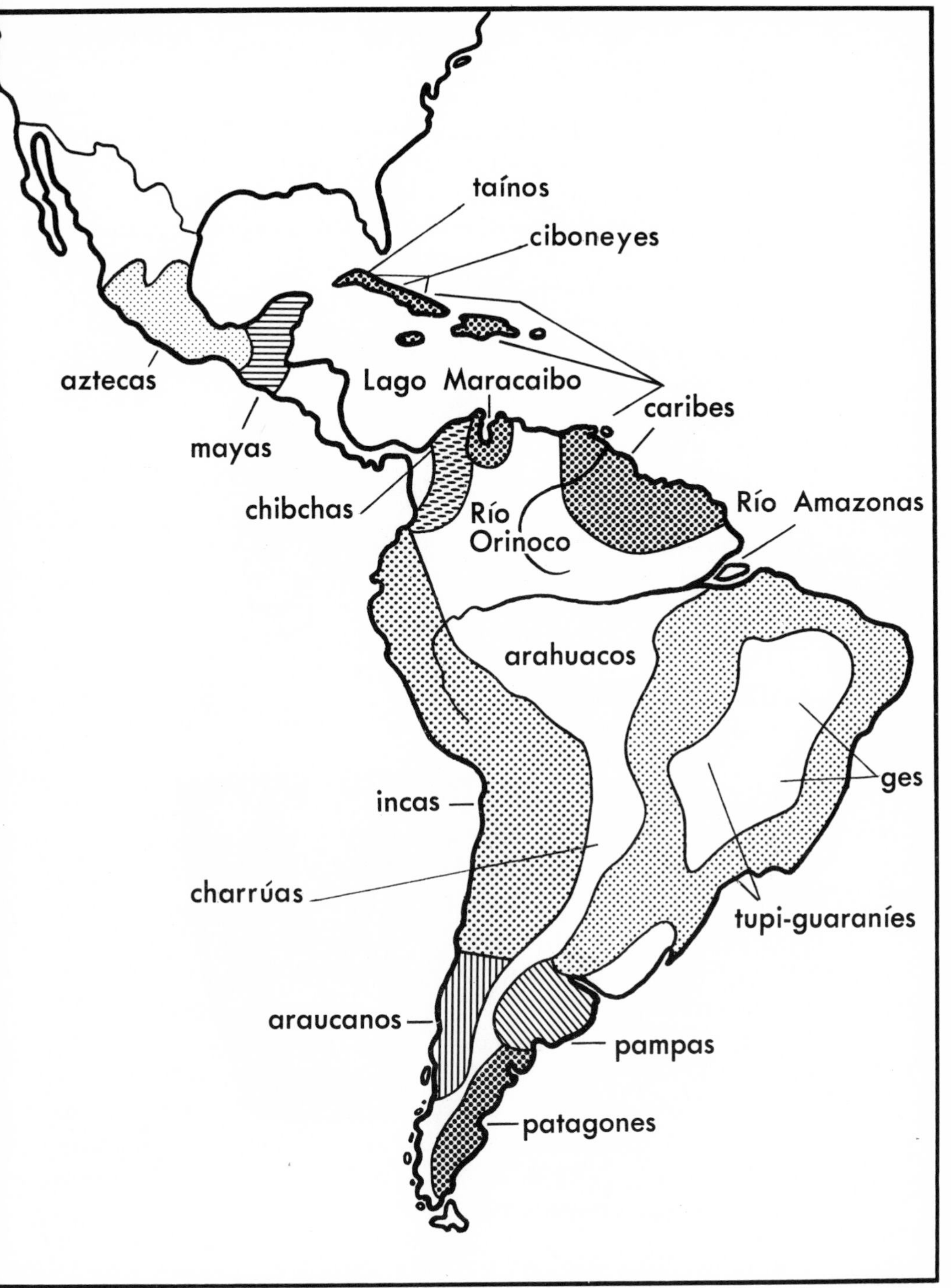

REGIONES OCUPADAS POR LAS CIVILIZACIONES INDÍGENAS MÁS IMPORTANTES DE AMÉRICA

4 | Los aztecas

La azteca era una de las civilizaciones adelantadas que habitaban el Nuevo Mundo en la época del descubrimiento. Estos indios ocupaban el territorio del valle central de México, y tenían la capital de su imperio, que ellos llamaban Tenochtitlán, en medio de[1] un lago ya desaparecido llamado Texcoco, que estaba donde se levanta[2] hoy la ciudad de México. Tenochtitlán era difícil de alcanzar porque para llegar al centro había que pasar[3] por un complejo sistema de canales y puentes que les recordaba Venecia a los españoles. Por eso la llamaron «Venecia de América». El historiador Bernal Díaz del Castillo, que acompañaba a los primeros soldados que arribaron a Tenochtitlán, fascinado con el esplendor de aquella grandiosa metrópoli escribió en sus crónicas: . . . «nos quedamos admirados . . . Y aun algunos de nuestros soldados decían que si aquello que veían era entre sueños . . . »

[1]en medio de: *in the middle, in the center of.*
[2]se levanta = existe, está.
[3]había que pasar: *had to go through.*

LOS AZTECAS

TEMPLO AZTECA,
MÉXICO

PIEDRA DEL SOL

Los aztecas parece que vinieron a esta región a principios del siglo XIII, y se encontraban en pleno proceso de expansión cuando llegaron los conquistadores en el siglo XVI. Hernán Cortés derrotó a este imperio poderosísimo en 1521. Deslumbrado, al hablar de las casas del emperador indio Moctezuma, escribió Cortés al rey de España, Carlos V: «Tenía dentro de la ciudad casas de aposentamientos, tales y tan maravillosas, que me parecía casi imposible poder decir la bondad y grandeza de ellas. Y por tanto no me pondré en expresar[4] cosas de ellas, más de que en España no

[4]en expresar = a expresar.

hay su semejable». Según Cortés, Tenochtitlán era la ciudad más linda del mundo.

El imperio azteca estaba organizado en forma de confederación y lo regía[5] un gobierno teóricamente democrático, formado por el emperador 5 y un concejo supremo. El pueblo elegía[6] a los concejales, y los concejales elegían al emperador. Los sacerdotes les seguían en importancia. El pueblo azteca era esencialmente religioso, y su religión requería[7] sacrificios humanos para la complacencia de sus dioses. En este aspecto era un pueblo bárbaro. Las víctimas eran jóvenes agraciados, valerosos, escogidos desde 10 un año antes[8] entre los prisioneros de guerra. Estos sacrificios se realizaban públicamente, con la presencia[9] del emperador, músicos, bailarines y los indispensables sacerdotes, que eran los ejecutantes de la ofrenda del corazón de los inmolados. Eran también buenos y bien organizados guerreros, y básicamente, agricultores. La educación, cosa de particular 15 cuidado,[10] comenzaba en el hogar y continuaba en la escuela hasta los quince años. Más tarde los que querían prepararse[11] adecuadamente para ser sacerdotes o jefes acudían a instituciones especiales, y aquellos que preferían especializarse en las necesidades y tradiciones del pueblo iban a otras. Los aztecas tenían bien definidos los rangos de su sociedad, formada 20 por los nobles, los sacerdotes, los militares, el pueblo y los esclavos. La economía personal se basaba en la agricultura colectiva de las tierras que eran propiedad de un grupo determinado.

Entre todas las huellas que ha dejado este pueblo, las que más se destacan[12] son la arquitectura y la escultura, ambas estrechamente vinculadas a[13] 25 la religión. Los templos de sacrificios fueron magníficos ejemplos de su maestría como arquitectos y escultores. Para ellos la escultura era parte y complemento de la arquitectura. Tenían también un calendario ritual y otro solar. Este último se conoce con el nombre de la «Piedra del Sol».

Los aztecas no tuvieron escritura propia, sino apenas una escritura 30 pictográfica. Su literatura por lo tanto,[14] aunque abundante, era sólo oral, y de este modo fue trasmitida a los españoles. Su lengua era la náhuatl, todavía hablada[15] profusamente en algunos estados de México.

---

[5]lo regía: *it was ruled.*
[6]elegía: *elected.*
[7]requería: *required.*
[8]desde un año antes: *a year before.*
[9]con la presencia = con la persona, con la visita.
[10]cosa de particular cuidado = cosa muy importante.
[11]prepararse = instruirse, estudiar.
[12]se destacan: *stand out.*
[13]ambas estrechamente vinculadas a: *both closely related to.*
[14]por lo tanto: *so, then, because of, for that reason.*
[15]todavía hablada: *still spoken* (infinitivo: hablar).

POESÍA AZTECA

EL CANTO DEL ESCUDO

Sobre su escudo, por la virgen, fue dado a luz[16] *el gran guerrero.*
Sobre su escudo fue dado a luz el gran guerrero.
En la montaña de la serpiente, el vencedor entre montañas, con pintura de guerra y con escudo de águila.
Nadie, por cierto, pudo arrostrarle:[17]
la tierra se puso a dar vueltas,
cuando él se puso pintura de guerra, y tomó el escudo.

[16]fue dado a luz: *was born.*

[17]nadie pudo arrostrarle: *nobody was able to defeat him.*

CUAUHTÉMOC, ÚLTIMO EMPERADOR AZTECA

Preguntas

1 ¿En qué valle estaba el imperio azteca?
2 ¿Cómo se llamaba la capital de los aztecas?
3 ¿Dónde estaba situada la capital?
4 ¿Por qué los españoles la llamaron «Venecia de América»?
5 ¿Qué escribió Díaz del Castillo sobre Tenochtitlán?
6 ¿Quién derrotó al imperio azteca?
7 ¿Quién era Moctezuma?
8 ¿Cómo estaba organizado el imperio azteca?
9 ¿Qué decía Hernán Cortés a su rey sobre las casas de Moctezuma?
10 ¿Por qué hacían sacrificios humanos?
11 ¿Se ocupaban los aztecas de la educación?
12 ¿Tenían los aztecas rangos sociales?
13 ¿En qué se destacaron más los aztecas?
14 ¿Cómo era la literatura azteca?
15 ¿Qué lengua hablaban los aztecas?
16 ¿Se habla todavía en México la lengua azteca?

CANTO DEL ESCUDO

1 ¿Qué aspecto de la psicología azteca refleja este canto?

5 Los mayas

Se desconocen los orígenes de la población maya. Parece que este imperio alcanzó su máximo esplendor entre los años 317 y 889 d. de C. cuando estaban en la región llamada El Petén, hoy parte de Guatemala, donde levantaron sus grandes ciudades: Uaxactún, la más vieja, Tikal, Palenque y Copán. Chichen-Itzá, que está al norte de Yucatán, fue edificada en esta época, y abandonada y reconstruida varias veces. Todas estas ruinas pertenecen al llamado «Imperio Viejo». El «Nuevo Imperio» aparece alrededor del año 900 d. de C., cuando los mayas se trasladaron de Petén a Yucatán, donde originaron flamantes ciudades y desarrollaron una nueva cultura influenciados por los indios toltecas. Los toltecas, antecesores de los mayas, superiores a éstos en algunas actividades, capaces de construir edificios monumentales y grandes ciudades-templos,[1] fundieron su cultura con la maya, y levantaron la capital del «Nuevo Imperio». Juntos edificaron la ciudad de Uxmal, tan bella, que maravilló a los conquistadores con la majestuosidad de la arquitectura maya, caracterizada por la ornamentación abundante y la armonía de las líneas. Uxmal fue la ciudad más hermosa del «Nuevo Imperio».

Cuando los exploradores llegaron a esta región a mediados del[2] siglo XVI, el imperio estaba hondamente dividido debido a continuas guerras civiles entre los toltecas y los mayas. Esto facilitó la caída de todo el territorio en manos españolas.[3]

En el «Viejo Imperio» el gobierno de los mayas era realmente sencillo. Había muchos gobiernos, porque cada ciudad era un estado independiente regido por un jefe que compartía con los otros estados las leyes y las obligaciones, así como la lengua, la cultura y la religión. En el «Nuevo Imperio» se estableció el derecho de herencia, y el jefe de cada estado era impuesto de esta manera. Estos jefes servían de jueces, colectores de dinero y guardianes del orden, cosa que realizaban en cooperación con los gobernantes de menor categoría. Los sacerdotes eran también muy influyentes, porque disfrutaban de mucho respeto y consideración.

En el «Viejo Imperio» el sistema religioso era sencillo, pero en el «Nuevo» se introdujo la idolatría, se multiplicaron los dioses, y el ritual

---

[1]ciudades-templos: *sacred cities.*
[2]a mediados del: *about the middle of.*
[3]en manos españolas = en poder español.

CHICHEN-ITZÁ

se hizo mucho más complicado. Los mayas tenían, como los cristianos, la idea del cielo y del infierno, y una teoría sobre el origen de la tierra, según la cual existieron varios mundos que terminaron con un diluvio. Igual que los aztecas, los mayas eran esencialmente religiosos, pero no ofrecían sacrificios humanos a sus dioses, sino en tiempos de verdadera crisis, especialmente cuando necesitaban lluvia. Casi en todas sus ceremonias tradicionales, como en las de los aztecas también, había un matiz religioso subordinado a su propia liturgia.[4]

En realidad, los mayas fueron los más adelantados de todos los indios del continente en la época de la conquista. Llegaron a crear su propia aritmética simbólica, que incluía el cero, y se valían de[5] un calendario solar superior al que utilizaban los europeos de esa época. Disponían de observatorios para realizar sus estudios celestiales. Tenían tal conocimiento del universo que podían predecir los eclipses con toda exactitud. El Popol Vuh es una relación de su concepto de la formación del universo y del origen del hombre.

Los mayas usaban una escritura jeroglífica e ideográfica, y como los aztecas, conocieron el papel. Habían creado algo parecido a los libros de hoy; eran largas tiras de papel escrito, que envolvían en forma de acordeón, con cubiertas generalmente muy ornamentadas, hechas de madera. Estos «libros», aparentemente, fueron quemados por los españoles en su empeño de eliminar las ideas paganas y facilitar la imposición del catolicismo.

---

[4]liturgia: (*liturgy*) forma aprobada por la iglesia para realizar los oficios religiosos.

[5]se valían de = usaban.

POPOL VUH

(*fragmento*)

Esta es la relación de cómo todo estaba en suspenso,[6] *todo en calma, en silencio; todo inmóvil, callada y vacía la extensión del cielo.*

Esta es la primera relación, el primer discurso. No había todavía un hombre, ni un animal, pájaros, peces, cangrejos, árboles, piedras, cuevas, barrancas, hierbas ni bosques: sólo el cielo existía.

No se manifestaba la faz[7] *de la tierra. Sólo estaba el mar en calma y el cielo en toda su extensión.*

No había nada junto, que hiciera ruido, ni cosa alguna que se moviera, ni se agitara, ni hiciera ruido en el cielo.

No había nada que estuviera en pie; sólo el agua en reposo, el mar apacible, solo y tranquilo. No había nada dotado de existencia.[8]

Solamente había inmovilidad y silencio en la oscuridad, en la noche. Sólo el Creador, el Formador, Tepeu, Gucumatz, los Progenitores, estaban en el agua, rodeados de claridad. Estaban ocultos bajo plumas verdes y azules, por eso se les llama Gucumatz. De grandes sabios, de grandes pensadores es su naturaleza. De este modo existía el cielo, y también el Corazón del Cielo, que éste es el nombre de Dios y así es como se llama.

---

[6]en suspenso: *in suspense, suspended.*
[7]faz: *face.*
[8]dotado de existencia: *alive.*

Preguntas

1 ¿Cuándo alcanzó su máximo esplendor el imperio maya?
2 ¿Qué ciudades levantaron los mayas en Petén?
3 ¿Qué ruinas pertenecen al «Viejo Imperio»?
4 ¿Cuándo aparece el «Nuevo Imperio»?
5 ¿Con qué indios fundieron su cultura los toltecas?
6 ¿Cuál fue la ciudad más hermosa del «Nuevo Imperio»?
7 ¿Cómo estaba el imperio a la llegada de los conquistadores?
8 ¿Cómo era el gobierno de los mayas en el «Viejo Imperio»?
9 ¿Cuándo se introdujo la idolatría?
10 ¿Cómo terminaron los mundos según los mayas?
11 ¿Quiénes eran los indios más adelantados en la época de la conquista?
12 ¿Qué es el Popol Vuh?
13 ¿Tuvieron escritura los mayas?
14 ¿Tenían «libros» los mayas?
15 ¿Por qué desaparecieron los «libros» mayas?

POPOL VUH

1 ¿Qué sentimiento refleja este trabajo?

RUINAS MAYAS

6 Los incas

La civilización incaica ocupaba una vasta zona que se extendía desde el sur de la actual Colombia hasta el norte de la Argentina y Chile. La mayor parte de los indios que formaban este imperio era de origen quechua, y a los reyes y a sus familiares, por ser de sangre noble, les llamaban Incas, a quienes los quechuas creían hijos del sol. Los españoles llamaron incas a cualquier miembro de este imperio, y esta denominación errónea perdura hasta hoy.

Se desconoce el origen de los incas. Una leyenda hace mención de hombres blancos, con barbas, procedentes de los alrededores del lago Titicaca que se impusieron a los nativos y los civilizaron. Otra tradición dice que los primeros habitantes de esta región vinieron desde el lago Titicaca, guiados por el primer emperador, Manco Cápac, que era hijo del sol. Llegaron al valle del Cuzco, allí se instalaron y comenzaron a erigir inmediatamente un templo de una riqueza extraordinaria, con las paredes cubiertas de planchas de oro. Era un templo al sol. Alrededor de este templo empezó a crecer una ciudad llamada, como el valle, Cuzco; ciudad sagrada, rodeada de fortalezas protectoras, que más tarde fue la capital. Sometiendo nuevos pueblos se extendió rápidamente el territorio dominado por los incas, unido todo por medio de[1] un sistema de rutas

---

[1]por medio de = por (*by means of*).

que se conectaban entre sí, de puentes y canales excelentes. Estos indios, que utilizaban la llama como animal de transporte y comunicación, tenían entre sus miembros excelentes tejedores, alfareros, ingenieros de caminos, fabricantes de cestas. Se distinguieron también como militares, 5 y principalmente como médicos y arquitectos. Según sabemos por las momias descubiertas, llegaron a realizar la trepanación craneana,[2] a efectuar amputaciones y a utilizar anestésicos.

En los tiempos precolombinos la lengua quechua era obligatoria en el imperio incaico, como medio[3] esencial de mantener la unidad política. 10 Esta lengua sobrevive y es hablada principalmente por los indígenas de estas regiones.

La aritmética de los incas se basaba en el sistema vigesimal. Desconocieron la escritura, pero utilizaban, para sustituirla en cierto modo,[4] los quipus. Éstos eran unos cordeles mediante los cuales —valiéndose de nudos 15 de color, forma y tamaño diferentes— personas entendidas[5] podían computar y mantener estadísticas.

Las clases sociales estaban bien definidas: por encima de todos, considerado como un dios,[6] estaba el Inca. Le rodeaban los miembros de la familia, todos de pura nobleza, que formaban la alta sociedad inca y el 20 concejo imperial. Algunos eran gobernadores provinciales. Les seguían los curacas, nobles de otros pueblos sometidos, ahora gobernadores de familias en un número que oscilaba entre cien y diez mil. De acuerdo con[7] el número de familias bajo su mando, aumentaba o disminuía su jerarquía y su prestigio. Los amautas, que eran los sabios, preparaban la 25 educación de los jóvenes importantes, y eran los intelectuales del imperio. Las otras clases sociales estaban formadas por el pueblo, pero entre ellas se hallaban los yanaconas, que habían pasado de esclavos a sirvientes con obligaciones más fáciles; y también los mitimaes que eran enviados a las nuevas fronteras para ir poblando las regiones conquistadas y ocupar las 30 fortalezas.

El régimen de la propiedad inca estaba centrado en el ayllu, grupo social unido por un antepasado común, al que se le rendía homenaje y culto.[8] El ayllu, que era simplemente una comunidad, tuvo gran importancia social y económica. El Inca, dueño de todas las tierras, las distribuía

[2]trepanación craneana = operación del cráneo.
[3]como medio: *as a way.*
[4]en cierto modo: *in a way.*
[5]personas entendidas = personas con experiencia.
[6]por encima de todos, considerado como un dios: *above everyone, considered as a god.*
[7]De acuerdo con: *According to.*
[8]se le rendía homenaje y culto: *homage and worship was offered to him.*

en tres grupos: uno para el sol, otro para el Inca y su corte, y otro para la comunidad o ayllu. El ayllu vivía mejor o peor según desarrollara la agricultura de las tierras a él encomendadas. Estas tierras igual que[9] los bosques y los campos de pastoreo eran comunes, y se disponía de ellos colectivamente. 5

La religión ocupaba un puesto importante entre los incas. Aunque tenían varios dioses, por encima de todos permanecía el culto al sol, al cual le ofrecían sacrificios de animales, ofrendas preciosas y objetos de valor,[10] y escasamente, sacrificios humanos.

El trabajo era obligatorio desde los veinticinco hasta los cincuenta años, 10 y el cultivo de la tierra correspondía al campesino o al hombre común. El inca y los aristócratas, oficiales del gobierno y religiosos, realizaban sus obligaciones específicas, sin tener nada que ver[11] con los trabajos del campo.

---

[9]igual que: *as, like.*
[10]ofrendas preciosas y objetos de valor: *highly valuable offerings.*
[11]sin tener nada que ver con = sin ocuparse de.

FORTALEZA INCA

POESÍA INCA

(*Urpis*[12])

Pastorín

Una llama quisiera
de pelo de oro;
brillante como el sol,
fuerte como el amor
suave como la nube
que la aurora deshace,
para hacerme un quipus
donde marcaría,
las flores que mueren,
las nubes que pasan.

Preguntas

1 ¿Dónde se encontraba la civilización inca?
2 ¿Qué indios formaban este imperio?
3 ¿Cómo les llamaban a los de sangre noble?
4 ¿Quién fue Manco Cápac?
5 ¿Cuál fue la capital del imperio inca?
6 ¿Por qué era obligatoria la lengua quechua?
7 ¿Qué eran los quipus?
8 ¿Quiénes eran los curacas?
9 ¿Quiénes eran los amautas?
10 ¿Dónde estaba concentrado el régimen de la propiedad?
11 ¿A qué dios ofrecían animales, ofrendas preciosas y objetos de valor?
12 ¿Hasta qué edad era obligatorio el trabajo?
13 ¿A quién correspondía el cultivo de la tierra?

PASTORÍN

1 ¿Qué opina usted sobre esta poesía?

---

[12]Urpis = Variedad de la poesía lírica incaica, llamada a veces tembién harawia.

ellar la primo: q̃ requirieſſen a ciertas comunidades comarcanas a aquella ciudad que
ſeñalo pa q̃ fueſſen cō mano armada pa los prēder: por manera q̃ no viniessen sin
Los q̃les luego ſe partierō τ aſſi yo dos le dixe al dicho Muteeçuma q̃ yo le agrade
iligēcia q̃ ponia en la priſiō de aq̃llos: porq̃ yo auia de dar cuēta a vr̃a alteza d aq̃
pañoles. E q̃ reſtaua pa yo dalla q̃ el eſtuuieſſe en mi poſada faſta tāto q̃ la verdad
aclaraſe τ ſe ſupieſſe el ſer ſin culpa. Y q̃ le rogaua mucho q̃ no recibieſſe pena dllo
no auia de eſtar como p̃ſo ſino en toda ſu libertad. Y q̃ en ſeruicio ni enel mādo de
io yo no le pornia ningū impedimiēto. Y q̃ eſcogeſſe vn q̃rto de aq̃l apoſento dō
ſtaua q̃l el q̃ſieſſe: τ q̃ alli eſtaria muy a ſu plazer. Y q̃ fueſſe cierto q̃ ningū enojo ni
le auia de dar: antes de mas de ſu ſeruicio los de mi cōpañia le ſiruiriā en todo lo q̃
aſſe. Acerca deſto paſſamos muchas platicas τ razones q̃ ſeriā largas pa las eſcre
vn pa dar dellas cuēta a vr̃a alteza algo p̃lixas: τ tābiē no ſuſtanciales pa el caſo:
ato no dixe mas de q̃ finalmēte el dixo q̃ le plazia de ſe yr comigo. Y mādo luego yr
gar el apoſentamiēto dōde el q̃ſo eſtar. El q̃l fue muy p̃ſto y muy biē adereçado Y
eſto vinierō muchos ſeñores y q̃tadas las veſtiduras τ pueſtas por baxo delos bra
eſcalços trayā vnas andas no muy biē adereçadas τ llorādo lo tomarō en ellas cō
ſilencio: τ aſſi nos fuymos haſta el apoſento dōde eſtaua ſin auer alboroto enla
a vn q̃ ſe comēço a mouer. Pero ſabido por el dicho Muteeçuma embio a mādar
ouieſſe. E aſſi ouo toda q̃etud ſegū q̃ ātes la auia: τ la ouo todo el t̄po q̃ yo tuue p̃ſo
o Muteeçuma: porq̃ el eſtaua muy a ſu plazer τ cō todo ſu ſeruicio ſegun en ſu ca
nia: q̃ era biē grande τ marauilloſo ſegun adelāte dire. E yo τ los de mi cōpañia le
nos todo el plazer q̃ a noſotros era poſſible. E auiendo paſſado. xv. o. xx. dias de ſu
vinieron aq̃llas p̃ſonas q̃ auia embiado por Qualpopoca τ los otros q̃ auiā muer
ſpañoles. E traxerō al dicho Qualpopoca τ a vn hijo ſuyo: τ con ellos. xv. p̃ſonas
q̃ eran principales τ auiā ſido enla dicha muerte. E al dicho Qualpopoca trayan
s andas τ muy a manera de ſeñor como de hecho lo era. E traydos me los entrega
o los hize poner a buē recaudo cō ſus p̃ſiones. Y deſpues q̃ confeſſarō auer muerto
pañoles les hize interrogar ſi ellos erā vaſſallos de Muteeçuma. Y el dicho qual
a reſpōdio q̃ ſi auia otro ſeñor de q̃en pudieſſe ſer lo: caſi diziendo q̃ no auia otro τ
n. E aſſi meſmo les p̄gūte ſi lo q̃ alli ſe auia hecho ſi auia ſido por ſu mādado: τ dixe
o: a vn q̃ deſpues al t̄po q̃ enellos ſe eſecuto la ſentencia q̃ fueſſen q̃mados: todos
s dixerō q̃ era verdad q̃ el dicho Muteeçuma gelo auia ēbiado a mādar: τ q̃ por
ado lo auiā hecho. E aſſi fueron eſtos q̃mados p̄ncipalmēte en vna plaça ſin auer
to algūo. Y el dia q̃ ſe q̃marō porq̃ cōfeſſarō q̃ el dicho Muteeçuma les auia mā
q̃ mataſſen a aq̃llos eſpañoles le hize echar vnos grillos: de q̃ el no reſcibio poco eſ
A vn q̃ deſpues de le auer fablado aq̃l dia gelos q̃te: y el q̃do muy cōtēto. Y de alli
e ſiempre trabaje de le agradar τ cōtētar en todo lo ami poſſible: en eſpecial q̃ ſiem
bliq̃ τ dixe a todos los naturales dela tierra aſſi ſeñores como alos q̃ ami venian q̃
ajeſtad era ſeruido q̃ el dicho Muteeçuma ſe eſtuuieſſe en ſu ſeñorio reconoſciēdo
a alteza ſobre el tenia: y q̃ ſiruiriā mucho a vr̃a alteza en le obedeſcer τ tener por ſe
mo antes q̃ yo ala tierra vinieſſe le teniā. E fue tāto el buē tratamiēto q̃ yo le hize: y
tamiēto q̃ de mi tenia: q̃ algunas vezes τ muchas le acometi cō ſu libertad rogādo
ueſſe a ſu caſa: τ me dixo todas las vezes q̃ gelo dezia q̃ el eſtaua biē alli: τ q̃ no q̃ria
rq̃ alli no le faltaua coſa delo q̃ el q̃ria como ſi en ſu caſa eſtuuieſſe E q̃ podria ſer q̃
ſe y auiēdo lugar q̃ los ſeñores dela tierra ſus vaſſallos le importunaſſen o le indu
a q̃ hizieſſe algūa coſa cōtra ſu volūtad q̃ fueſſe fuera del ſeruicio d vr̃a alteza. Y q̃

7 Primeras exploraciones

Cristóbal Colón realizó cuatro viajes de exploración al Nuevo Mundo. En su tercer viaje, en 1498, descubrió la isla de Trinidad, en la desembocadura del Orinoco, y la orilla nordeste de la América del Sur. Después se dirigió hacia el norte. En su cuarto y último viaje, en 1502, recorrió el
5 litoral atlántico de Centroamérica hasta la zona más estrecha de Panamá, pero no se internó en la tierra firme.[1] Alonso de Ojeda también reconoció esta región en 1509, cuando dirigió una expedición a lo que es hoy la parte noroeste de Colombia. Le siguió en el mismo año Diego de Nicuesa, que llevó otra expedición a la costa atlántica de Centroamérica. Aunque
10 ambas fracasaron, acosadas por los indígenas, algunos sobrevivientes de las fuerzas de Ojeda pudieron llegar al istmo de Panamá, donde bajo el mando de Vasco Núñez de Balboa, fundaron una villa que después habría de ser la ciudad de Darién. Esta región continental fue rápidamente explorada, pero su conquista no se realizó hasta 1535, porque los españoles
15 buscaban tierras más ricas. En 1513 Núñez de Balboa y algunos de sus hombres cruzaron el istmo, y descubrieron el océano que más tarde Magallanes llamó Pacífico. Darién se engrandeció bajo el mando de Balboa, quien fue decapitado y sustituido por Pedro Arias, hombre

[1]tierra firme = el continente.

arbitrario y cruel que por dieciséis años gobernó tiránicamente esta ciudad.

Mientras esto sucedía hacia el sur del mar Caribe, Juan Ponce de León, entonces gobernador de Puerto Rico, descubrió en el norte, en 1514, la península de la Florida. Llego allí cuando iba en busca de[2] «la fuente de la juventud», que según una leyenda india, mantenía perpetuamente jóvenes a quienes bebían de su agua. Ponce de León murió en La Habana, a causa de las heridas sufridas por los ataques de los indios en la Florida.

Los españoles querían seguir descubriendo y colonizando tierras, hacerse ricos, famosos, poderosos, y organizaban expediciones más o menos afortunadas. Diego Velázquez, primer gobernador de Cuba, deseoso de continuar estas empresas, en 1517 puso[3] a Francisco Hernández de Córdoba al mando de un grupo de hombres que, en sus exploraciones, descubrieron la isla de Cozumel y Yucatán. Córdoba volvió con noticias de los fabulosos tesoros escondidos en esas tierras, pero no fundó colonia alguna ni intentó ir tierra adentro.[4] Murió un año después de su regreso a consecuencia de las heridas recibidas en su lucha contra los indios de la costa.

Velázquez organizó otra expedición bajo el mando de su sobrino Juan de Grijalba. Éste fue al mismo litoral que ya conocía Córdoba y comprobó que existía oro en abundancia. Estimulado por estas informaciones, Velázquez decidió emprender la conquista de México que confió a su cuñado Hernán Cortés. Éste era un soldado ambicioso, intrépido, aventurero. De la conquista de México se hablará más adelante.

Pánfilo de Narváez fue el segundo jefe español que llegó a la Florida, con unos cuatrocientos expedicionarios dispuestos a conquistarla. Desembarcaron en 1528 en lo que es hoy Tampa, y se dirigieron hacia el interior; pero atacados por los indios y las enfermedades, y muerto ya Narváez, quedaron reducidos a sólo cuatro sobrevivientes. Guiados por uno de ellos, Álvar Núñez Cabeza de Vaca, estos cuatro hombres iniciaron un increíble y azaroso[6] viaje que duró ocho años. Después de muchas vicisitudes, que Cabeza de Vaca narró en un libro llamado *Naufragios*, llegaron al golfo de California. Habían recorrido a pie[7] casi todo el continente, de este a oeste. De California pasaron en 1536 a la ciudad de México conquistada ya por Hernán Cortés desde hacía varios años.

---

[2]en busca de: *in search of.*
[3]puso: *put.*
[4]tierra adentro: *inland.*
[5]que confió a: *that put under the command of.*
[6]azaroso = peligroso (*risky*).
[7]a pie: *on foot.*

HERNÁN CORTÉS

ARMAS DE LA ÉPOCA

MÉDICOS A LA FUERZA[8]

(*Naufragios, cap. XV*) Álvar Núñez Cabeza de Vaca

En aquella isla que he contado nos quisieron hacer físicos[9] *sin examinarnos ni pedirnos títulos, porque ellos curan las enfermedades soplando*[10] *al enfermo, y con aquel soplo y las manos echan de él la enfermedad, y mandáronnos que hiciésemos lo mismo y sirviésemos en algo;*[11] *nosotros nos reíamos de ello, diciendo que era burla y que no sabíamos curar; y por esto nos quitaban la comida hasta que hiciésemos lo que nos decían. Y viendo nuestra porfía,*[12] *un indio me dijo a mí que yo no sabía lo que decía en decir que no aprovecharía nada aquello que él sabía, ca*[13] *las piedras y otras cosas que se crían por los campos tienen virtud; y que él con una piedra caliente, trayéndola por el estómago, sanaba y quitaba el dolor, y que nosotros, que éramos hombres, cierto era que teníamos mayor virtud y poder. En fin, nos vimos en tanta necesidad, que lo hubimos de hacer, sin temer que nadie nos llevase por ello la pena.*[14]

La manera que ellos tienen de curarse es ésta: que en viéndose enfermos, llaman un médico, y después de curado, no sólo le dan todo lo que poseen, mas entre sus parientes buscan cosas para darle. Lo que el médico hace es dalle[15] *unas sajas adonde tiene dolor, y chúpanles al derredor de ellas.*[16] *Dan cauterios de fuego, que es cosa entre ellos tenida por muy provechosa, y yo lo he experimentado, y me sucedió bien de ello; y después de esto, soplan aquel lugar que les duele, y con esto creen ellos que se les quita el mal. La manera con que nosotros curamos era santiguándolos y soplarlos, y rezar un Pater noster y un Ave María, y rogar lo mejor que podíamos a Dios nuestro Señor que les diese salud, y espirase en ellos que nos hiciesen algún buen tratamiento.*

---

[8]a la fuerza: *by force.*
[9]nos quisieron hacer físicos: *they wanted us to become physicians.*
[10]soplando: *blowing.*
[11]mandáronnos que hiciésemos lo mismo y sirviésemos en algo: *they ordered us to do the same thing and be helpful.*
[12]porfía: *persistence.*
[13]ca = que, porque.
[14]sin temer que nadie nos llevase por ello la pena: *without fear that we would be punished.*
[15]dalle = darle (*to give him*).
[16]y chúpanles al derredor de ellas: *and they suck around the incisions.*

Preguntas

1 ¿En que viaje descubrió Colón la isla de Trinidad y las costas de la América del Sur?
2 ¿Qué litoral recorrió Colón en el cuarto viaje?
3 ¿Quién exploró esta misma región después?
4 ¿Dónde fue fundada la ciudad de Darién?
5 ¿Fue Centroamérica rápidamente conquistada?
6 ¿Quién descubrió el océano Pacífico?
7 ¿Quién mató a Balboa?
8 ¿Quién descubrió la Florida?
9 ¿Dónde murió Ponce de León?
10 ¿Quién era Velázquez?
11 ¿Qué isla descubrió y qué costa visitó Córdoba?
12 ¿Qué costa recorrió Grijalba?
13 ¿Cómo era Cortés?
14 ¿Dónde desembarcó Pánfilo de Narváez con sus hombres?
15 ¿Quién fue Álvar Núñez Cabeza de Vaca?

8 Vida en las primeras colonias

Cuando en su segundo viaje Colón llegó a la América, encontró el fuerte de La Navidad completamente destrozado. Supo[1] entonces que los indios habían matado a todos los españoles en venganza por sus abusos y maltratos. Se había iniciado en La Española la primera lucha entre nativos y conquistadores. 5

También fue en La Española donde comenzaron las «encomiendas», ley justa y humana que se convirtió después en un pretexto para explotar a los naturales. Siguiendo la vieja tradición europea, Colón pensó que los aborígenes del Nuevo Mundo podían ser legalmente esclavizados; pero el papa Alejandro VI, impresionado precisamente por las afirmaciones de 10 Colón en su Diario de Viaje[2] sobre el carácter pacífico y humilde de los indígenas, prohibió el aprovechamiento de éstos, y advirtió que debían ser instruidos en la religión católica y educárseles. No obstante, los colonos empeñados en perpetuar el abuso propusieron[3] las «encomiendas» en sus escritos al rey. Decían que de continuar los indios viviendo libremente en 15 sus poblados nunca serían gente de provecho,[4] y que por lo tanto,[5] a los españoles se les debía «encomendar» la tarea de enseñarles a trabajar e instruirles en la religión católica. En 1505 fueron «encomendados» los

[1]Supo = Pretérito (infinitivo: saber).
[2]Diario de Viaje: *Log Book*.
[3]propusieron = pretérito (infinitivo: proponer).
[4]gente de provecho = gente útil.
[5]por lo tanto = por eso, por esa razón.

primeros aborígenes, que así quedaron obligados a ayudar con su trabajo al colono, hasta que éste los preparara para ser hombres capaces de laborar en iguales condiciones que los blancos. La encomienda, pues, debía ser sólo temporal, y cosa justa;[6] pero los colonos demoraban la enseñanza de los naturales, convirtiendo la «encomienda» en algo permanente. El maltrato, la falta de alimentos, las enfermedades, las epidemias y el abuso hacían que la población india disminuyera rápidamente. El padre Bartolomé de las Casas protestó vigorosamente contra estos abusos y, gracias a su esfuerzo, se crearon la Leyes de Indias, que regulaban humanamente el trato a los indígenas del Nuevo Mundo.

Como apenas iban quedando brazos[7] aborígenes en las Antillas, principalmente para realizar las duras faenas del campo y de las minas, los colonos fueron introduciendo esclavos negros a principios del siglo XVI. Así comenzó una aportación racial nueva en América, cuya trascendencia llega hasta nuestros días. Negros e indios vivían miserablemente subordinados al amo, sin forma legal de escape, agrupados en chozas cercanas al lugar del trabajo.

---

[6]cosa justa = algo bueno, cosa buena.

[7]apenas iban quedando brazos = apenas quedaban hombres.

PUERTO DE LA HABANA EN TIEMPOS COLONIALES

La vida social de las primeras colonias era muy monótona. Las funciones más importantes se efectuaban en la iglesia o en la escuela, las dos instituciones que vinieron casi a la par que[8] los conquistadores. En las casas particulares también se celebraban a veces reuniones nocturnas. Sólo la llegada de las flotas (a los puertos donde llegaban), algún ataque de piratas, o la presencia de un personaje importante, rompía la rutina[9] de las tareas diarias.

[8]a la par que = junto con.

[9]rompía la rutina: *it altered the daily routine.*

La presencia de las flotas se debía[10] al hecho de que España había monopolizado el comercio con el Nuevo Mundo. Como sólo España podía legalmente comerciar con las colonias, surgieron los negocios de contrabando[11] y comenzaron los ataques de corsarios y piratas contra las naves españolas que regresaban a Europa cargadas de mercancías y metales preciosos. Consecuentemente, nació el sistema de flotas, que servía para la defensa mutua de las naves. En realidad, las flotas eran algo similar a los convoyes de nuestros días.

La educación en Hispanoamérica comenzó también con la conquista, suministrada principalmente por los conventos, y más tarde por instituciones de enseñanza que se convirtieron en universidades, como la de Santo Domingo, fundada en 1538, y las de Lima y México, creadas casi simultáneamente en 1551. La Universidad de México empezó a funcionar en 1553, y allí se enseñaba la lengua náhuatl y la otomí. La universidad de Lima se inauguró en 1572. Los españoles se preocuparon por la enseñanza desde los años iniciales del descubrimiento.

La primera imprenta de América se estableció en México en 1572. Fue traída y empleada principalmente para fines religiosos. Aunque en número no muy abundante, los libros españoles circulaban legal o clandestinamente[12] por el territorio conquistado. En 1523 los frailes en México iniciaron la primera escuela para indios y fomentaron la instrucción popular. Pero el entusiasmo a favor de la educación decayó a fines del siglo XVI y el analfabetismo se arraigó definitivamente en Hispanoamérica.

---

[10]se debía: *it was due.*
[11]negocios de contrabando = comercio ilegal.
[12]La Iglesia y el Consejo de Indias prohibieron en América la circulación de libros que trataban sobre el Nuevo Mundo. En 1543 España prohibió también que circularan novelas y obras de imaginación.

PRIMERAS FORMAS DE GOBIERNO

Para dominar su vasto imperio, España creó nuevas formas de gobierno. En 1503 se estableció en Sevilla la Casa de Contratación, que regulaba el comercio de las colonias. En 1524 se creó el Consejo de Indias, encargado de todo lo relacionado con la aplicación de la justicia.

En América se fundaron cabildos, audiencias y virreinatos por medio de los cuales[13] la corona ejercía su autoridad. El cabildo era el gobierno local de las villas. Estaba integrado por «regidores» o concejales que tenían jurisdicción sobre problemas locales, y un alcalde que hacía funciones de juez.[14]

Las audiencias eran cortes de justicia, también con funciones administrativas. Sus miembros se llamaban «oidores». Las audiencias tenían más categoría[15] y fuerza que el cabildo.

El virrey era la autoridad más alta en las Indias, y era representante personal del rey. El territorio por él gobernado se llamaba virreinato. Para su mejor administración, los virreinatos se subdividieron en presidencias y capitanías generales, subordinadas al virrey. Los virreinatos de Nueva España y del Perú se fundaron en el siglo XVI. En el siglo XVIII se establecieron los virreinatos de Nueva Granada y del Río de la Plata.

Después de los virreyes, los presidentes y los capitanes generales, venían los «corregidores», que pertenecían al corregimiento[16], gobierno local en las comunidades remotas, y los «alcaldes mayores», que ejercían sus funciones en las municipalidades. Estos funcionarios que eran apenas vigilados por sus superiores por lo inaccesible del lugar en que estaban, cometían toda clase de abusos.

---

[13]cabildos, audiencias y virreinatos por medio de los cuales: *municipal councils, courts and viceroyalties by which.*

[14]hacía funciones de juez: *who performed the functions of a judge.*

[15]categoría: *category.*

[16]corregimiento: *office of the corregidor, chief magistrate of Spanish towns.*

Preguntas

1 ¿Dónde comenzó la primera lucha?
2 ¿Dónde comenzaron las encomiendas?
3 ¿Qué advirtió el papa Alejandro VI?
4 ¿Qué eran las encomiendas?
5 ¿Quiénes propusieron las encomiendas?
6 ¿A quiénes ayudaban las Leyes de Indias?
7 ¿Por qué los colonos trajeron esclavos negros?
8 ¿Cómo era la vida en las colonias?
9 ¿Dónde se celebraban los actos más importantes?
10 ¿Por qué surgió el comercio de contrabando?
11 ¿Qué eran las flotas?
12 ¿Qué universidades se fundaron en el siglo XVI?
13 ¿Cuál fue la primera colonia de América que tuvo imprenta?
14 ¿Con qué fines se utilizó la imprenta?
15 ¿Dónde establecieron los frailes la primera escuela para indios?
16 ¿Cuáles fueron las primeras formas de gobierno en América?
17 ¿Quién era la autoridad más alta en las Indias?

9 Conquista de México

A última hora[1] Velázquez receló de la lealtad de su cuñado Cortés, y decidió quitarle el mando de la expedición que iría a la conquista de México. Pero ya era tarde, porque temiendo eso mismo, Cortés abandonó las costas de Cuba apresuradamente el 10 de febrero de 1519, desobedeciendo las órdenes de Velázquez. Después se le unieron seis barcos. De modo que al partir hacia México, la expedición la integraban doce naves, en las que iban unos quinientos soldados, ciento nueve marineros, unos doscientos indios de Cuba, varios esclavos negros y dieciséis caballos. La artillería la constituían diez cañones de bronce.

Cortés recorrió las zonas que habían explorado Córdoba y Grijalba, fundó la ciudad de Veracruz, y se internó resueltamente en tierras de México. Aprovechando el odio suscitado por los aztecas entre las tribus sometidas, pactó a veces con ellas, las combatió otras, se alió a ellas, las

[1] A última hora = En el último momento.

delató, pero siempre utilizó esas intrigas para sacar provecho[2] y ganar su acceso a Tenochtitlán.

Acompañaban a Cortés dos personajes sin los cuales no hubiera podido realizar de ningún modo[3] su sueño de conquista. Uno de esos personajes 5 era el intérprete español Juan de Aguilar, que había sido prisionero de los indios por muchos años, y conocía la lengua maya. Cortés le recogió en Yucatán. El otro y más importante e indispensable personaje, era Marina, una india azteca a quien encontró en Tabasco, que había aprendido también la lengua maya. Marina le hablaba a Aguilar en maya, y éste le 10 traducía a Cortés en español. Marina se convirtió en la amante de Cortés. Estaba siempre con él, y le acompañaba a todas partes.[4] De Cortés tuvo un hijo que vino a afirmar[5] desde el principio, el mestizaje que después se multiplicó en la América hispana. Por medio de Marina conocía Cortés el odio y las rivalidades entre las tribus, los planes de lucha, y el poderío 15 y la riqueza del pueblo azteca.

A pesar de muchos quebrantos, al fin llegó Cortés a Tenochtitlán, engañó al emperador Moctezuma, que le había recibido con grandes honores y halagos, y le hizo prisionero en su propio palacio. De ningún otro modo podrían los españoles conquistar una ciudad de miles y miles 20 de habitantes, siendo ellos unos pocos cientos. Prisionero Moctezuma, pero todavía en el palacio y con todo prestigio entre sus súbditos que desconocían su condición de preso, Cortés lo utilizaba para gobernar a los indios. Así iba Cortés dominando a los súbditos del imperio, cuando le llegaron noticias muy desagradables: Velázquez, que no se resignaba a ser burlado[6] 25 por su antiguo subordinado, enviaba una expedición al mando de Pánfilo de Narváez (quien más tarde moriría en tierras de la Florida), para someter a Cortés y proseguir la conquista bajo su propio nombre.

Cortés salió de Tenochtitlán dejando en su lugar[7] a Pedro de Alvarado. En Veracruz derrotó a Narváez, y los nuevos expedicionarios se pasaron 30 al lado de[8] Cortés, aumentando sus tropas. Con estos refuerzos regresó a Tenochtitlán, dispuesto a[9] someterlo de una vez,[10] pero la mala política de Alvarado en Tenochtitlán, de matar muchos indios nobles, había disminuido el prestigio de Moctezuma, incapaz de tomar medidas para

[2]sacar provecho = beneficiarse, adelantar.
[3]de ningún modo = jamás, de ninguna otra manera.
[4]a todas partes = a todas los lugares.
[5]que vino a afirmar = que mostró, que confirmó.
[6]ser burlado: *to be scorned.*
[7]en su lugar = sustituyéndolo.
[8]se pasaron al lado de = se fueron con.
[9]dispuesto a = listo, preparado para.
[10]de una vez: *at once.*

ayudar a los suyos. Viendo su pasividad, y sin saber que era impuesta, se sublevaron los súbditos contra él, y se dispusieron a la lucha. Precipitadamente, Cortés ordenó a Moctezuma que les hablara desde su balcón, pero al hacerlo, una lluvia de piedras[11] le derribó. Moctezuma murió tres días después, más que por las heridas, a causa de una profunda tristeza que le invadió.

Los españoles no pudieron sostenerse contra los amotinados, y se retiraron en la noche del primero de julio de 1520. A esa noche la llamaron «la noche triste». Meses después Cortés regresó y atacó a Tenochtitlán y logró vencerla en 1521 aprovechando la confusión de los indios.

El rey Carlos V reconoció la conquista de Cortés y le colmó de honores. Pero más tarde un personaje anónimo le sustituyó como virrey de la Nueva España, nombre que Cortés había seleccionado para el territorio azteca. Después de efectuar cuatro expediciones al Pacífico, en una de las cuales descubrió el golfo de California, Cortés murió en España, olvidado y triste, en 1547, a la edad de sesenta y dos años.

[11] una lluvia de piedras = muchísimas piedras.

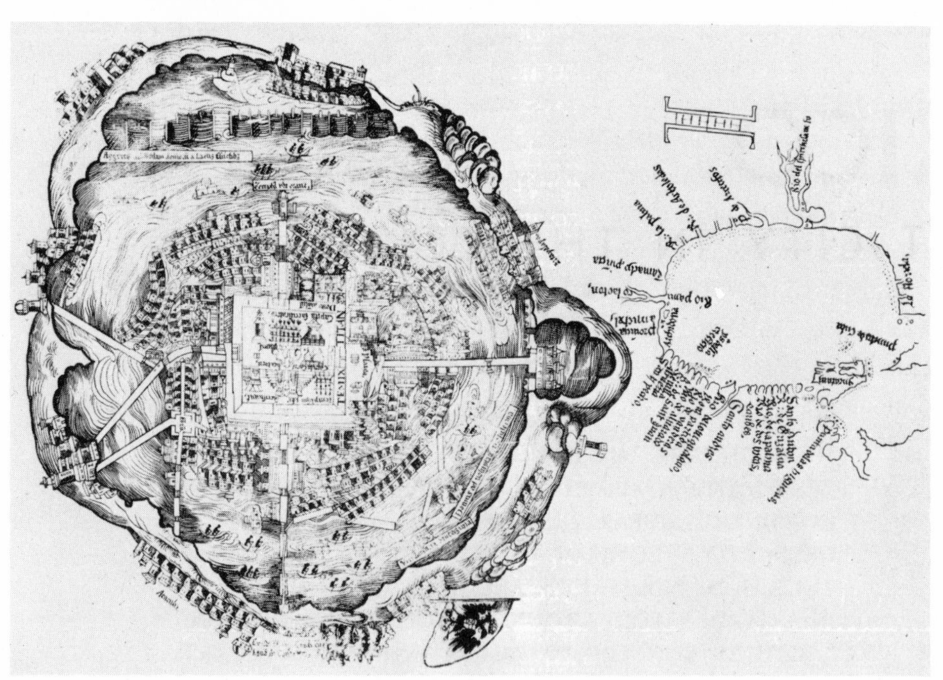

LA CIUDAD DE MÉXICO DESPUÉS DE LA CONQUISTA

MURAL DEL PALACIO DE CORTÉS EN CUERNAVACA POR RIVERA

Preguntas

1 ¿Por qué Cortés salió apresuradamente de Cuba?
2 ¿Con cuántos barcos partió Cortés a México?
3 ¿Qué ciudad fundó Cortés?
4 ¿Cómo utilizaba Cortés a las tribus indias?
5 ¿Quién era Aguilar?
6 ¿Quién era Marina?
7 ¿Qué lengua conocía Marina?
8 ¿Qué hizo Cortés con Moctezuma?
9 ¿A qué vino Narváez a México?
10 ¿Dónde derrotó Cortés a Narváez?
11 ¿Qué hicieron los soldados de Narváez?
12 ¿Cómo fue herido Moctezuma?
13 ¿Qué fue «la noche triste»?
14 ¿Cuándo conquistó Cortés a Tenochtitlán?
15 ¿Dónde murió Cortés?

10 Otras exploraciones

Después de su fracaso en México, Pedro de Alvarado fue a Guatemala en 1523, luchó contra los indios, y en 1530 dominaba ya gran parte de la América Central. En Guatemala fundó la capital de este territorio, pero como estas regiones no eran ricas ni en oro ni en plata, se fueron quedando despobladas, mientras los españoles se empeñaban en[1] hazañas más prometedoras hacia el sur. La antigua capital de Darién, convertida en Panamá, sería el asiento[2] de los conquistadores que partirían hacia el sur, hacia el Perú, en el intento de[3] someter a los incas.

En 1536 el virrey de México, Alonso de Mendoza, alentado por[4] las noticias de fabulosos tesoros en las tierras de Norteamérica, envió al franciscano Marcos de Niza para comprobarlas. Marcos regresó con una leyenda todavía más fantástica: «Las Siete Ciudades de Cíbola» tenían las casas construidas con oro, y estaban adornadas con turquesas. Entusiasmado, Mendoza nombró a Francisco Vázquez de Coronado para dirigir una expedición que salió cuatro años más tarde y llegó hasta Arizona y Nuevo México, y halló que las famosas «Siete Ciudades» eran sólo casas miserables de adobe pertenecientes a los indios zuñi. Sin embargo, los hombres de Coronado, divididos en grupos, descubrieron después la región del Gran Cañón del Colorado y el territorio que hoy es Texas. Allí conocieron otra leyenda fantástica sobre una ciudad llamada «Quivira», cuyas casas eran de oro y piedras preciosas. En pos de[5] ella, Coronado llegó a lo que es hoy Oklahoma y Kansas; pero no halló nada de aquellos tesoros. Sin embargo, su obra fue colosal, porque ensanchó enormemente el dominio español.

---

[1]se empeñaban en: *were involved, were busy with.*
[2]el asiento = base, base de operaciones, lugar de partida.
[3]intento de = idea, propósito de.
[4]alentado por: *encouraged by.*
[5]En pos de: *Looking for, searching for.*

Tres años más tarde, ya dominados el imperio azteca, el maya y el inca, Hernando de Soto, que había participado en la conquista del Perú, decidió explorar las tierras de la América del Norte. De Soto salió de Cuba con seiscientos hombres y doscientos treinta y siete caballos. Dejó ocupando su puesto[6] de Teniente Gobernador de Cuba a su esposa, Isabel de Bobadilla, primera y única mujer que haya[7] ejercido el gobierno supremo de esa isla. Como Narváez, de Soto desembarcó en lo que es hoy Tampa. En su avance hacia el norte tuvo que luchar contra los indios. Se volvió hacia el oeste y descubrió el río Misisipí, en cuyas orillas murió, víctima de fiebres malignas. Su cadáver, amado por sus subalternos, fue echado al agua para evitar que lo profanaran los indios. Los sobrevivientes regresaron por ese río hasta México, después de cinco años de sufrimientos.

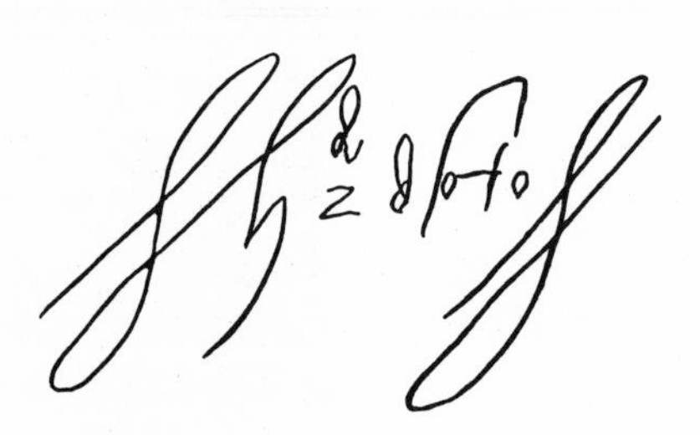

Preguntas

1 ¿A dónde fue Pedro de Alvarado después de su fracaso en México?
2 ¿Por qué Centroamérica no fue poblada rápidamente?
3 ¿Quién mandó a Marcos de Niza a Norteamérica?
4 ¿Qué leyenda trajo el franciscano Marcos?
5 ¿Qué conquistador comprobó que las «Siete Ciudades» eran sólo casas de adobe?
6 ¿Qué regiones recorrieron los hombres de Coronado?
7 ¿Qué decía la leyenda «Quivira»?
8 ¿Qué explorador llegó a lo que es hoy Oklahoma y Kansas?
9 ¿De qué lugar salió de Soto para explorar Norteamérica?
10 ¿Dónde murió de Soto?
11 ¿Por qué sus hombres echaron el cadáver al río?
12 ¿A dónde regresaron los hombres de de Soto?

[6]puesto = trabajo, posición.

[7]que haya: *that has.*

A LA VISTA DE CÍBOLA

Relación

Fray Marcos de Niza

Roguéles[1] *que algunos de ellos quisiesen ir a Cíbola, para ver si había escapado alguno otro indio, y para que supiesen alguna nueva de Esteban,*[2] *lo cual no pude acabar con ellos. Visto esto, yo les dije que, en todo caso, yo había de ver la ciudad de Cíbola, y me dijeron que ninguno iría conmigo, con los cuales y con mis indios y lenguas, seguí mi camino hasta la vista de Cíbola, la cual está asentada en un llano, a la falda de un cerro*[3] *redondo.*

Tiene muy hermoso parecer de pueblo, el mejor que en estas partes yo he visto; son las casas por la manera que los indios me dijeron, todas de piedra con sus sobrados y azoteas,[4] *a lo que me pareció desde un cerro donde me puse a verla. La población es mayor que la ciudad de México; algunas veces fui tentado de irme a ella, porque sabía que no venturaba sino la vida, y ésta ofrecí a Dios el día que comencé la jornada; al cabo temí, considerando mi peligro y que si yo moría, no se podría haber razón desta tierra,*[5] *que a mi ver es la mayor y mejor de todas las descubiertas. Diciendo yo a los principales que tenía conmigo, cuán bien me parecía Cíbola,*[6] *me dijeron que era la menor de las siete ciudades, y que Totonteac es mucho mayor y mejor que todas las siete ciudades y que es de tantas casas y gente, que no tiene cabo.*

Vista la disposición de la ciudad, parecióme llamar aquella tierra el nuevo reino de San Francisco, y allí hice, con ayuda de los indios, un gran montón de piedra, y encima dél puse una cruz delgada y pequeña, porque no tenía aparejo para hacella mayor,[7] *y dije que aquella cruz y mojón ponía en nombre de D. Antonio de Mendoza, visorey*[8] *y gobernador de la Nueva España por el Emperador, nuestro señor, en señal de posesión conforme a la instrucción; la cual posesión dije que tomaba allí de todas las siete ciudades y de los reinos de Totonteac y de Acus y de Marate, y que no pasaba a ellos, por volver a dar razón*[9] *de lo hecho y visto.*

---

[1]Roguéles: *I asked them.*

[2]Esteban: También llamado Estebanico, negro árabe, uno de los acompañantes de Cabeza de Vaca en su viaje por el sur de los Estados Unidos.

[3]a la falda de un cerro: *at the foot of a hill.*

[4]sobrados y azoteas: *attics and roofs.*

[5]no se podría haber razón desta tierra = no se podría conocer esta tierra.

[6]cuán bien me parecía Cíbola = cuanto me gustaba Cíbola, lo mucho que Cíbola me gustaba.

[7]para hacella mayor: *to make it bigger.*

[8]visorey = virrey.

[9]dar razón: *to explain.*

SANTA PRISCA, TAXCO, MÉXICO

11 Labor de la Iglesia

La iglesia jugó un papel[1] muy importante en la historia de las primeras colonias. Los misioneros ya vinieron con los conquistadores en el segundo viaje de Colón. Los franciscanos, agustinos y dominicos llegaron en subsiguientes viajes. Los jesuitas los siguieron.

Estas órdenes religiosas se dedicaron con fervor a predicar y convertir 5

[1]jugó un papel: *played a role.*

a los indios a principios del siglo XVI, y a ayudarlos en sus derechos. Los religiosos en general fueron bien acogidos[2] por los nativos, que aceptaban las nuevas prédicas y se bautizaban por miles, aunque siempre estaban algo remisos a abandonar su adoración a los ídolos.

Algunos de los religiosos que se convirtieron en fervorosos defensores de los indios fueron, entre otros, Francisco de Montesinos, Bartolomé de las Casas, Juan de Zumárraga y Toribio de Benavente.

El fraile Montesinos fue el primero que protestó en 1511, desde su púlpito en La Española, contra los abusos de los colonos. Varias veces atacó a los colonos y defendió incansablemente a los aborígenes, hasta que al cabo,[3] acosado por los dueños de tierras, fue llamado desde España, donde expuso su caso ante el rey. Nunca se han encontrado ni documentos ni referencias que indiquen el resultado de esa entrevista, ni tampoco lo que personalmente le sucedió.

El padre Bartolomé de las Casas es una de las grandes figuras de la iglesia en América. Le llamaban «el defensor de los indios». Vino al Nuevo Mundo no como religioso, sino como un noble soldado de fortuna, en 1502. Fue colono, tuvo grandes extensiones de tierras en La Española y dispuso de muchos esclavos indios. Fue uno de los acusados por el fraile Montesinos, y uno de los que protestó contra este cura hasta que le mandaron a España. Sin embargo, a la edad de cuarenta años, las Casas renunció a todo lo que poseía, dio sus tierras a los indios, y por más de cincuenta años se dedicó a defenderlos.

---

[2]bien acogidos = bien recibidos. [3]al cabo = al fin.

El humilde franciscano Toribio de Benavente, más conocido por el apodo de Motolinía, llegó a Tenochtitlán en 1524. Fue uno de los más grandes evangelizadores de América. Comenzó su trabajo misionero cerca de Tenochtitlán, y después se desplazó a la provincia de Cuernavaca. Envuelto en[4] dificultades provocadas por su defensa de algunos caciques indios, tuvo que trasladarse a Nicaragua y Guatemala. Después regresó a Puebla, ciudad que fundó, en la cual ayudó a los españoles a establecerse. Más tarde recorrió muchísimos lugares creando conventos, siempre evangelizando. Murió en México a la edad de ochenta años.

El fraile Bernardino de Sahagún desembarcó en el Nuevo Mundo en Veracruz, y siguió rumbo a México. Su actividad misionera fue extraordinaria. Recorrió grandes extensiones de territorio mexicano evangelizando y predicando a los indios. Aprendió la lengua náhuatl, y en esa lengua se comunicaba fácilmente con los aztecas, aprendía el pasado de éstos, sus tradiciones, sus constumbres y sus ritos. Sahagún quería indagar los orígenes de esta raza. Escribió algunos de sus libros en lengua náhuatl. Se compenetró con los indios, guiado por una amistad sincera.

Al principio de la colonia, la iglesia se encargó de esparcir la cultura en el Nuevo Mundo. A mediados del[5] siglo XVI, empezaron a fundarse universidades.

A Juan de Zumárraga, franciscano, primer obispo de México, le preocupaban las injusticias de las autoridades y además de popularizar la enseñanza, denunció en una carta al rey de España Carlos V, los abusos de Nuño de Guzmán, presidente de la audiencia de México. Guzmán, un hombre sin moral, fue destituido, y se creó una nueva audiencia bajo la dirección de un obispo honorable y piadoso. Zumárraga era un gran defensor de los indios, introdujo la imprenta en México, y creó escuelas para aborígenes.

Los jesuitas se establecieron en casi todo el continente, principalmente en el Paraguay y crearon misiones en las regiones más apartadas donde los indios aprendían religión y labores ordinarias. Internados en las selvas y en remotas montañas, casi independientes de la corona, con grandes masas de indios que los seguían, se hicieron tan poderosos que la autoridad real se sintió debilitada. Por temor a[6] ese poder que iban adquiriendo, en 1767 fueron expulsados de las colonias de América por sus respectivos monarcas, los reyes de España y Portugal.

---

[4]Envuelto en: *Involved.*
[5]A mediados del: *In the middle of.*
[6]por temor a: *afraid of.*

RUINAS DE SAN IGNACIO, ARGENTINA

Preguntas

1 ¿Fue la iglesia importante en las primeras colonias?
2 ¿En qué viaje de Colón vinieron los primeros misioneros?
3 ¿Fueron los religiosos bien acogidos por los aborígenes?
4 ¿Qué religiosos se hicieron verdaderos defensores de los indios?
5 ¿Por qué fue llamado el fraile Montesinos a España?
6 ¿Quién fue el padre Bartolomé de las Casas?
7 ¿Fue siempre sacerdote Bartolomé de las Casas?
8 ¿Quién fue Motolinía?
9 ¿Por qué tuvo que irse a Nicaragua?
10 ¿En qué país evangelizó el fraile Sahagún?
11 ¿Qué lengua aprendió Sahagún?
12 ¿Quién introdujo la imprenta en México?
13 ¿Dónde se establecieron los jesuitas?
14 ¿Qué se hacía en las misiones?
15 ¿Por qué se hicieron tan poderosos los jesuitas?
16 ¿En qué año fueron expulsados de América?

ATAHUALPA, EMPERADOR DE LOS INCAS

12 Conquista del Perú y del Ecuador

En 1519 Fernando de Magallanes salió de España en un viaje de circunvalación[1] para probar la redondez de la tierra. Pensaba llegar al Oriente, pero no sabía cómo cruzar el continente americano. Creía que el río de la Plata, ya descubierto por Juan Díaz de Solís,[2] sería el paso al mar que había visto Vasco Núñez de Balboa con sus hombres; pero en América supo[3] que era sólo un río. Entonces decidió navegar hacia el sur, bordeando el continente. Descubrió el estrecho que lleva su nombre,[4] y siguiendo siempre en dirección al oeste, después de muchas vicisitudes se halló inesperadamente al otro lado de América, en un océano de aguas muy tranquilas que llamó Pacífico. Siguió rumbo al[5] Asia, y llegó a las Filipinas, donde murió luchando contra los indígenas.

Magallanes había probado que el mundo era redondo, y los supervivientes de su empresa podían afirmar que la India estaba más allá del Nuevo Mundo.[6] Ahora los conquistadores se aprestaban a dominar otras regiones del norte y del sur de América.

En Panamá, la antigua Darién, Francisco Pizarro planeaba la conquista de los incas. Pizarro había sido un superviviente de la expedición de Ojeda a las costas de Colombia, y estaba con Núñez de Balboa cuando éste descubrió el Pacífico. Vivía en Panamá tranquilamente y hasta allí le llegaron rumores de la incalculable riqueza del Perú. Convenció entonces a los ricos del lugar a que ayudaran a organizar buenas expediciones para poder someter definitivamente a los incas. Fracasados dos intentos expedicionarios frente a la costa[7] del Ecuador, Pizarro se fue a España,

---

[1]circunvalación: *circumvallation.*
[2]Juan Díaz de Solís: Famoso navegante español que descubrió el río de la Plata en 1516 y llegó hasta las tierras de lo que hoy es el Uruguay. Murió comido por los indios.
[3]supo = pretérito (infinitivo: saber).
[4]que lleva su nombre = que tiene su nombre.
[5]rumbo al = en dirección a.
[6]más allá del Nuevo Mundo: *beyond the New World.*
[7]frente a la costa: *off the coast.*

obtuvo ayuda real y se entrevistó con Cortés, quien le aconsejó cómo luchar contra los indios. En 1530 salió de Panamá hacia el Ecuador rumbo al Perú con casi doscientos hombres y algunos caballos, y siguió tierra adentro. Después de seis meses de sufrimientos llegó y tomó con sus hombres a Tumbez, ciudad fortaleza de los incas, donde recibió ayuda de Hernando de Soto y juntos fundaron la villa de San Miguel, primera ciudad española suramericana.

Pizarro quiso emular lo que Cortés había hecho en México y decidió hacer prisionero a Atahualpa, emperador de los incas. Le invitó a que le visitara en Cajamarca, ciudad que estaba deshabitada porque sus moradores habían ido a un lugar en que celebraban fiestas en homenaje al emperador. Atahualpa aceptó la invitación. Pizarro escondió a todos sus hombres, armas, cañones y caballos, y cuando el inca llegó, rodeado de miles y miles de hombres, sólo cuatro españoles le esperaban. Llegó en un trono de oro, sostenido por muchos sirvientes. El fraile Vicente de Valverde fue a su encuentro,[8] le mostró la Biblia, y le pidió que se sometiera al cristianismo. Atahualpa tiró desdeñosamente la Biblia al suelo. Y entonces ocurrió lo increíble: al grito de «¡Santiago!» el grito de guerra de los españoles, los soldados abrieron fuego, los jinetes atacaron con los caballos, los cañones empezaron a disparar, y los indios, indefensos, sorprendidos, cayeron muertos en gran número. En la confusión, Atahualpa fue apresado, sin que los españoles perdieran un solo hombre.

Los vencedores trataron al prisionero Atahualpa con honores de rey.[9] El emperador les ofreció un tesoro incalculable por su libertad: cuartos inmensos llenos de oro y plata. Pizarro aceptó, pero no cumplió la promesa. Los soldados de Pizarro, sus familiares y el propio Pizarro quedarían ricos para toda su vida. Pizarro pudo haber prolongado el arresto de Atahualpa en su palacio, y gobernar a los indios usando de intermediario al inca. Pero decidió acusar a Atahualpa de traidor, y le condenó a muerte. Sin jefe indio se debilitaba la posición de Pizarro; pero Almagro llegó a Cajamarca con refuerzos militares, y en San Miguel estaba Sebastián de Belalcázar con bastantes hombres, y lograron consolidarse. Belalcázar sometió Quito y Guayaquil y conquistó lo que es hoy el Ecuador, dominando totalmente el territorio inca. Poco después surgieron entre Pizarro y Almagro rivalidades que duraron casi veinte años.

---

[8] fue a su encuentro = caminó, fue hacia él.

[9] con honores de rey = como se trata a un rey, bien tratado.

Pizarro fundó Lima, Trujillo y otras ciudades. Almagro, que había tratado de conquistar Chile por su cuenta,[10] en un viaje a través de[11] los Andes que fracasó desastrosamente, tomó al regreso la ciudad del Cuzco, en manos de un hermano de Pizarro. Sintiéndose más poderoso, entonces desafió a Pizarro, quien le venció y se convirtió en el jefe supremo de aquellas tierras. Ya sometido el territorio del Ecuador, Francisco Pizarro ordenó a Pedro de Valdivia que conquistara[12] a Chile. Pizarro murió en Lima, capital del Perú, asesinado en su propia casa por seguidores de Almagro, en 1541.

Preguntas

1 ¿Qué navengante salió de España para comprobar la redondez de la tierra?
2 ¿Por dónde pasó Magallanes al océano Pacífico?
3 ¿Dónde murió Magallanes?
4 ¿De dónde salió Pizarro para conquistar el Perú?
5 ¿A quién vio Pizarro en España?
6 ¿Con quién fundó la ciudad de San Miguel?
7 ¿Cómo trataron los españoles a Atahualpa cuando era prisionero?
8 ¿Qué ofreció Atahualpa?
9 ¿De qué acusó Pizarro a Atahualpa?
10 ¿Qué ciudades conquistó Belalcázar?
11 ¿A dónde fue Almagro y qué ciudad conquistó después?
12 ¿A quién ordenó Pizarro la conquista de Chile?
13 ¿Quiénes mataron a Pizarro?

[10]por su cuenta = bajo su responsabilidad, bajo su propio mando.
[11]a través de: *through*.
[12]conquistara = subjuntivo (infinitivo: conquistar).

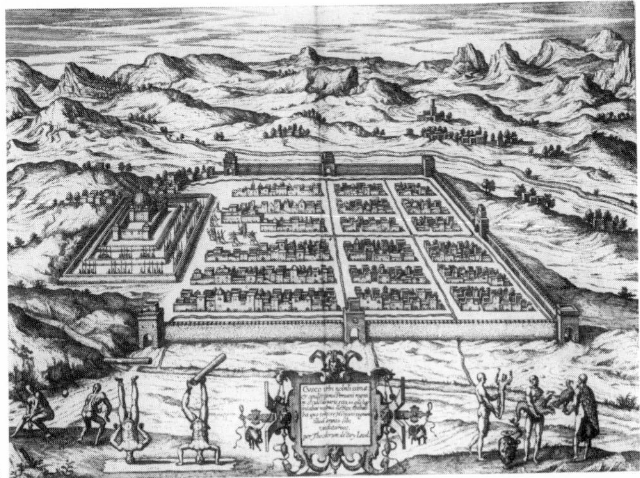

CUZCO

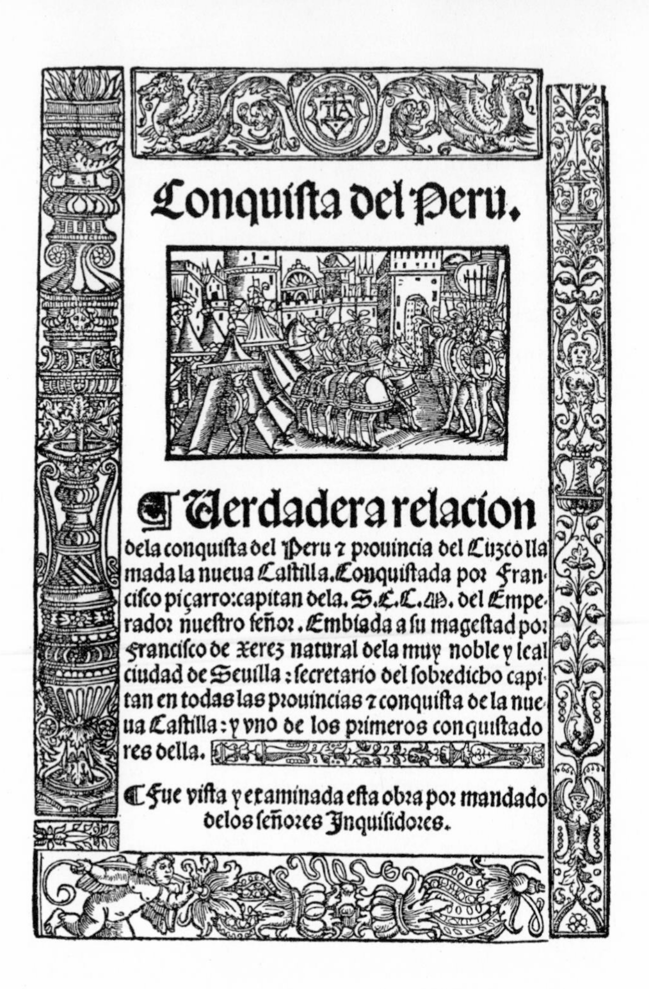
Conquiſta del Peru.

Verdadera relacion
dela conquiſta del Peru ⁊ prouincia del Cuzco lla
mada la nueua Caſtilla. Conquiſtada por Fran·
ciſco piçarro: capitan dela. S.C.C.M. del Empe·
rador nueſtro ſeñor. Embiada a ſu mageſtad por
Franciſco de Xerez natural dela muy noble y leal
ciudad de Seuilla: ſecretario del ſobredicho capi·
tan en todas las prouincias ⁊ conquiſta de la nue·
ua Caſtilla: y vno de los primeros conquiſtado
res della.

Fue viſta y examinada eſta obra por mandado
delos ſeñores Inquiſidores.

EJÉRCITO Y APOSENTO DEL INCA

Francisco de Xerez,[1] Verdadera Relación
de la conquista del Perú y provincia del Cuzco,
llamada Nueva Castilla...

En este pueblo de Caxamalca fueron halladas ciertas casas llenas de ropa liada en fardos arriados hasta los techos de las casas. Dicen que era depositado para abastecer el ejército. Los cristianos tomaron la que quisieron, y todavía quedaron las casas tan llenas, que parecía no haber hecho falta[2] la que fue tomada. La ropa es la mejor que en las Indias se ha visto; la mayor parte della es de lana muy delgada y prima, y otra de algodón de diversos colores y bien matizadas.

[1]Francisco de Xerez: Cronista de la conquista del Perú, secretario de Francisco Pizarro, el conquistador.

[2]que parecía no haber hecho falta: *it gave the impression that they did not need it at all.*

Las armas que se hallaron con que hacen la guerra y su manera de pelear es la siguiente. En la delantera vienen honderos que tiran con hondas piedras guijeñas[3] *lisas y hechas a mano, de hechura de huevos; los hombres traen rodelas*[4] *que ellos mismos hacen de tablillas angostas y muy fuertes; asimismo traen jubones colchados de algodón; tras destos*[5] *vienen otros con porras y hachas de armas; las porras son de braza y media de largo, y tan gruesas como una lanza jineta;*[6] *la porra que está al cabo engastonada*[7] *es de metal, tan grande como el puño, con cinco o seis puntas agudas, tan gruesas cada punta como el dedo pulgar; juegan con ellas a dos manos; las hachas son del mismo tamaño y mayores; la cuchilla de metal de anchor*[8] *de un palmo, como alabarda. Algunas hachas y porras hay de oro y plata, que traen los principales; tras ellos vienen otros con lanzas pequeñas arrojadizas,*[9] *como dardos; en la retaguardia vienen piqueros con lanzas largas de treinta palmos; en el brazo izquierdo traen una manga con mucho algodón, sobre que juegan con la porra. Todos vienen repartidos en sus escuadras con sus banderas y capitanes que los manden, con tanto concierto como los turcos. Algunos dellos traen capacetes grandes, que les cubren hasta los ojos, hechos de madera; en ellos mucho algodón, que de hierro no pueden ser más fuertes. Esta gente que Atabalipa*[10] *tenía en su ejército, eran todos hombres muy diestros y ejercitados en la guerra, como aquellos que siempre andan en ella, y son mancebos y grandes de cuerpo, que sólo mil dellos*[11] *bastan para asolar una población de aquella tierra, aunque tenga veinte mil hombres.*

(FRAGMENTO)

---

[3]piedras guijeñas: *pebbly stones.*
[4]rodelas: *bucklers.*
[5]tras destos: *behind them.*
[6]lanza jineta: *cavalryman's lance.*
[7]engastonada: *enchased.*
[8]anchor: *width.*
[9]arrojadizas: *for throwing.*
[10]Atabalipa = Atahualpa.
[11]que sólo mil dellos: *that only one thousand of them.*

13 Conquista de Colombia y Venezuela

CATEDRAL DE TUNJA

La conquista de lo que hoy son las naciones de Colombia y Venezuela, resultó mucho más fácil que la de otras regiones de América. Constantemente llegaban a las costas continentales del mar Caribe vecinos de la isla de Santo Domingo, de Cuba, de Puerto Rico y de las otras Antillas. 5 Desde 1516 los misioneros empezaron a construir en esos lugares iglesias y monasterios, pero no se alejaban del litoral porque la selva impenetrable y los indios que por allí[1] vivían les impedían internarse más allá. Estos centros de actividad religiosa, que llegaron a ser tres, uno en Cumaná, otro en Píritu y otro en Chichiribichi, no tardaron en desaparecer. Pero 10 en 1525 ya existían las ciudades de Santa Marta y Cartagena, puertos de importancia, sobre todo Cartagena, porque era punto de[2] embarque del comercio continental. En 1527 fue fundada la ciudad de Santa Ana de Coro, que iba a ser con los años base de operaciones para muchas expediciones.

15 A principios de[3] 1530, para poder ayudar a los exploradores en sus empresas, el rey Carlos V de España solicitó un préstamo de la casa bancaria[4] alemana Welser y como pago le ofreció vastos territorios en Venezuela. Algunos alemanes relacionados con esta casa, junto con algunos españoles, recorrieron la región del lago Maracaibo con idea de conquis- 20 tarla, pero al fin regresaron a Europa sin anotarse triunfo alguno por lo difícil y complicado de la empresa. Los alemanes Enrique Ehinger y Jerónimo Eiler, miembros de la mencionada institución bancaria, ayudaron mucho a extender y ampliar Santa Ana de Coro y a organizar expediciones importantes, pero no fundaron villa o ciudad alguna.

25 Estas poblaciones costeras, principalmente Santa Marta, tuvieron mucha importancia en la conquista de Colombia. De Santa Marta salió Gonzalo Jiménez de Quesada con novecientos hombres en 1536. Se internó en las selvas pobladas por los indios chibchas, luchó contra ellos y contra las plagas de insectos; fabricó barcas para navegar por el río 30 Magdalena, y después de un viaje de unos ocho meses, capturó la villa india de Tunja. De allí pasó al valle donde hoy está la ciudad de Bogotá. Casi al mismo tiempo aparecieron por aquel lugar el alemán Nicolás Federmann que llegaba de Santa Ana de Coro, y Sebastián de Belalcázar, que había participado en la conquista del Perú, y venía desde Quito, 35 fundando poblados. Iban en busca de[5] «El Dorado», que no apareció

---

[1]por allí: *over there, around there.*
[2]punto de: *point of, place of.*
[3]A principios de = Al comienzo de, al inicio de.
[4]casa bancaria: *bank.*
[5]en busca de: *looking for.*

nunca, pero aquellas tierras hostiles fueron poco a poco[6] sometiéndose y comenzaron a poblarse.

Estos tres hombres reclamaban el mismo derecho sobre las tierras conquistadas, pero no quisieron resolver ellos la disputa y partieron juntos en un bergantín por el río Magdalena, para ir a España y someter su caso a la decisión de la corona. Jiménez de Quesada no solicitó nada en España; a Federmann no le otorgaron ningún nombramiento, y Belalcázar, todavía famoso por sus hazañas en el Ecuador, fue elegido gobernador de Popayán, en Colombia.

En 1534, Alonso de Herrera, otro explorador español, recorrió la región norte de Colombia en los Andes y llegó hasta la desembocadura del río Orinoco. En 1541, también seducido por la leyenda de « El Dorado » Gonzalo Pizarro, hermano del conquistador del Perú, salió de Quito hacia el este con numerosos españoles, muchos indios, comida abundante, llamas y perros. Al cabo de un año los miembros de la expedición estaban debilitados, enfermos y agotados, y no habían encontrado ninguna de las riquezas que esperaban. En esas condiciones Pizarro decidió enviar a Quito a su teniente Francisco de Orellana, en busca de socorros, con cincuenta hombres y unos barcos improvisados. Pero Orellana le desobedeció, y en lugar de[7] volver atrás, siguió por el río Amazonas hacia el este, recorriéndolo en casi toda su extensión, hasta que llegó al mar. De allí pasó a Santo Domingo, y más tarde a España. Pizarro, sólo con unos pocos supervivientes, regresó a Quito en 1542.

Orellana volvió a América, porque intentaba hacer otra exploración de la región del Amazonas. Le intrigaban unas mujeres guerreras que había visto, que vivían solas en sus villas, sin hombres, a la orilla del río. Pero no pudo hacerlo, porque murió en un naufragio precisamente en la desembocadura del Amazonas.

En 1560 Lope de Aguirre salió de Cajamarca en una expedición dirigida por Pedro de Ursúa. Querían encontrar « El Dorado », que creían en la cuenca del Amazonas. Lope de Aguirre, un criminal y un tirano, asesinó a Ursúa en la selva y tomó el mando de la expedición. Asesinó también al sevillano Fernando de Guzmán, y a otros españoles. Durante un tiempo su expedición fue bordeando el río Amazonas, pero después tomó rumbo al norte, se internó en Colombia y, al fin alcanzó el mar, junto a la boca del Orinoco.

---

[6]poco a poco: *little by little.* [7]en lugar de: *instead of.*

Preguntas

1 ¿Fue fácil la conquista de Colombia y Venezuela?
2 ¿Quiénes llegaban a las costas del mar Caribe?
3 ¿Por qué los misioneros y los pobladores de la costa no iban tierra adentro?
4 ¿Qué ciudades costeras eran importantes para el comercio?
5 ¿Qué hizo en 1530 el rey Carlos V?
6 ¿Quiénes estuvieron por el lago Maracaibo?
7 ¿Quiénes ayudaron a ampliar a Santa Ana de Coro y a hacer expediciones?
8 ¿Qué ciudad costera fue importante en la conquista de Colombia?
9 ¿Quién conquistó la villa india de Tunja?
10 ¿Quién fue Nicolás Federmann?
11 ¿De dónde venía Belalcázar?
12 ¿Por qué se fueron juntos a España Quesada, Belalcázar y Federmann?
13 ¿Quién fue Alonso de Herrera?
14 ¿Qué hizo Gonzalo Pizarro?
15 ¿Qué hizo Orellana?
16 ¿Por qué Orellana quería regresar y explorar el Amazonas de nuevo?
17 ¿Qué hizo Lope de Aguirre?
18 ¿Cuál fue la ruta de Aguirre?

14 La conquista de Chile y la Argentina

La desastrosa expedición de Almagro a Chile, más los relatos sobre las torturas, la sed, el frío, las luchas a muerte que contaban sus supervivientes, y la seguridad de que no había ni oro ni plata en este territorio, demoraron la conquista del sur del Perú. En 1540 el inteligente y valeroso soldado extremeño Pedro de Valdivia logró reunir quince hombres blancos y muchos indios, y con ellos salió del Cuzco rumbo al sur. En la marcha sus fuerzas aumentaron, cruzó el desierto de Atacama, luchó contra motines internos, peleó con los indios que le acosaban constantemente, y después de un año fundó la ciudad de Santiago en la misma colina que ocupa hoy.

Igual que[1] a Cortés, a Valdivia le acompañaba siempre una mujer, que aparecía como su sirvienta, porque Valdivia se había casado en España, hacía muchos años. En realidad era su devota, valiente y arriesgada amante española, Inés de Suárez.

Apenas fundada Santiago, medio año después, casi desapareció saqueada e incendiada por los indios araucanos. Inés y Valdivia comenzaron inmediatamente la penosa tarea de reconstrucción, sin comida, sin armas para luchar, con infinidad de españoles heridos y enfermos. En estas condiciones se hallaron por meses, hasta que en 1543 llegaron soldados, municiones, armas y alimentos procedentes del Perú. Aún con esos

[1]Igual que = Lo mismo que, como.

VALDIVIA

refuerzos no podía Valdivia extender sus territorios en ninguna dirección, y fue personalmente al Perú, donde obtuvo[2] ayuda en 1547. Pero en el Perú le obligaron legalmente a traer a su esposa de España y a separarse de Inés, tragedia dolorosa para ambos, que al fin tuvieron[3] que aceptar
5 irremediablemente.

[2]obtuvo = pretérito (infinitivo: obtener).

[3]tuvieron = pretérito (infinitivo: tener).

Valdivia se marchó al sur con sus soldados, donde fundó las villas de Concepción primero, y Valdivia después. En el sur los araucanos estaban guiados por Lautaro, un joven indio hecho prisionero[4] por los españoles en el ataque a Santiago, que después logró escapar. Lautaro fue sirviente de Valdivia e Inés. Con ellos aprendió español, supo que los caballos no eran animales sobrenaturales, conoció el manejo[5] de las armas de fuego y pudo[6] preparar la pólvora. Era amado por sus dueños cuando desapareció. Casi diez años más tarde emergió como jefe de los araucanos rebeldes que habían ganado muchas batallas, y en un encuentro casi personal entre sus tropas y las tropas de Valdivia, hizo prisionero al conquistador. No se sabe dónde, ni cómo ni cuando murió Valdivia. Sólo se sabe que la batalla ocurrió en la villa de Valdivia, última fortaleza española en la expansión que efectuaban hacia la Patagonia. Según la leyenda, tuvo una muerte horrible: estaba atado a un árbol cuando Lautaro se le acercó y le dijo: «Viniste por oro; ahora te daremos todo el oro que necesites». E inmediatamente le hizo tragar oro derretido.

El segundo navegante que exploró la región del Río de la Plata después de Juan Díaz de Solís fue Fernando de Magallanes que recorrió la desembocadura de este río antes de seguir al sur. El tercer hombre que reconoció la región del Río de la Plata fue Sebastián Cabot, un veneciano hijo del famoso navegante Juan Cabot, supuesto descubridor de la América del Norte. Cabot ahora era empleado de la corona española, y vino a la América con un permiso para repetir el viaje de Magallanes, extendiéndolo más y completándolo hasta el Japón y la India. Cuando estaba en Pernambuco, un puerto importante en el Brasil, oyó la leyenda de « El Blanco »: un rey imaginario que tenía riquezas fabulosas y plata en cantidades fantásticas. Cabot decidió explorar aquellas costas y encontrar al «Rey Blanco» y sus tesoros. Se internó en el Río de la Plata y construyó un fuerte que llamó Sancti Spiritus. Ese fue el primer fuerte construido en las orillas del río. Poco después se encontró allí con Diego García, otro navegante a quien habían encomendado la misma misión que a Cabot, de ir a la India, y quien, como Cabot, decidió desobedecer las órdenes y buscar las riquezas de « El Blanco ». Los dos estaban recorriendo las aguas de ese río cuando el fuerte Sancti Spiritus fue saqueado y destruido por los indios. Después de eso, ambos decidieron retirarse dejando atrás las inexistentes riquezas.

---

[4]hecho prisionero: *made a prisoner.*
[5]el manejo = el uso, el modo.
[6]pudo = pretérito (infinitivo: poder).

En 1535, Don Pedro de Mendoza, que venía desde España con una flota y muchos hombres, llegó a la desembocadura del Río de la Plata y fundó la ciudad de Santa María del Buen Aire, hoy Buenos Aires. Pero Mendoza fue constantemente atacado por los indios, y siendo hombre de
5 poca voluntad e iniciativa, en 1537 decidió regresar a España. Su subordinado Juan de Ayolas navegó el río y fabricó otro fuerte donde estaba Sancti Spiritus, y lo nombró Corpus Christi. Después, con el nombre de Buena Esperanza Corpus Christi se convirtió en la primera fundación permanente en esta región, que llegó a ser importante para los conquista-
10 dores que venían del este, principalmente de Chile y el Alto Perú. Estos conquistadores ya habían fundado las ciudades de Santiago del Estero, que era la más antigua en la Argentina, Tucumán y Córdoba. En 1580, bajo el mando de Juan de Garay, Buenos Aires fue reconstruida y poblada con hombres procedentes de Santa Fe y Asunción.

Preguntas

1 ¿Por qué era difícil reclutar hombres para la conquista de Chile?
2 ¿Quién fue Pedro de Valdivia?
3 ¿Por dónde pasó Valdivia antes de fundar Santiago?
4 ¿Quién acompañaba a Valdivia siempre?
5 ¿Por qué figuraba Inés como criada de Valdivia?
6 ¿Cuándo atacaron los indios a Santiago?
7 ¿Cómo quedaron los españoles sobrevivientes?
8 ¿Cómo terminaron las relaciones entre Valdivia e Inés?
9 ¿Qué villas fundó Valdivia después de Santiago?
10 ¿Quién era Lautaro?
11 ¿Qué se sabe sobre la muerte de Valdivia?
12 ¿Qué dice la leyenda sobre su muerte?
13 ¿Quién fue el primero en explorar la región del Río de la Plata?
14 ¿A dónde se suponía que fuera Cabot en lugar de explorar esa región de la Plata?
15 ¿Qué era « El Blanco »?
16 ¿Quién fue Diego García?
17 ¿Qué ciudad fundó Pedro de Mendoza?
18 ¿Qué fundó Juan de Ayolas?

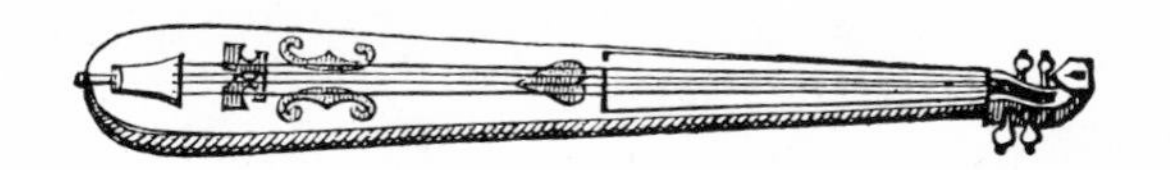

15 Arquitectura, Pintura, Música

España era un país de una tradición arquitectónica riquísima.[1] Sus arquitectos habían construido algunas de las iglesias más bellas del mundo cristiano. Después del descubrimiento los conquistadores trajeron[2] con ellos la técnica y el deseo de edificar catedrales estupendas, monasterios, iglesias, conventos, etc. Aprovecharon la existencia de minerales, oro y plata, y donde éstos eran abundantes edificaron obras de un valor extraordinario.

Desde época temprana vinieron a América arquitectos, escultores y pintores de varios países de Europa, que influyeron con su técnica en los aprendices. Pero ninguno de los artistas hispanoamericanos alcanzó la altura de los grandes maestros. Además, desde los inicios[3] del descubrimiento trajeron los colonos objetos de adorno, madera tallada, estatuas y pinturas. La piedra y la madera talladas fueron ampliamente utilizadas, y se encuentran ejemplos muy interesantes en Lima, Quito, Puebla, Morelia, etc. Las catedrales y algunas parroquias de América fueron tan ornamentadas como las españolas.

---

[1]una tradición arquitectónica riquísima: *a very rich architectural tradition.*

[2]trajeron = pretérito (infinitivo: traer).

[3]los inicios = el principio, el comienzo.

TECHO, CATEDRAL DE SAN LUIS POTOSÍ

La arquitectura europea apareció en los países dominados por los españoles casi inmediatamente después del descubrimiento, y siguió el mismo proceso que en Europa. Primero llegó el estilo ojival o gótico, típico de la Edad Media,[4] que se manifiesta principalmente en los conventos, monasterios e iglesias. Generalmente aparece mezclado con el estilo mudéjar, que le sigue, con el plateresco, el barroco y el neoclásico. El mudéjar es la combinación del arte español y el musulmán. El plateresco se llama así porque imitaba los adornos que los joyeros hacían con la plata. El estilo barroco es sumamente adornado, recargado en detalles, y fue el que alcanzó mayor popularidad en el Nuevo Mundo español. Su más grande gloria la obtuvo en los siglos XVII y XVIII, y los países donde más se difundió fueron México, el Perú y el Ecuador, en los que la abundancia de oro y plata, e indios para labrar estos metales, facilitaba el trabajo.

A partir de 1600 los arquitectos eran generalmente naturales del Nuevo Mundo, y comenzaron a desarrollar algunas formas estilísticas propias. Sobre todo en México se extendió y exageró el estilo «churrigueresco», llamado así por el nombre de su creador, el español José de Churriguera.

[4]Edad Media: *Middle Ages.*

Cuatro de las obras maestras de la arquitectura barroca universal se hallan en América: el colegio de los jesuitas de Tepozotlán, las iglesias de Santa Prisca y San Sebastián en Taxco, y el convento de Santa Rosa, en Querétaro.

Los españoles también se preocuparon por divulgar las artes en las nuevas tierras. La escultura era al principio de carácter religioso casi exclusivamente, y además, anónima. En el siglo XVI hubo una escuela de escultura en Puebla, otra en la ciudad de México, y otra en la ciudad de Guatemala. Pero de todas, la más importante fue la de Quito, en el Ecuador. El material más utilizado fue la madera policromada. De Quito salían estatuas para todas partes de Hispanoamérica. Esta escuela alcanzó su mayor gloria en el siglo XVII, con el escultor conocido como «el padre Carlos». También fueron importantes Manuel Chili, universalmente conocido como Caspicara, y Gaspar de Zangurima, ambos indios. Zangurima, además de escultor fue arquitecto y orfebre.[5]

[5]orfebre: *goldsmith.*

CATEDRAL DE SALTILLO (ESTILO CHURRIGUERESCO)

La pintura resultó más popular que la escultura en el Nuevo Mundo. En México, Quito y Nueva Granada, se crearon escuelas importantes de pintura. En México estaba la escuela de Puebla, y también la de la ciudad de México. Pero la más notable de todas fue la de Quito.

Entre los pintores mexicanos los que más se destacaron en el siglo XVII fueron Baltasar de Echave, el viejo (también escritor y filólogo); Baltasar de Echave el mozo, Sebastián de Arteaga, José Xuárez, y otros. En el siglo XVIII los hermanos Juan y Nicolás Rodríguez Juárez, José Ibarra y Miguel Cabrera fueron los más importantes. 5

En Quito el pintor más notable de siglo XVII fue Miguel de Santiago, y en Cuzco, también en ese siglo, se distinguió Juan Espinosa de los Montero. 10

La música y la danza europeas traídas por los conquistadores y los europeos que les siguieron se combinaron con la música nativa y crearon nuevas formas: canciones, danzas, bailes, etc., que después regresaron a Europa y se popularizaron. La iglesia siguió el proceso de la música sagrada española. En los siglos XVI y XVII se cultivaron en Europa las formas polífonas, e inmediatamente las introdujeron[6] en las principales iglesias de Hispanoamérica. 15

A principios del siglo XVIII, en las capitales de los virreinatos importantes, sobre todo en México y en el Perú, la composición de óperas era una actividad familiar. Venezuela era, sin embargo, el centro musical más importante porque allí vivían los compositores más notables de la época, como José Ángel Llamas, Pedro Palacios y Lino Gallardo. 20

---

[6]introdujeron = pretérito: (infinitivo: introducir).

PINTURA POR BALTASAR DE ECHAVE

Preguntas

1 ¿De dónde vinieron algunos de los arquitectos que llegaron a América?
2 ¿Qué clase de objetos de adorno trajeron los conquistadores?
3 ¿Siguió la arquitectura el mismo proceso en Hispanoamérica que en España?
4 ¿Dónde se ven mejor estos estilos en América?
5 ¿Cuál fue el estilo más popular?
6 ¿Cuántas escuelas de escultura había en el siglo XVI?
7 ¿Cuál fue la más importante?
8 ¿Qué escultores pertenecían a la escuela de Quito?
9 ¿Resultó la pintura más popular que la escultura en el Nuevo Mundo?
10 ¿Dónde estuvo la mejor escuela de pintura en el Nuevo Mundo?
11 ¿Qué pintores se destacaron en México en el siglo XVII?
12 ¿Qué pintores se destacaron en México en el siglo XVIII?
13 ¿Qué forma de música se cultivó en los siglos XVI y XVII?
14 ¿Cuándo empezó la ópera en México y en el Perú?
15 ¿Dónde vivían los compositores más notables de la época?

16 Primeros escritores

Los primeros libros escritos sobre América son las crónicas y los relatos de exploradores y misioneros. En realidad, el primero que mencionó los indios y las tierras descubiertas e hizo descripciones del paisaje, fue Cristóbal Colón en su *Diario de Viaje*. Le fascinaban la naturaleza, los habitantes, el verdor de los campos del Nuevo Mundo. 5

El padre las Casas, que había llegado a las Antillas en 1502, fue también historiador, y un gran defensor de los indios. Conoció muy bien los inicios de la colonización. Escribió un libro titulado *Historia de las Indias*, que comprende desde el descubrimiento hasta 1520, y *Apologética historia de las Indias*, que se imprimió completa por primera vez en 1909. Este fraile 10 también narró los abusos de los conquistadores con los indios en otro libro, *Brevísima relación de la destrucción de las Indias*, que se imprimió en 1552.

Gonzalo Fernández de Oviedo fue un militar español que se embarcó para América en 1514, y tuvo cargos administrativos en Cartagena y 15 Darién. Se convirtió en uno de los primeros escritores del Nuevo Mundo cuando publicó en 1535 una obra muy documentada llamada *Historia general y natural de las Indias Occidentales*.

Hernán Cortés también fue un cronista notable porque envió al rey Carlos V cinco *Cartas de Relación* sobre la conquista de México. Son 20 documentos muy valiosos escritos por el protagonista de tan importante acontecimiento histórico. Las *Cartas de Relación* son descriptivas, sobrias, detalladas. Habla más de lo que él ve y de lo que le rodea, que de sus propias hazañas.

Carta de relació ẽbiada a su. S. majestad del ẽpa-
dor nr̃o señor por el capitá general dela nueua ſpaña: llamado fernádo cortes. Enla q̃l haze relació d'las tierras y prouícias ſin cuẽto q̃ há deſcubierto
nueuamẽte enel yucatá del año de. xix. a esta pte: y ha sometido ala corona
real de ſu. S. M. En eſpecial haze relació de vna grádiſſima prouícia muy
rica llamada Culua: ẽla q̃l ay muy grádes ciudades y de marauilloſos edificios: y de grádes tratos y riq̃zas. Entre las q̃les ay vna mas marauilloſa
y rica q̃ todas llamada Timixtitá: q̃ esta por marauilloſa arte edificada ſobre vna gráde laguna. dela q̃l ciudad y prouícia es rey vn grádiſſimo ſeñor
llamado Muteeçuma: dõde le acaecierõ al capitá y alos eſpañoles eſpáto-
ſas coſas de oyr. Cuenta largamẽte del grádiſſimo ſeñorio del dicho Muteeçuma y de ſus ritos y cerimonias. y de como ſe ſirue.

Francisco López de Gómara, que no fue soldado y aparentemente nunca salió de España, publicó una *Historia de las Indias y la conquista de la Nueva España*, basándose en documentos proporcionados por la familia de Cortés. Descontento con los datos y conclusiones de la historia de Gómara, un antiguo soldado de Cortés que había luchado en la conquista de México, Bernal Díaz del Castillo, decidió escribir una obra titulada *Historia verdadera de la conquista de la Nueva España*. Bernal Díaz insiste en que él fue testigo de todos los hechos narrados y que Gómara estaba equivocado en muchos aspectos de su libro, sobre todo en la deificación de Cortés.

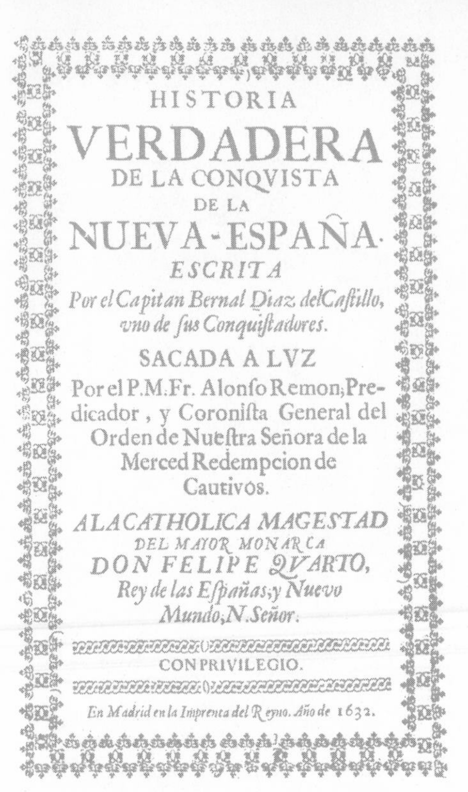
HISTORIA
VERDADERA
DE LA CONQVISTA
DE LA
NUEVA-ESPAÑA.
ESCRITA
Por el Capitan Bernal Diaz del Caſtillo, vno de ſus Conquiſtadores.
SACADA A LVZ
Por el P.M.Fr. Alonſo Remon, Predicador, y Coroniſta General del Orden de Nueſtra Señora de la Merced Redempcion de Cautivos.
A LA CATHOLICA MAGESTAD
DEL MAYOR MONARCA
DON FELIPE QVARTO,
Rey de las Eſpañas, y Nuevo Mundo, N. Señor.
CON PRIVILEGIO.
En Madrid en la Imprenta del Reyno. Año de 1632.

Otros dos autores, Bernardo de Sahagún y Toribio de Benavente (Motolinía), que ya conocemos, sobresalen por sus estudios. Sahagún escribió *Historia general de las cosas de la Nueva España*, que es una verdadera enciclopedia sobre México. Estaba basada en sus contactos con el pueblo azteca. Sahagún quería investigar el pasado indígena, ahondar[1] en el conocimiento del pueblo azteca. Se interesó por las artes, los oficios, el sistema de gobierno y la organización de estos indios. Motolinía publicó, entre otros libros, *Historia de los indios de la Nueva España*, que trata de las ceremonias cristianas, de la conversión de los indios, de los misioneros franciscanos.

El Inca Garcilaso de la Vega, que también hemos mencionado, es el primer escritor mestizo que alcanzó verdadera gloria literaria. Nació a principios del[2] siglo XVI. Él y otros muchos que le siguieron iniciaron una literatura auténticamente hispanoamericana. El Inca era hijo de una princesa inca y un conquistador castellano. La mezcla de estas dos razas le hacía sentirse tan español como indio. Su cultura abarcaba la tradición española y europea, y también la indígena. *Comentarios reales* es su mejor obra. Este libro habla de la formación del imperio inca, de sus tradiciones,

[1]ahondar: *to study thoroughly.*
[2]a principios del: *at the beginning of.*

DOCTRINA CHRISTIANA.

Macchiualo yn tlalticpac in ticmoneqiultia, yniuh chiualo ynilhuicac. Yn totlaxcal momoztlae totechmonequi ma axcan xitechmomaquili. Ma xitechmopopolhuili yn to tlatlacol, yniuh tiquimpopolhuia yn techtlatlacalhuia. Macamo xitechmotlalcahuili, ynic amo ypan tiuetzizque yn tlatlacolli. Ma xitechmomaquixtili yniuicpa yn amo qualli. Ma ymmochiua.

¶ P. Catlehuatl in otiqto?

R. Cayehuatl in Pr nr.

¶ P. Acquitlali yn Pr nr?

R. Ca vel yehuatzin oquimotlalili oquimotequixtili yn totecuiyo Jesu Christo.

¶ P. Ca tlehuatl ypampa?

R. Ca ypampa, ynic vel ticmatizque, yn quenin titlatlatlauhtizque.

¶ P. Tlein quitoznequi tlatlatlauhtiliztli?

R. Ca yehuatl ynic tictitlanililia yteicnelilitzin totecuiyo Dios.

¶ P. Yniquac tiquitoa Pater noster, aquin ticnotza, aquin tictlatlauhtia?

R. Ca yehuatzin yn tote

Hagase tu voluntad, assi en la tierra, como en el cielo. El pan nuestro de cada dia danos lo oy. Y perdona nos nuestras deudas, assi como nosotros las perdonamos a nuestros deudores. Y no nos dexes caer en tentacion, mas libranos de mal. Amen.

¶ P. Que aueys dicho?

R. El Padre nuestro.

¶ P. Quien dixo el padre nuestro?

Res. Iesu Christo, por su boca.

¶ P. Paraque?

Res. Para enseñar nos a orar.

¶ P. Que cosa es orar?

Res Pedir mercedes a Dios nuestro Señor.

¶ Pregunta. Quando dezis el padre nuestro, con quien hablays?

¶ Respue. Con Dios nuestro

"DOCTRINA CHRISTIANA" DE MOTOLINÍA

del régimen político, de sus contrariedades. Es una buena fuente de información.[3] También escribió *La Florida,* donde narra las peripecias[4] de Hernando de Soto en tierras norteamericanas, según dice, como las oyó de un amigo, testigo presencial de estos hechos.

Alonso de Ercilla, apuesto oficial español y hombre muy culto, cortesano de Felipe II,[5] alcanzó gran renombre con su poema épico *La araucana.* Este poema describe la valentía de los araucanos y la lucha que sostuvieron en defensa de su tierra, pero no menosprecia a los españoles. Caupolicán es uno de los personajes más importantes del poema. Fue un jefe indio de extraordinaria fuerza física, muy respetado por sus súbditos. Alonso de Ercilla escribió la mayor parte de *La araucana* en el campo de batalla, mientras luchaba en la conquista de Chile.

A fines del siglo XVI el estilo barroco del cordobés Luis de Góngora influyó en algunos escritores hispanoamericanos. Este estilo, llamado «gongorista», se hizo preponderante. La monja mexicana Sor Juana Inés de la Cruz cultivó este estilo con éxito. Sor Juana mostró desde niña[6] una curiosidad y una inteligencia sin par.[7] A los cinco años[8] podía leer latín, y a los quince tenía un conocimiento que abarcaba muchas ramas del saber humano. La *Carta a Sor Filotea,* es un documento autobiográfico bellamente escrito en el cual Sor Juana contesta algunas insinuaciones y acusaciones del obispo de Puebla. Fue una excelente poetisa.

El teatro se desarrolló en toda la época colonial bajo la influencia de los maestros peninsulares. En los primeros años, sin embargo, son los frailes quienes lo utilizan para propagar el cristianismo entre los indios. Se representaban alegorías de carácter religioso, como la Creación, la Natividad, etc., y también episodios históricos de España, relacionados con el cristianismo.

Entre los dramaturgos hispanoamericanos se distinguieron en el siglo XVI Gonzalo de Eslava y Juan Ruiz de Alarcón, ambos de México. Alarcón logró un puesto entre los más altos escritores del Siglo de Oro español. Escribió varias obras, pero su mejor pieza es *La verdad sospechosa.* Cuando tenía veinte años partió de México para España, estudió en Salamanca, y tras una corta visita a México, regresó a España definitivamente.

---

[3]fuente de información: *source of information.*
[4]peripecias = trabajos, cambios inesperados de las circunstancias.
[5]cortesano de Felipe II = de la corte de Felipe II, rey de España.
[6]desde niña = desde que era niña, cuando era niña.
[7]sin par = extraordinaria, muy grande.
[8]A los cinco años: *When she was five years old.*

Preguntas

1 ¿Cuáles son los primeros libros escritos sobre América?
2 ¿De qué trata el libro del padre las Casas titulado *Historia de las Indias*?
3 ¿Quién fue Fernández de Oviedo?
4 ¿Por qué Bernal Díaz decidió escribir su obra?
5 ¿Qué libro escribió Sahagún?
6 ¿Qué libro escribió Motolinía?
7 ¿Cómo son las *Cartas de Relación*?
8 ¿Quién es el primer escritor mestizo que logró fama en América?
9 ¿De qué trata su mejor libro?
10 ¿Quién fue Alonso de Ercilla?
11 ¿Cuál es el libro que le dio fama?
12 ¿Qué mostraba Sor Juana Inés desde niña?
13 ¿Qué es *Carta a Sor Filotea*?
14 ¿Quiénes utilizaron el teatro para propagar el cristianismo?
15 ¿Quiénes fueron los mejores dramaturgos del siglo XVI?
16 ¿Cuál es el libro más conocido de Alarcón?

COLLECTION MUSEUM OF MODERN ART

SOR JUANA INÉS DE LA CRUZ

DOS LEYENDAS DEL ORIGEN DE LOS INCAS

Garcilaso de la Vega

Otra fábula cuenta la gente común del Perú del origen de sus reyes Incas, y son los indios que caen al Mediodía del Cuzco,[1] que llaman Cuntisuyu. Dicen que pasado el diluvio, del cual no saben dar más razón de decir que lo hubo[2] ni se entiende si fue el general del tiempo de Noé, o algún otro en particular; por lo cual dejaremos de decir lo que cuenta de él, y de cosas semejantes, que, de la manera que las dicen, más parecen sueños o fábulas mal ordenadas que sucesos historiales. Dicen, pues, que cesadas las aguas, se apareció un hombre en Tiahuanacu, que está al Mediodía del Cuzco, que fue tan poderoso que repartió el mundo en cuatro partes, y las dio a cuatro hombres, que llamó reyes; el primero se llamó Manco Cápac, y el segundo Colla, y el tercero Tocay, y el cuarto Pinahua. Dicen que a Manco Cápac dio la parte septentrional, y al Colla la parte meridional (de cuyo nombre se llamó después Colla aquella provincia,) al tercero, llamado Tocay, dio la parte de Levante, y al cuarto, que llaman Pinahua, la del poniente; y que les mandó que fuese cada uno a su distrito, y conquistase y gobernase la gente que hallase;[3] y no advierten a decir si el diluvio los había ahogado[4] o si los indios habían resucitado para ser conquistados y doctrinados, y así en cuanto dicen de aquellos tiempos. . .

★

. . . Otra manera del origen de los Incas cuentan semejante a la pasada, y esto son indios que viven al Levante y al Norte de la ciudad del Cuzco. Dicen que al principio del mundo salieron por unas ventanas de unas peñas que están cerca de la ciudad, en un puesto que llaman Paucartampu, cuatro hombres y cuatro mujeres, todos hermanos, y que salieron por la ventana de en medio,[5] que ellas son tres, la cual llamaron ventana real; por esta fábula[6] aforraron aquella ventana por todas partes con planchas de oro y muchas piedras preciosas: las ventanas de los lados guarnecieron[7] solamente con oro, más no con pedrería. Al primer hermano llamaron Manco Cápac, y a su mujer Mama Ocllo; dicen que éste fundó la ciudad, y que la llamó Cuzco. . . .

(FRAGMENTOS de *Comentarios reales*)

---

[1]que caen al Mediodía del Cuzco: *that are south of Cuzco.*

[2]no saben dar más razón de decir que lo hubo: *they don't have any other explanation but to say that it existed.*

[3]conquistase, y gobernase la gente que hallase: *that conquered, and governed the people he found.*

[4]ahogado: *drowned.*

[5]ventana de en medio: *center window, the window in the center.*

[6]por esta fábula: *according to this legend they covered that window.*

[7]guarnecieron: *trimmed.*

EL INCA GARCILASO

ROUSSEAU

17 La independencia de los Estados Unidos y la revolución francesa: consecuencias en Hispanoamérica

La decisión de las colonias de romper[1] con España se debió a muchas causas diversas y complejas. La guerra de independencia de las trece colonias de Norteamérica que se inició en 1776, y que propagó las ideas de Jefferson, Paine, Franklin y algunos otros norteamericanos, tuvo repercusiones en Hispanoamérica. También las ideas liberales que comenzaron a extenderse por Europa en el siglo XVII, con los libros de Voltaire,[2] Montesquieu[3] y, sobre todo, Rousseau,[4] se convirtieron en guías de los hombres preocupados por el progreso político. La revolución francesa fue el tercer acontecimiento que ayudó a las colonias en su esfuerzo libertador. La Bastilla[5] fue tomada en 1789, y el rey de Francia Luis XVI

---

[1]de romper: *to break.*

[2]Voltaire: *(1694–1778) French author and philosopher. His real name was Arouet.*

[3]Montesquieu: *(1689–1755) French historian and philosopher. His real name was Charles de Secondat.*

[4]Jean-Jacques Rousseau: *(1712–1778) French philosopher of very liberal and original ideas.*

[5]La Bastilla: Fortaleza real que dominaba a París.

fue guillotinado en 1793. Esta revolución estableció el primer gobierno popular en Francia y acabó[6] con la monarquía. En 1799 apareció Napoleón Bonaparte, que no sólo dominó en territorios de Francia, sino que intervino en la corona de España. En 1808 Napoleón destronó al rey español Fernando VII,[7] y puso en su lugar a su hermano José Bonaparte.

Esta intromisión de Napoleón en España influyó sustancialmente en la decisión de las colonias de liberarse. Más que en contra de España, estaban en contra de[8] Napoleón. No querían ser colonias de España, y mucho menos de Francia. Por eso en parte, cuando llegó la oportunidad, comenzó la rebelión total. Entre los precursores de esta lucha están un indio y un blanco. El indio fue Túpac Amaru. Hijo de un noble inca, Túpac Amaru se rebeló con numerosos nativos y se hizo poderosísimo

---

[6]acabó: *finished.*
[7]Fernando VII: Regresó a España en 1819 y fue un rey muy despótico.
[8]en contra de: *against.*

NAPOLEÓN BONAPARTE

cuando después de varias luchas contra los españoles dominó partes del Perú, Bolivia y la Argentina. Pensaba que, una vez que los indios y los españoles tuvieran los mismos derechos, podrían vivir independientes de la corona, todos en paz, en América. Pero las autoridades lo hicieron prisionero y tuvo una muerte horrorosa. 5

El otro precursor notable fue el criollo Francisco de Miranda, nacido en Caracas, quien preparó el camino de las guerras que después dirigió Simón Bolívar.[9] Vivió mucho tiempo en Londres, donde hizo propaganda continua y recolectó dinero para fomentar la insurrección. Desembarcó en Venezuela en 1806, pero no tuvo apoyo local para la lucha, y regresó a 10 Inglaterra.

En 1810, dos años después de que José Bonaparte asumiera el gobierno de España, las colonias decidieron gobernarse por sí mismas.[10] Cinco cabildos se rebelaron al mismo tiempo[11] y comenzaron a gobernarse, aunque juraron obediencia a Fernando VII. Habían obtenido su autonomía, 15 pero no su independencia. En ese año Miranda volvió a Venezuela porque algunos de estos cabildos no sólo querían su autonomía, sino también su total independencia. Caracas era uno de ellos, y Bolívar uno de los jóvenes que más insistía en obtenerla. Miranda fue nombrado comandante supremo del ejército rebelde de Caracas, pero en las primeras luchas fue 20 derrotado y tuvo que rendirse en 1812. Militares jóvenes lo acusaron de cobarde, y hecho prisionero, murió en una cárcel en Cádiz.

Todos estos acontecimientos europeos, norteamericanos y regionales, iban fortaleciendo los ideales revolucionarios en el continente. Así fueron exaltándose los ánimos, hasta que ocurrieron los primeros levantamientos 25 en México, en el norte y el sur de Suramérica, en Centroamérica y por último la insurrección de Cuba, que comenzó bastantes años después, en 1868.

---

[9]Simón Bolívar: Héroe de las guerras de independencia de Suramérica.

[10]por sí mismas: *by themselves.*

[11]al mismo tiempo: *at the very same time.*

Preguntas

1 ¿Cuáles fueron los principales factores que influyeron en la independencia de las colonias?
2 ¿Por qué tuvo repercusiones en Hispanoamérica la independencia de los Estados Unidos?
3 ¿Por qué la revolución francesa afectó las colonias?
4 ¿Por qué todos estaban dispuestos a luchar por la independencia?
5 ¿Quién fue Túpac Amaru?
6 ¿Quién fue Francisco de Miranda?
7 ¿Cuándo decidieron las colonias hacerse autónomas?
8 ¿Cuántos cabildos se rebelaron en 1810?
9 ¿Cuándo tuvo que rendirse Miranda?
10 ¿Por qué Miranda murió en una cárcel de Cádiz?
11 ¿En qué países ocurrieron los primeros levantamientos?
12 ¿En qué año comenzó la insurrección en Cuba?

FERNANDO VII

MONUMENTO A LA INDEPENDENCIA

18 Independencia de México

La noticia de lo que pasaba en España en 1808 llegó a México y produjo[1] una gran excitación en la capital, que cambiaba continuamente de planes de gobierno para poder mantener la unión con España. Aunque algunos colonos juraron lealtad a Fernando VII, otros comenzaron a pensar en la independencia definitiva. Finalmente, la insurrección que iba a iniciar el movimiento libertador comenzó el 16 de septiembre de 1810 en el pueblecito de Dolores, en el estado de Guanajuato, que era importante por ser el centro minero de mayor importancia de Nueva España. El dirigente[2] de estos sublevados era un cura, un hombre que no sabía de táctica militar. Se llamaba Miguel Hidalgo y Costilla, párroco[3] de ese pueblo.

Hidalgo podía hablar muchos dialectos indígenas y podía leer francés. Influenciado por algunos escritores europeos, especialmente Rousseau,

[1]produjo = pretérito (infinitivo: producir).
[2]dirigente: *leader*.
[3]párroco: *parson*.

tenía ideas muy liberales. Los indios le querían, y él les enseñaba a mejorar los viñedos, a plantar árboles, a criar gusanos de seda, a hacer alfarería, a fabricar ladrillos, etc. Desde su iglesia les hablaba a los hombres de libertad, y finalmente el 16 de septiembre de 1810 inició con ellos una marcha de rebeldía. Con su entusiasmo fueron aumentando rápidamente las filas, hasta alcanzar unos cincuenta o sesenta mil indígenas. Este movimiento que inició Hidalgo se llama «El Grito de Dolores». Hidalgo y sus seguidores tomaron a Guadalajara y pensaron someter la ciudad de México. Pero ya frente a la ciudad, cuya caída hubiera sido muy fácil, Hidalgo decidió cambiar de rumbo, sin que se sepan las razones, y marchó hacia Querétaro. En Guadalajara organizó su gobierno y abolió la esclavitud. Pero debido a una denuncia cayó en manos españolas y fue fusilado en 1811. Hidalgo es recordado como uno de los grandes héroes de la historia de México.

A Hidalgo le sustituyó José María Morelos, mestizo, también cura, que había sido su teniente a principios del movimiento. Era párroco en

EL PADRE HIDALGO POR OROZCO

Carácuaro, y un gran organizador. A la muerte de su jefe reunió unos cuantos voluntarios y ganó muchas batallas entre México y Acapulco. En 1814, ya en posesión de gran parte del sur del país, declaró la independencia de México en Chilpancingo, y creó una constitución que se aplicó un año después. Fue un magnífico soldado, pero las fuerzas españolas lo derrotaron en 1815 y fue pasado por las armas.[4]

Agustín de Iturbide fue la tercera gran figura de la independencia de México. Su padre era español y su madre criolla. Nació en Valladolid, España, y como hijo de una familia rica, tuvo una vida social muy activa. Se hizo[5] miembro del ejército español, y cuando Hidalgo y Morelos se rebelaron contra la corona, fue uno de los militares que los combatió con mayor éxito.[6] En esa época estaba convencido de que el ejército rebelde no podía ganar porque todavía el país estaba dividido políticamente. Unos querían la independencia, otros el rey, otros la autonomía. Iturbide decidió esperar hasta que el pueblo se uniera.

En 1820 los mexicanos se habían cansado del despotismo de Fernando VII y la mayoría clamaba por la independencia. En el sur había ya guerrillas en contra de[7] los españoles dirigidas por el rebelde Vicente Guerrero. Iturbide pidió al virrey que lo nombrara jefe del ejército español en el sur para poder combatir a Guerrero, y una vez nombrado, se dirigió hacia el sur con dos mil quinientos hombres. Pero en lugar de[8] pelear en contra de Guerrero, se unió a él y se convirtió en el líder de los insurrectos.

Hombre inteligente, Iturbide conocía las necesidades del pueblo. Para unir a todos y poder luchar sin obstáculos, proclamó el «Plan de Iguala» Además, decidió no destacar el mérito militar de su ejército sino el propósito que perseguía. Por eso lo llamó «el ejército de las tres garantías»: Estas garantías eran las que quería el pueblo: (1) protección a la Iglesia, (2) independencia, (preferiblemente bajo un sistema monárquico, teniendo a Fernando VII por rey) y (3) la estrecha unión de americanos y extranjeros.

Apenas conocida esta proclama, Iturbide obtuvo el apoyo general del país. Desde ese momento su ejército ganó fácilmente las batallas contra las tropas españolas y cuando entró victorioso en la capital en 1821, fue aclamado delirantemente por toda la población. Ya era una realidad la independencia de México.

[4]pasado por las armas = fusilado.
[5]Se hizo: *Became.*
[6]éxito: *success.*
[7]en contra de: *against.*
[8]en lugar de: *instead.*

Preguntas

1 ¿Qué sucedió en México cuando se supo que José Bonaparte era rey de España?
2 ¿Por qué era importante el pueblo de Dolores?
3 ¿Quién fue Hidalgo?
4 ¿Qué les enseñaba Hidalgo a los indios?
5 ¿Qué ciudad tomó Hidalgo?
6 ¿Cómo murió Hidalgo?
7 ¿Quién era José María Morelos?
8 ¿Quién fue Iturbide?
9 ¿Luchó Iturbide contra Hidalgo y Morelos?
10 ¿Por qué Iturbide decidió esperar?
11 ¿Quién era Guerrero?
12 ¿Qué hizo Iturbide con Guerrero?
13 ¿Cómo llamó Iturbide a su ejército?
14 ¿Cuándo entró Iturbide en la capital?

ITURBIDE

19 Independencia de Venezuela y Colombia

En 1810 el cabildo de Caracas se separó del régimen de José Bonaparte, y obtuvo su autonomía. Aunque seguía reconociendo la autoridad del rey de España, algunos jóvenes insistían en la independencia total. Simón Bolívar era uno de ellos. De familia rica, huérfano desde niño, fue alumno de Andrés Bello[1] y de Simón Rodríguez[2] quien ejerció una gran influencia en él. A los diecisiete años, Bolívar fue a España a estudiar, se relacionó[3] con la corte y se casó con una dama de abolengo. Ambos regresaron a Caracas y un año después ella murió. Decepcionado, Bolívar volvió a Europa, y en Roma, en 1805, ante su maestro Rodríguez, juró dedicarse enteramente a la independencia de América.

Acabada de implantar la autonomía, en 1810, Bolívar ya era jefe de los jóvenes insurrectos. Fue a Inglaterra para pedir apoyo y cuando regresó a Venezuela, ya un hombre de veintiséis años, junto con Miranda, que ya tenía sesenta, convocó un Congreso que juró libertar al país. Miranda fue el jefe supremo del ejército y ya había ganado el apoyo inicial del pueblo cuando un terremoto, que no afectó a las tropas españolas, mató a más de veinte mil soldados rebeldes. Disminuidas sus fuerzas, fue vencido por los españoles en las primeras batallas, y tuvo que capitular. Cuando Miranda trataba de regresar a Inglaterra, Bolívar le acusó de traidor y lo entregó a los enemigos. De ese modo quedó Bolívar como personaje principal de estas luchas.

Ya jefe del ejército, Bolívar fue a Curazao, y después a Colombia para organizarse y poder atacar a Caracas, que tomó en 1813. Desde entonces Venezuela quedó libre hasta que Fernando VII volvió al trono de España un año después. Con el regreso del rey, numerosos simpatizadores comenzaron a luchar para implantar de nuevo la monarquía en Venezuela.

---

[1]Andrés Bello: Escritor y educador venezolano de gran fama.
[2]Simón Rodríguez: el maestro a quien más quiso Bolívar, de ideas muy liberales. No tenía ni la fama ni el conocimiento de Andrés Bello.
[3]se relacionó = estuvo, vivió, conocía.

Bolívar perdió el apoyo popular, y tuvo que regresar a Curazao, después a Cartagena, y por último, muy desanimado, a Jamaica. Allí escribió la famosa «Carta de Jamaica», en la que expone sus teorías políticas y analiza el futuro de América.

De Jamaica Bolívar pasó a Haití, ya libre, y su presidente, Alexander Petión, le ayudó. Juntos prepararon una expedición, que al mando de Bolívar, desembarcó en tierras venezolanas.

Bolívar fue atacado por los españoles, y sin mucha ayuda de sus paisanos, tuvo que regresar a Haití. En 1817, de nuevo en Venezuela, se alió con José Antonio Páez, jefe de los «llaneros».[4] También se unieron a Bolívar voluntarios llegados de Inglaterra, y así pudo combatir a los españoles

[4]llaneros: eran jinetes guerreros que no temían a nada ni a nadie. Al principio, bajo un español, defendieron la monarquía. Con Páez lucharon por la independencia.

con éxito. La mayor parte de Venezuela quedó bajo su mando, y la capital provisional fue Angostura. Ante el Congreso de Angostura, en 1819, pronunció su mejor discurso, en que describe una constitución modelo y elogia el gobierno democrático federal de los Estados Unidos. Este discurso se conoce como «Discurso ante el Congreso de Angostura». También escribió una carta al marqués de La Fayette[5] donde hizo grandes alabanzas a George Washington, a quien admiraba sinceramente.

De Angostura pasó a Colombia, y en Boyacá, en 1819, derrotó definitivamente al enemigo, y tomó inmediatamente Bogotá. Allí dejó como vicepresidente provisional a uno de sus más altos oficiales, Francisco de Paula Santander. Bolívar regresó a Angostura donde anunció sus planes de unir a Venezuela, Colombia y el Ecuador en una sola nación, llamada Gran Colombia. Mientras estaba en Angostura ocurrió en España un hecho excepcional: obligado por los peninsulares, el rey Fernando VII tuvo que aceptar la constitución liberal de 1812,[6] y ofreció la paz a las colonias si seguían esa constitución y mandaban una representación a la corte. Como Bolívar quería libertad absoluta, siguió luchando, y cuando derrotó a los españoles en Carabobo dio la independencia a Venezuela. Como quería hacer del Ecuador una parte de la Gran Colombia, mandó al sur a su lugarteniente, general José Antonio de Sucre. Sucre tomó Guayaquil y Quito, donde derrotó definitivamente al enemigo e hizo del Ecuador un país independiente. Bolívar entró en Quito en 1822, y de aquí pasó a Guayaquil para entrevistarse con José de San Martín.[7] Nadie sabe de qué hablaron estos dos hombres durante cuatro horas. Lo que se sabe es que después de esa conferencia, esa misma noche, San Martín desapareció de un baile que daban en su honor, y se embarcó para Chile. Después no quiso participar jamás en ningún esfuerzo libertador. Lo cierto[8] es que Bolívar quedó como jefe supremo.

En 1823 Bolívar pasó al Perú y ganó la batalla de Junín. Sucre derrotó a los españoles en Ayacucho y de allí fueron al Alto Perú, hoy Bolivia, para fundar una nueva nación. Bolívar regresó a Lima en 1825 y después pasó a Colombia. En 1830, al separarse Venezuela y el Ecuador de la Gran Colombia, Bolívar vio frustrado uno de sus grandes sueños.

[5]La Fayette: Famoso militar francés que peleó junto a Washington.

[6]la constitución liberal de 1812: esta constitución daba por primera vez soberanía al pueblo, y limitaba el poder absoluto de los reyes.

[7]José de San Martín: Argentino, jefe del ejército libertador de los países del sur.

[8]Lo cierto = La verdad, lo que se sabe.

Desanimado, murió el 17 de diciembre de 1830 en Santa Marta. Bolívar es venerado en toda América y, sin duda, fue uno de los estadistas más geniales del Nuevo Mundo.

Preguntas

1 ¿Quiénes fueron maestros de Bolívar?
2 ¿En que país estudió Bolívar?
3 ¿Dónde juró Bolívar dedicarse a la libertad de su país?
4 ¿Qué puesto tuvo Miranda cuando vino de Inglaterra?
5 ¿Qué consecuencias tuvo el terremoto de esa época?
6 ¿Cuándo tomó Bolívar a Caracas?
7 ¿Qué pasó cuando Fernando VII regresó como rey de España?
8 ¿Quién ayudó a Bolívar a preparar la revolución cuando estaba en Haití?
9 ¿Quién fue José Antonio Páez?
10 ¿Cuándo elogió Bolívar en Angostura al gobierno norteamericano?
11 ¿Dónde derrotó Bolívar a los españoles en 1819?
12 ¿Con quién se entrevistó Bolívar en 1822?
13 ¿Qué pasó en esa entrevista?
14 ¿Cuándo fracasó el sueño de Bolívar de fundar la Gran Colombia?

20 Independencia de las colonias del sur

Los virreinatos del sur, al igual que el resto del continente comenzaron también a luchar por la independencia. La ciudad de Buenos Aires no había tenido el esplendor, la pompa, la importancia o la cultura de México, el Perú o Nueva Granada, pero ya a fines del[1] siglo XVIII se había convertido en un centro comercial de bastante categoría. El Virreinato de la Plata fue uno de los cinco cabildos que se proclamaron independientes de José Bonaparte en 1810. Este virreinato decidió formar entonces una «Junta de las provincias del Río de la Plata», bajo el rey Fernando VII, pero de gobierno autónomo. El virrey fue desterrado.

Al principio, el líder más destacado de esta Junta fue Mariano Moreno, quien quería que la Plata y las provincias fueran totalmente independientes, tanto del rey como del virrey,[2] bajo el gobierno centralizado de la Junta. Sus seguidores eran llamados «unitarios». Los que no querían que las provincias se sometieran a la Junta de la Plata, aunque deseaban independizarse de España, eran los «federales». Todo esto creó tal confusión política, que produjo una guerra civil.

El Paraguay, que hasta entonces había sido una provincia, fue la primera en rechazar el gobierno central de la Plata. Cuando Manuel Belgrano, uno de los principales miembros de la Junta, fue a someterla por la fuerza, los paraguayos le derrotaron y se proclamaron libres de España y de la Junta en 1813.

---

[1]a fines del: *at the end of.*

[2]tanto del rey como del virrey: *from the king as well as from the viceroy.*

ARTIGAS

El Uruguay, que era la Banda Oriental del Río de la Plata, y había sido motivo de disputas entre España y Portugal porque ambas la reclamaban, en el siglo XVIII se hizo definitivamente español. Por eso, cuando la Junta envió a las islas Canarias al depuesto[3] virrey, su sustituto no fue a residir a Buenos Aires, sino a la Banda Oriental, ya española. Y cuando el héroe de la independencia del Uruguay, José Gervasio Artigas, lo atacó con sus gauchos, el virrey pidió ayuda a la corte de Portugal, ya establecida en el Brasil.[4] Aliado con Portugal, recibió auxilios en 1811, pero entonces Artigas también se alió con la provincia de la Plata, que quería, más que nada,[5] agregarse esta región.

Artigas derrotó a los brasileños primero, y ofreció entonces a sus aliados una paz basada en la autonomía absoluta de sus dominios. Al rechazar la provincia de la Plata su proposición, Artigas proclamó estado libre al Uruguay, independiente de España y de la Argentina y se inició en 1814 una lucha en la que los argentinos ocuparon Montevideo, y un año después Artigas los desalojó. En ese momento intervinieron los brasileños y comenzó una guerra entre la Argentina y el Brasil por la posesión del Uruguay, que sólo terminó con la intervención inglesa en 1828, que aseguró la soberanía del Uruguay.

El Alto Perú también era parte del virreinato de la Plata. Era una región riquísima en minerales que los españoles querían seguir poseyendo. Allí

---

[3]depuesto: *deposed*.

[4]Brasil: Cuando Napoleón invadió Portugal y España, los reyes de Portugal se trasladaron al Brasil en 1807.

[5]más que nada = más que ninguna cosa, principalmente.

CHACABUCO

tenían importantes guarniciones, y estaban dispuestos a defenderse permanentemente. El general Manuel Belgrano fue enviado por Buenos Aires para combatir contra los españoles, pero fue derrotado en 1813, y tuvo que refugiarse en el altiplano.[6] Le sustituyó el general José de San Martín. 5

San Martín nació en Yapeyú, una villa jesuita en la provincia de Misiones, en la Argentina, en 1778. Estudió en España la carrera militar, y peleó como oficial del ejército español en contra de Napoleón y en campañas del África. San Martín creía que el Alto Perú no podía conquistarse de ese modo. Afirmaba que había que dominar primero el Perú, 10 y después se podría conquistar el Alto Perú. Teniendo eso en cuenta,[7] pretextó mala salud, y pidió retirarse a la provincia de Cuyo, como gobernador. Así se acercaba al Perú, cuya captura, según él,[8] era imprescindible antes de seguir la guerra de independencia.

San Martín se estableció en Cuyo, y durante tres años se preparó 15 adecuadamente. En 1817 atravesó los Andes, llegó a Chile después de derrotar a los españoles en Chacabuco y en Chile le nombraron gobernador. Pero él no quiso aceptar esta posición, y en su lugar nombró a

[6]altiplano: meseta a gran altura formada por los Andes entre el Perú, Bolivia, la Argentina y Chile.

[7]Teniendo eso en cuenta = Pensando en eso, sabiendo eso.

[8]según él: *according to him.*

Bernardo O'Higgins, otro héroe de las guerras de independencia de Chile. San Martín no quiso recibir ninguno de los muchos regalos que le ofrecieron. En Chile fue derrotado varias veces, pero en 1818 venció a los españoles en Maipú. Hizo varios viajes a Buenos Aires en busca de ayuda. En 1820 zarpó con sus hombres en una flota, rumbo al norte, para atacar a los españoles en el Perú. Pero los peruanos no estaban preparados para ayudarlo. San Martín tenía que moverse con cautela, y en lugar de[9] desembarcar en Callao, cerca de Lima, desembarcó en Pisco, más al sur, donde esperó varios meses, reclutando hombres. Cuando su ejército estuvo bien reforzado volvió al Callao. En camino a Lima, supo que el rey Fernando VII de España había sido obligado a firmar la constitución de 1812, y como prometió toda clase de libertades en el territorio español y en las colonias, el virrey del Perú decidió hacer las paces[10] con San Martín; pero fracasó porque San Martín sólo quería la independencia.

Al mismo tiempo[11] los partidarios del rey y los partidarios de la constitución iban[12] también pensando en las ventajas de la independencia proclamada por San Martín. El cabildo de Lima, en ausencia del virrey, le invitó a tomar la ciudad, y en posesión de ella, incapaz de gobernar en aquel tumulto incontrolable, tuvo que hacerse dictador. Estaba convencido de que sólo uniéndose a Bolívar, que acababa de dominar Quito y Guayaquil, podría gobernarse aquel renuente[13] virreinato. De este modo se concertó la famosa entrevista de estos dos héroes, después de la cual San Martín se retiró definitivamente.

---

[9]en lugar de: *instead of.*
[10]hacer las paces = estar en paz, no pelear.
[11]Al mismo tiempo: *At the very same time.*
[12]iban = imperfecto (infinitivo: ir).
[13]renuente: *reluctant.*

O'HIGGINS

SAN MARTÍN

Preguntas

1 ¿Había alcanzado Buenos Aires el esplendor de otras ciudades en el siglo XVIII?
2 ¿Qué decidió formar el virreinato de la Plata?
3 ¿Cuál fue la primera provincia en rechazar el gobierno de la Plata?
4 ¿Cuándo se proclamaron libres los paraguayos?
5 ¿Qué naciones reclamaban al Uruguay?
6 ¿Cuándo se hizo el Uruguay definitivamente español?
7 ¿Quién fue José Gervasio Artigas?
8 ¿Cuándo recibió el virrey auxilios del Brasil?
9 ¿Quién proclamó estado libre al Uruguay?
10 ¿Cuándo terminó la guerra entre la Argentina y el Brasil?
11 ¿Dónde se refugió Belgrano?
12 ¿Por qué San Martín fue a la provincia de Cuyo?
13 ¿En qué lugar de Chile derrotó San Martín a los españoles?
14 ¿A quién le dio su puesto de gobernador?
15 ¿Por qué San Martín no fue en seguida al Callao?
16 ¿Por qué el virrey decidió hacer las paces con San Martín?

21 Consolidación de los países de Centroamérica

Centroamérica fue regida al principio por capitanes generales que vivían en Guatemala, bajo las órdenes del virrey de Nueva España. Panamá, por su situación geográfica principalmente, perteneció a Colombia desde que se fundó Nueva Granada, y permaneció unida a ella hasta 1903. 5

Aunque algunas personas importantes en estas posesiones seguían con atención[1] los acontecimientos de España en 1810, los movimientos de rebelión necesitaron el estímulo de otros países. La revolución mexicana fue el hecho que más influyó[2] en ellas, principalmente en Guatemala.

En El Salvador destituyeron al intendente general en 1811, y los 10 rebeldes ocuparon[3] gran cantidad de dinero y más de mil fusiles. Muchos de estos rebeldes eran eclesiásticos. En Nicaragua hubo también[4] en ese mismo año un levantamiento que fracasó al ser dominados los revolucionarios por las fuerzas españolas en la primera batalla, y en 1813, en la ciudad de Guatemala varios intelectuales y religiosos fueron arrestados 15 cuando estaban reunidos en el convento de Belén, probablemente conspirando. Aunque todos se proclamaron inocentes, fueron condenados y enviados a la cárcel. En 1814 también hubo otra conspiración en El Salvador, pero fracasó debido a[5] la falta de apoyo local.

El éxito de Iturbide en México hizo que Guatemala iniciara los primeros 20 pasos para obtener su autonomía. El capitán general de esta provincia decidió, con otros guatemaltecos importantes, que era tiempo de emanciparse, y proclamó la independencia en 1821. El Salvador, Honduras, Nicaragua y Costa Rica, permanecieron indiferentes. Cuando Iturbide, ya convertido en emperador de México, las invitó a ser parte permanente de 25 su imperio, Guatemala aceptó la invitación. Pero las otras provincias protestaron, sobre todo cuando Iturbide envió a Guatemala seiscientos hombres para asegurar la unión de ambos países. El Salvador quiso

---

[1]seguían con atención: *were paying attention.*
[2]influyó: *influenced.*
[3]ocuparon: *took.*
[4]hubo también = existió, ocurrió, tuvo lugar.
[5]debido a: *due to, because of.*

MONUMENTO A MORAZÁN, HONDURAS

entonces mandar un delegado a Washington, pero los soldados de Iturbide invadieron el país y lo evitaron por la fuerza. Tomaron la capital por un año, al fin del cual se retiraron, cuando Iturbide fue depuesto. En 1823, Guatemala cambió de política,[6] y declaró en una asamblea constituyente organizada allí, la existencia de «Las provincias unidas de Centroamérica», independientes de España, de México o de cualquier otro país extranjero. La constitución que allí se adoptó seguía los principios de la constitución de los Estados Unidos y la de España de 1812, aunque proclamaba la religión católica como la religión exclusiva del estado.

[6]cambió de política: *changed her policies.*

Los conservadores de estas provincias, sin embargo, comenzaron a oponerse al sistema federal. Unos querían una monarquía no española, otros la monarquía española otra vez,[7] y los liberales no querían ningún tipo de monarquía. El primer presidente de esta federación fue el liberal José Arce, quien trató de conciliar todas las tendencias, pero fracasó. Los liberales lo consideraron muy débil, subordinado a las presiones políticas; otros resentían la importancia que tomaba Guatemala como centro del gobierno; otros, que no seguía la constitución. Finalmente, en 1826, los liberales se levantaron en armas, destituyeron a Arce, y en 1829 nombraron presidente a Francisco Morazán, quien proclamó la libertad religiosa, expulsó a muchos clérigos, y desterró[8] a los que tenían ideas monárquicas. Declaró el matrimonio un asunto de carácter civil y no sólo de la iglesia, y creó escuelas y teatros. Pero Morazán se hizo impopular y fue destituido por un mestizo llamado Rafael Carrera, quien eliminó la libertad de religión, tomó el gobierno de Guatemala en 1838, y disolvió la confederación. Desde ese momento cada país de Centroamérica quedó definitivamente independiente. Sin embargo, la idea de la federación había germinado, y desde 1842 hasta 1921 se intentó lograrla unas seis veces.

Las nuevas naciones independientes comenzaron a sufrir, desde ese momento, dictaduras casi continuas, que terminaban de manera violenta, casi siempre con el asesinato del dictador. Las luchas entre los conservadores y los liberales se acentuaron. Los resentimientos, odios y venganzas hicieron tumultuosa la vida política de estos países. Sin embargo, se promulgaron muchas constituciones que tenían como propósito normalizarlos.

Tal vez uno de los factores principales de la inestabilidad fue la intromisión extranjera. Desde principios del siglo XVII los bucaneros británicos visitaban las ciudades de la costa, y allí establecieron puestos de comercio. En esa época fundaron Belice. En 1678 ocuparon la costa Mosquito, habitada por los indios de este nombre, entre Honduras y Nicaragua, y después de la declaración de independencia de estas provincias en 1838, tomaron las islas Bahía, muy cerca de la costa de Honduras. Más tarde Belice se convirtió en la capital de Honduras Británica, una colonia inglesa. En 1830 extendieron el territorio de la costa Mosquito, y dominaron la región de San Juan Norte, en la desembocadura del río San Juan, que servía de frontera entre Nicaragua y Costa Rica. Esta

[7]otra vez: *again*.

[8]desterró = sacó del país, exilió, envió al extranjero.

acción también interfería con los planes de los Estados Unidos, que acababan de tomar California y pensaban en la construcción de un canal que los llevara[9] del mar Caribe al Pacífico. Los Estados Unidos creían que el lugar adecuado estaba en alguna de esas pequeñas naciones, princi-
5 palmente Panamá.

De ese modo se iniciaron una serie de discusiones entre los Estados Unidos e Inglaterra sobre sus derechos en Centroamérica, que duró hasta 1850. Ambos países firmaron un tratado por medio del cual[10] se comprometían a no intervenir en dicha región. A los Estados Unidos se les
10 autorizó la construcción de un canal. Los ingleses se retiraron de sus posesiones costaneras y de las islas Bahía, pero retuvieron[11] Honduras Británica.

Desde ese momento quedaron definitivamente constituidas las cinco naciones independientes de Centroamérica.

Preguntas

1 ¿Quiénes regían al principio lo que hoy es Centroamérica?
2 ¿Qué necesitaron estas provincias para iniciar su rebelión?
3 ¿Qué hecho fue el que más influyó en ellas para iniciar su independencia?
4 ¿Qué sucedió en El Salvador en 1811?
5 ¿Qué ocurrió en Nicaragua en ese mismo año?
6 ¿Qué ocurrió en Guatemala en 1813?
7 ¿Cuándo proclamó Guatemala su independencia?
8 ¿Qué nación aceptó la invitación de Iturbide para ser parte de su imperio?
9 ¿Qué declaró Guatemala en 1823?
10 ¿Qué principios seguía la constitución que allí se adoptó?
11 ¿Quiénes se oponían al gobierno federal?
12 ¿Quién fue José Arce?
13 ¿Quién fue el segundo presidente de la federación?
14 ¿Qué hizo Rafael Carrera?
15 ¿Cuál puede ser el factor que más influyó en la inestabilidad de estas naciones?
16 ¿Quiénes ocuparon las islas Bahía?
17 ¿Cuál es la capital de Honduras Británica?
18 ¿Qué pensaban construir los Estados Unidos?

[9] que los llevara = que les permitiera ir (*that could take them*).
[10] por medio del cual: *by which.*
[11] retuvieron: *retained.*

BELLO

22 Cuatro grandes escritores: Bello, Sarmiento, Martí, Darío

El venezolano Andrés Bello nació en Caracas en 1781. Estudió humanidades, y fue filólogo y poeta. Vivió en Londres diecinueve años, durante los cuales trabajó a favor de[1] la independencia. Allí fundó la revista *Repertorio americano,* y escribió «Silva a la agricultura de la zona tórrida», su mejor composición poética. También enseñó español y realizó investigaciones literarias. 5

A Bello le preocupaba el futuro de su pueblo después de la independencia. Su «Silva a la agricultura de la zona tórrida» es una alabanza al trabajo, a la paz, al progreso y al adelanto humanos. En 1829 el gobierno de Chile le invitó a vivir en ese país, y allí Bello organizó el sistema educativo. 10 Hizo una gran labor administrativa. Fue el primer rector de la universidad de Santiago y el principal creador de un Código Civil.[2] También fue autor del libro *Gramática castellana,* y traductor de autores europeos.

Bello fue un gran patriota y un pensador muy preocupado por América. Sus conocimientos eran enciclopédicos. Su estilo literario, que sigue la 15 escuela clásica, es uno de los más elegantes de la lengua española.

---

[1]a favor de: *in favor of.*

[2]Código Civil: *Civil Code* (*Law*).

Domingo Faustino Sarmiento, escritor, estadista, educador y periodista, nació en la Argentina en 1811, en la provincia de San Juan, de familia muy modesta. Fue un autodidacta[3] que desde pequeño mostró gran talento.

Después de la independencia, la Argentina corría el peligro de dividirse, debido a la confusión política, a la mala fe, a las intrigas, a las ambiciones. Juan Manuel de Rosas, uno de los peores tiranos que recuerda la historia, logró centralizar el poder por medio de la fuerza y en forma sanguinaria. Gobernó a la Argentina durante casi treinta años, implantando el terror. Intelectuales y personas distinguidas del país tuvieron que vivir en el destierro. Sarmiento fue uno de ellos. Sarmiento preconizó la inmigración europea para aliviar los males de la Argentina. En Chile escribió su obra más famosa, titulada *Civilización y barbarie: Vida de Juan Facundo Quiroga,* que muestra la lucha entre la ciudad (civilización) y la pampa (barbarie), y estudia la vida del gaucho. Este libro no puede clasificarse exclusivamente como novela, sociología, historia o biografía. Tiene algo de todos esos géneros literarios.[4] Es un análisis profundo de la Argentina. Facundo Quiroga, el personaje principal, no es más que un cruel militar al servicio de Rosas, un gaucho que refleja la psicología de los gobernantes del momento. Este trabajo sitúa al autor entre las figuras más destacadas de la literatura hispanoamericana.

[3]autodidacta: *self-taught.*

[4]géneros literarios: *genre, literary form.*

GAUCHO

SARMIENTO

Sarmiento se siente identificado con su patria. Su mayor ambición es mejorar su país. Toda su personalidad se refleja en sus escritos. Sus *Viajes* y *Recuerdos de provincia* muestran su experiencia de viajero incansable y sus años de niño en el pueblo donde nació. Estuvo en Europa y los Estados Unidos, país que admiraba sinceramente. Fue muy amigo del[5] educador norteamericano Horace Mann. Fue embajador de su patria en Washington, y después presidente de la Argentina. Su obra comprende[6] cincuenta y dos volúmenes.

José Martí nació en La Habana, Cuba, en 1853. Su padre era español y su madre canaria. Desde muy joven demostró su fervor patriótico y su genio literario. Deportado a España por sus actividades a favor de la independencia de Cuba, vivió allí durante unos cuatro años. Residió más tarde en Guatemala, México y Venezuela. Escribió incansablemente en revistas y periódicos. Fue uno de los creadores del movimiento literario llamado Modernismo.[7] Fue un excelente poeta y el héroe de la independencia de Cuba.

Se estableció por segunda vez en Nueva York en 1880, donde ya había estado brevemente. Allí residió quince años, y escribió para el periódico argentino *La Nación*. En 1882 dedicó un volumen a su único hijo, que publicó con el nombre de *Ismaelillo*. También en ese mismo año editó otro libro de poesías titulado *Versos sencillos*. En Nueva York fundó una revista para niños titulada *La edad de oro*, y trabajó febrilmente a favor de la independencia de Cuba.

---

[5]fue muy amigo del: *was a close friend of.*
[6]comprende: *includes.*
[7]Modernismo: Movimiento literario de fines del sigloXIX que se caracterizó principalmente por introducir cambios fundamentales en la métrica, la rima y los temas de la poesía hispanoamericana.

Fue un idealista generoso, amante de la libertad. Luchó contra España sin incitar el odio hacia ella. Combatía el sistema de gobierno que imperaba en Cuba, pero amaba al pueblo español. Escribió ensayos[8] penetrantes sobre la vida social, política y literaria de los Estados Unidos. Se destacan 5 sus páginas sobre Longfellow y Whitman, y hechos históricos de Nueva York, como la inauguración del puente de Brooklyn.

Martí fue un trabajador incansable. Estimulaba con discursos elocuentes a los cubanos que vivían en Nueva York y Cayo Hueso.[9] Sus cartas dirigidas a amigos, familiares, compañeros de la revolución, están llenas 10 de apotegmas[10] y consejos patrióticos. Su vida ejemplar, así como su obra literaria, ha sido incentivo[11] de muchas generaciones hispanoamericanas. La poesía de Martí es tierna y sencilla; unas veces recuerda a su patria, y otras exalta el amor fraternal. Martí murió en Cuba, en el campo de batalla.

---

[8]ensayos: *essays.*
[9]Cayo Hueso: *Key West.*
[10]apotegma: *apothegm.*
[11]incentivo = estímulo (*incentive*).

MARTÍ

El Modernismo alcanzó uno de sus momentos mejores con Rubén Darío, que nació en 1867, en un pueblecito de Nicaragua llamado Metapa. Joven, se trasladó a Chile, donde trabajó en el periódico *La Época,* y estudió a los poetas franceses. En 1888 publicó la primera edición de *Azul* que le dio a conocer[12] como poeta genial. Darío se trasladó a Buenos Aires donde colaboró en el importante diario *La Nación*. En 1896 publicó el libro *Prosas profanas,* que marca el momento culminante de la carrera poética de Darío. En 1905 publicó *Cantos de vida y esperanza* donde el poeta nicaragüense hace gala de[13] su libertad de expresión y del dominio de nuevas formas.

Darío fue llamado «el poeta de América», y su obra sirvió de estímulo a los poetas jóvenes españoles que, inspirándose en su obra, inciaron una etapa en la literatura española.

Darío publicó cuentos y crónicas, y también cultivó la crítica literaria. Recibió la influencia de poetas franceses como Catulle Mendès y Paul Verlaine. Sin embargo, Darío creó nuevos temas y formas que contribuyeron a remozar la lírica de la lengua española.

En la «Oda a Roosevelt», escrita en 1904, Darío critica algunos de los aspectos de la política de este estadista norteamericano, y en «Salutación al águila» enaltece los méritos civilizadores de los Estados Unidos.

Viajó por Europa y fue miembro del cuerpo diplomático de varios países hispanoamericanos. En 1915 se encontraba en Nueva York para pronunciar conferencias, pero se enfermó gravemente de pulmonía, y regresó a su patria, donde murió en 1916.

Preguntas

1 ¿Dónde vivió diecinueve años Andrés Bello?
2 ¿Cuál es la mejor composición poética de Bello?
3 ¿Dónde organizó Bello el sistema educativo?
4 ¿Quién fue el primer rector de la universidad de Santiago?
5 ¿Qué escuela literaria sigue Bello?

[12] le dio a conocer: *made him known.*　　[13] hace gala de: *displays.*

6 ¿En qué país nació Sarmiento?
7 ¿Quién fue Juan Manuel de Rosas?
8 ¿Cuánto tiempo gobernó Rosas?
9 ¿Cuál es el mejor libro de Sarmiento?
10 ¿Qué muestra este libro?
11 ¿Que demostró Martí desde muy joven?
12 ¿De qué movimiento literario fue uno de los creadores?
13 ¿En qué ciudad de los Estados Unidos vivió mucho tiempo Martí?
14 ¿Dónde murió Martí?
15 ¿Dónde nació Rubén Darío?
16 ¿Qué libro le dio a conocer como poeta genial?
17 ¿Dónde se encontraba Rubén Darío en 1915?

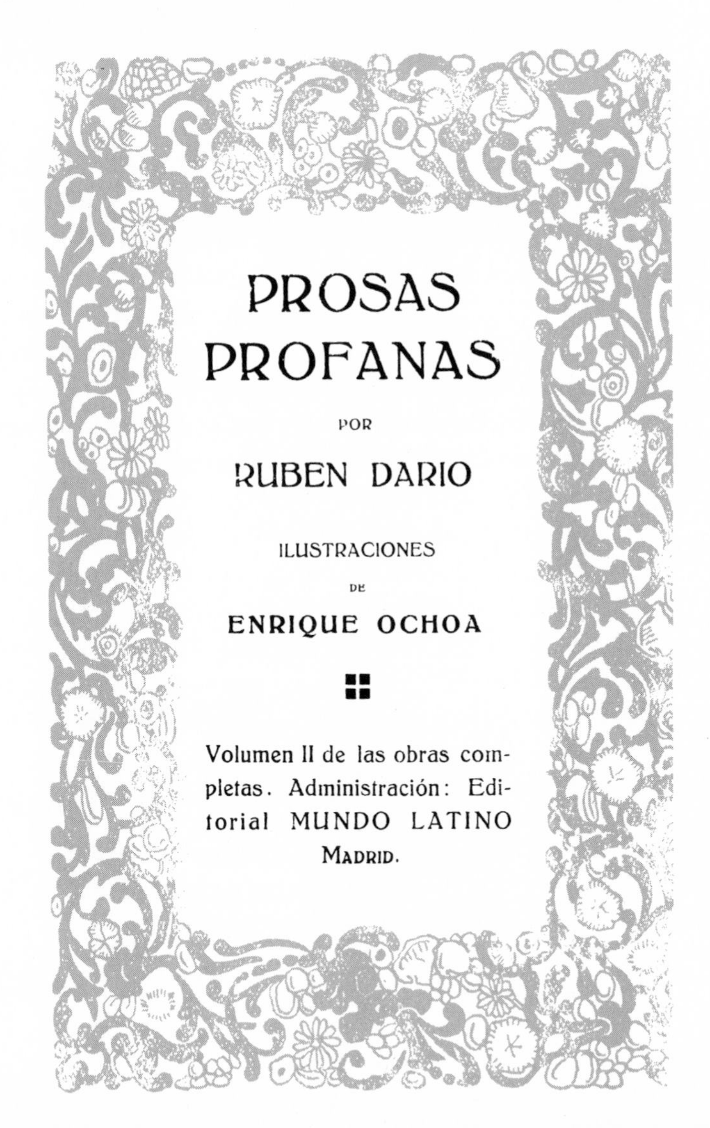

PROSAS PROFANAS

POR

RUBEN DARIO

ILUSTRACIONES

DE

ENRIQUE OCHOA

Volumen II de las obras completas. Administración: Editorial MUNDO LATINO

MADRID.

"MAINE"

23 Guerra de Cuba y los Estados Unidos contra España

Mientras Hispanoamérica estaba envuelta en las guerras de independencia, Cuba y Puerto Rico permanecían bajo el dominio español. Los Estados Unidos, Inglaterra y Francia, que estaban interesados en la posesión de Cuba, se abstenían de intervenir directa o indirectamente en los asuntos de la isla por temor a una guerra entre ellos. Mientras tanto, alentados por su patriotismo y por el triunfo de los insurrectos en otras colonias, los cubanos organizaban su emancipación.

Ocurrieron levantamientos y brotes revolucionarios en varios lugares de la isla. En 1868 «El Grito de Yara»[1] inició una guerra que duró diez años. Posteriormente, hubo otros levantamientos que no tuvieron éxito.[2] Pero en 1895 Martí inició la última fase de la revolución, sostenida por los desterrados cubanos en Estados Unidos. Más que nadie,[3] Martí ayudó a recolectar dinero, a exaltar el patriotismo y a preparar el terreno[4] para la revolución.

---

[1]Este movimiento se llama así porque surgió en el pequeño pueblo de Yara, en la parte oriental de la isla. Este levantamiento es importante porque preparó a los cubanos para la guerra de independencia.

[2]que no tuvieron éxito = que fracasaron (*that failed*).

[3]Más que nadie: *More than anyone else.*

[4]preparar el terreno para la revolución: *to set the stage for the revolution.*

Los generales Antonio Maceo y Máximo Gómez asumieron la jefatura del ejército libertador. Maceo por un lado, y Gómez y Martí por otro, desembarcaron clandestinamente en la provincia de Oriente. Martí, que nunca había empuñado un arma,[5] murió en una escaramuza[6] en mayo de 5 1895. Con su muerte el fervor revolucionario cundió por la isla, de oriente a occidente.

Los españoles, temerosos, nombraron al general Valeriano Weyler comandante de las fuerzas españolas. Weyler envió la población campesina a campos de concentración, para evitar que ayudara a los rebeldes. Las 10 víctimas morían por miles. La comida escaseaba en todas partes. Algunos libertadores, sin protección y sin alimentos, iban retirándose lentamente al mismo punto[7] de desembarco. Sin embargo, las tropas españolas también sufrían enormes bajas.[8] Fue entonces cuando ocurrió el incidente del *Maine,* y los Estados Unidos intervinieron en los asuntos internos de 15 la isla.

La explosión del acorazado norteamericano *Maine* el día 15 de febrero de 1898, anclado en la bahía de La Habana, marca la etapa final de una serie de litigios entre el gobierno de los Estados Unidos y el de España No se sabe exactamente quien fue responsable de esta catástrofe que 20 produjo la muerte de doscientos sesenta y seis tripulantes. Unos decían que fueron los españoles, otros que fueron los cubanos para forzar[9] la intervención estadounidense;[10] otros, que fueron los norteamericanos para justificar su participación. De todos modos, esa fue la base[11] para hacer que el congreso de los Estados Unidos aprobara una resolución el 19 de abril, 25 declarando que «el pueblo de Cuba es, y por derecho debe ser libre e independiente». Y a partir de ese momento, comenzaron los ataques a los españoles en Cuba, Puerto Rico y Filipinas.

Desde el día 22 de abril una poderosa flota de los Estados Unidos bloqueó a Cuba, impidiendo la salida y entrada de barcos españoles. Mien- 30 tras tanto, los norteamericanos preparaban el desembarco de tropas. El 19 de junio quince mil soldados norteamericanos pisaron tierra[12] en una pequeña playa cerca de Santiago de Cuba, en la provincia de Oriente.

---

[5]que nunca había empuñado un arma = que no sabía cómo usar las armas.
[6]escaramuza: *skirmish.*
[7]al mismo punto = al mismo lugar.
[8]sufrían enormes bajas: *suffered many casualties.*
[9]forzar: *to force.*
[10]estadounidense = de los Estados Unidos.
[11]fue la base = fue la razón, el motivo, la causa.
[12]pisaron tierra: *landed.*

Inmediatamente estas tropas se unieron a las fuerzas del general cubano Calixto García, y juntas emprendieron las hostilidades.

Al saber los españoles que los norteamericanos habían establecido el bloqueo, el almirante Cervera zarpó hacia aguas cubanas preparado para luchar. Cervera entró con sus buques en la bahía de Santiago sin encontrar resistencia; pero atacado desde tierra por las tropas enemigas y rodeado por la flota norteamericana que cercó la bahía, se encontró sin salida. El gobernador le ordenó retirarse mar afuera[13] para evitar que sus barcos cayeran en manos enemigas; pero ya era tarde, y toda su escuadra fue destruida.

La lucha entre España y los Estados Unidos fue breve. En tres meses las tropas aliadas habían sometido parte de Cuba y de Puerto Rico, y las Filipinas capitularon. La paz definitiva se firmó en París, el 10 de diciembre de 1898. Por el *Tratado de París,* renunció España a su soberanía sobre Cuba, Puerto Rico, las Filipinas, Guam y las islas Marianas.

El primero de enero de 1899 el ejército español evacuó Cuba, entregando el mando de la isla el último capitán general, Jiménez de Castellanos, al general John Brooke, que fue el primer gobernador norteamericano.

El gobierno interventor, bajo Leonard Wood, que sustituyó a Brooke, convocó a elecciones para eligir los miembros de la Convención Constituyente que en 1901 aprobó la constitución de la república de Cuba. En la nueva constitución se incluyó la Enmienda Platt, que autorizaba a los Estados Unidos a intervenir en caso de[14] que peligrara la independencia o la estabilidad de Cuba, y ésta les cedía la bahía de Guantánamo y Bahía Honda.

El 20 de mayo de 1902 tomó posesión de su cargo[15] Don Tomás Estrada Palma, primer presidente de la nueva nación. Más tarde los Estados Unidos abandonaron Bahía Honda, y en 1936 se abolió la Enmienda Platt y se firmó un nuevo tratado que eliminaba todo derecho a intervenir en Cuba.

Los acontecimientos citados, así como la construcción del Canal de Panamá en 1903 por los Estados Unidos, y la idea del presidente Theodore Roosevelt de ejercer una acción «vigilante» en la América Latina, crearon diferencias políticas y económicas entre la nueva potencia del norte y la América del Sur.

---

[13] retirarse mar afuera = ir lejos de la isla, lejos de la costa; alta mar, océano.
[14] en caso de: *in case of.*
[15] tomó posesión de su cargo: *took the oath of office.*

Preguntas

1. ¿Cómo permanecían Cuba y Puerto Rico mientras Hispanoamérica luchaba por su independencia?
2. ¿Qué naciones europeas estaban interesadas en Cuba?
3. ¿Cuántas guerras de independencia hubo en Cuba?
4. ¿A quién nombraron los españoles comandante de sus fuerzas?
5. ¿Cuándo intervinieron los Estados Unidos en Cuba?
6. ¿Qué le sucedió al acorazado *Maine*?
7. ¿Quién fue responsable de la catástrofe del Maine?
8. ¿Dónde atacaron los norteamericanos a los españoles?
9. ¿Qué le pasó a la flota española?
10. ¿Cómo fue la lucha entre España y los Estados Unidos?
11. ¿Qué es el *Tratado de París*?
12. ¿Cuándo se fueron los soldados españoles de Cuba?
13. ¿Quién fue el primer gobernador norteamericano?
14. ¿Quién fue el general Wood?
15. ¿Qué fue la Enmienda Platt y cuándo fue abolida?
16. ¿Qué acontecimientos crearon discordias entre las dos Américas?

BATALLA ENTRE CUBANOS Y ESPAÑOLES (1869)

24 La revolución mexicana de 1910: consecuencias políticas, sociales y económicas

Después que México se independizó el país tuvo un largo período de inestabilidad política. En 1876 el mestizo Porfirio Díaz, de Oaxaca, inculto y pobre, convertido en militar famoso, tomó la ciudad de México. En 1877 organizó unas elecciones fraudulentas y se adueñó[1] del poder. Así inició una dictadura que duró hasta 1911, con una interrupción de 5 cuatro años. Durante su gobierno los partidos de oposición fueron anulados y se eliminó la libertad de imprenta. También se mantuvo una fuerte alianza con el ejército, la iglesia y el capital extranjero. Díaz ignoró completamente las clases pobres, entre las cuales[2] había mucho disgusto y un profundo malestar, porque querían que les dieran los mismos derechos 10 de los ricos. Aunque hubo algún progreso económico en el régimen de Díaz, solamente un 5% de la población se benefició. El país se hallaba al borde de[3] un movimiento de protesta.

Resentido con esa actitud del gobierno, el indio Emiliano Zapata comenzó a estimular entre los trabajadores de una plantación azucarera 15 del estado de Morelia la idea de una revolución. Le seguían miles de pobres, principalmente indios, todos descontentos con su situación.

Otra figura que también comenzaba a tomar importancia en el panorama de México, era el pequeño y delicado Francisco Madero, abogado rico del norte, liberal, que compartía las ideas de reformas sociales para 20 favorecer al pueblo. La presencia de Madero fue la única capaz de unir en aquellos momentos a todos los mexicanos en la esperanza de un gobierno mejor. El pueblo lo aclamaba, y los «maderistas»[4] comenzaron a aparecer rápidamente por todas partes.

Como Madero se convirtió en seguida en un candidato muy fuerte de 25 la oposición, Porfirio Díaz lo hizo prisionero por un tiempo, para no perder las elecciones y continuar en el poder, pero al fin tuvó que libertarle. Para asegurar su vida y su independencia, Madero se marchó a Texas

---

[1]se adueñó: *took*.
[2]entre las cuales = entre las que, en las que.
[3]al borde de = muy próximo, muy cerca.
[4]« maderistas » = seguidores de Madero.

PORFIRIO DÍAZ

inmediatamente, y allí escribió un manifiesto pidiendo elecciones honradas y demandando al pueblo que exigiera[5] la renuncia de Díaz. Un año después, en 1911, la multitud decidió adoptar la petición de Madero, recorrió las calles gritando, y se agrupó frente a la casa del presidente Díaz, pidiendo su dimisión, clamando por reformas, por la igualdad de derechos.[6] Díaz tuvo que renunciar, presionado por todas partes, y cuando Madero volvió en ese mismo año a México, le aclamaron las masas como a un dios, convertido en su más sólida esperanza. En las elecciones que siguieron Madero fue electo por una inmensa mayoría de votos. México parecía haber encontrado su héroe, el hombre que podría sacarlo del caos en que estaba y llevarlo a un futuro mejor.

Pero Madero no pudo hacer mucho. Apenas inaugurado su gobierno, cayó asesinado por su propio comandante general, Victoriano Huerta, quien le sustituyó en el poder. Huerta ignoró las aspiraciones sociales de Madero y desconcertó al pueblo. Como resultado, a los pocos meses se propagó con una fuerza incontenible la revolución social mexicana.

La revolución estaba dirigida en el sur por Emiliano Zapata, en el noroeste por Venustiano Carranza, y en el norte por Pancho Villa[7]. La revolución lo envolvía todo. Al fin[7] Huerta cayó, y en 1914 Carranza le sustituyó, apoyado por el excelente militar y estratega Álvaro Obregón. Parecía que se arreglaba la situación general del país, cuando surgieron luchas personales entre los tres dirigentes de la revolución. Carranza fue

[5]exigiera = subjuntivo (infinitivo: exigir).
[6]igualdad de derechos = los mismos derechos, los derechos de los demás.
[7]Pancho Villa: Su nombre verdadero fue Doroteo Arango Villa.

depuesto y tuvo que refugiarse en Veracruz. Le sustituyeron como gobernantes en México, Zapata y Pancho Villa, que se turnaban[8] en la presidencia por días, por semanas o por meses.

Los ayudantes de Carranza, Obregón y Luis Cabrera, conocedores de que el pueblo necesitaba y pedía una reforma social, trataron de ayudarlo a controlar las masas desde Veracruz, y crearon una serie de decretos que después firmaba Carranza sin ponerles ninguna atención.[9] Por esos decretos se distribuyeron las tierras del gobierno, se abolieron los «jefes políticos»,[10] se crearon municipios autogobernados, se legalizó el divorcio, se controlaron los pagos, se protegió a los tabajadores y a las industrias, se trató de organizar el trabajo y se prometieron más reformas sociales. Estas ideas le ganaron seguidores a Carranza, y así pudo regresar de Veracruz a la ciudad de México, donde afirmó que la revolución había terminando porque ya había logrado sus objetivos.

Pero como Villa y Zapata seguían luchando y dando tierras a sus indios, Carranza no podía instalarse definitivamente como presidente. Había gran confusión en el país. Era necesario efectuar una convención constitucional para poder organizarlo políticamente. Los delegados se reunieron en Querétaro en 1916, y su miembro más destacado fue Obregón, que luchaba por la reforma agraria. Las ventajas que la nueva Constitución establecía con sus reformas eran importantes: pasaban a ser propiedad de la nación las minas y yacimientos de petróleo y combustible; la nación se apropiaba de todas las tierras y las aguas del país, pero permitía la propiedad privada[11] de ellas; daba el derecho de huelga[12] a los obreros y también el derecho a participar en las utilidades de las empresas; establecía el carácter popular de la enseñanza oficial; reconocía pero limitaba la propiedad privada extensa; alentaba la pequeña propiedad privada y fraccionaba los latifundios. Era una constitución democrática, republicana, liberal, que fue muy bien aceptada por los seguidores de Obregón, de Madero y de Zapata; pero como Carranza no la siguió, en 1920 su antiguo ayudante Obregón comenzó a combatirlo, y lo obligó a renunciar. Después lo sustituyó en el mando Lázaro Cárdenas quien con sus medidas populares, inició un nuevo período que llega hasta nuestros días. A pesar de algunos errores, con la reforma agraria, la expansión de la industria y la estabilidad política, México es ahora una nación próspera.

---

[8]se turnaban: *were taking turns.*

[9]sin ponerles ninguna atención = sin pensarlo, sin analizarlo.

[10]«jefes políticos»: *political bosses.*

[11]propiedad privada: *private property.*

[12]derecho de huelga: *right to strike.*

Preguntas

1 ¿Quién fue Porfirio Díaz?
2 ¿Qué hizo el gobierno de Porfirio Díaz?
3 ¿Qué estimulaba Emiliano Zapata?
4 ¿Quién era Madero?
5 ¿Qué hizo Díaz con Madero?
6 ¿Por qué renunció Díaz?
7 ¿Pudo Madero hacer algo por su país?
8 ¿Quiénes dirigían la revolución social mexicana?
9 ¿Quién sustituyó a Huerta?
10 ¿Qué hicieron los ayudantes de Carranza?
11 ¿Qué afirmó Carranza en México?
12 ¿Por qué Carranza no podía establecerse definitivamente?
13 ¿Eran buenas las reformas que proclamaba la nueva Constitución?
14 ¿Quién no quiso aceptar la Constitución?
15 ¿Quién sustituyó a Carranza?

EMILIANO ZAPATA POR RIVERA

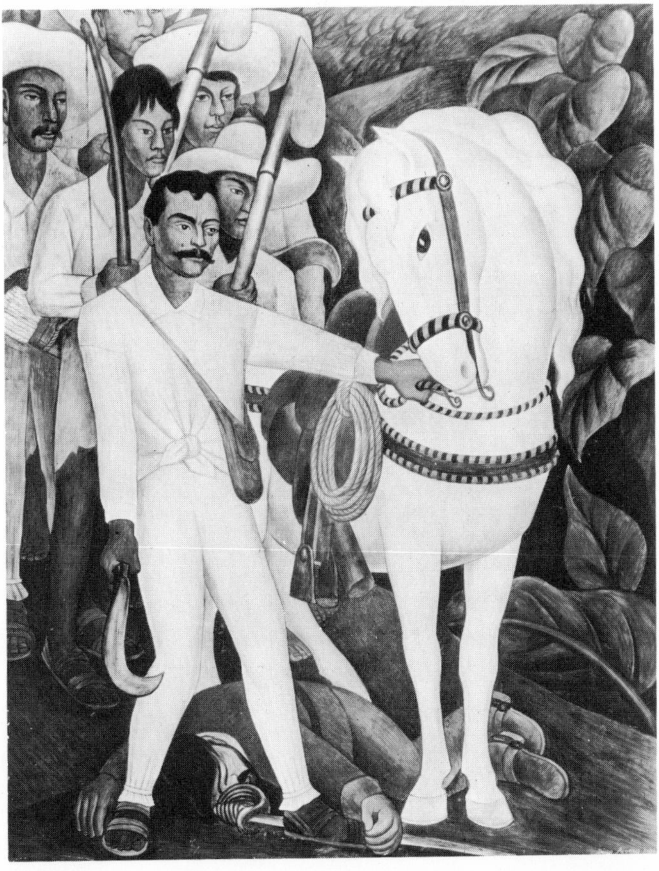

COLLECTION MUSEUM OF MODERN ART

BRASILIA, SUPREMO TRIBUNAL FEDERAL

Segunda parte | EL PRESENTE

1 Regiones naturales de América Latina[1]

Los países latinoamericanos son veinte. Diez de estos países están en la América del Sur y son la Argentina, Bolivia, el Brasil, Colombia, Chile, el Ecuador, el Paraguay, el Perú, el Uruguay y Venezuela.

[1]América Latina: Cuando decimos América Latina y no Hispanoamérica, se incluye también al Brasil y a la República de Haití. En estos países se habla portugués y francés respectivamente.

En Centroamérica hay seis países, que son Costa Rica, Guatemala, Honduras, Nicaragua, Panamá y El Salvador. México está en el norte y Cuba, la República Dominicana y Haití en el mar Caribe.

La América Latina tiene dos veces la extensión de Europa y ocupa una 5 sexta parte del territorio mundial. El Brasil es un país tan grande como los Estados Unidos.

La cordillera más larga del mundo se encuentra[2] en la América del Sur. Las montañas que la forman se extienden desde el estrecho de Magallanes al sur de Chile, hasta Panamá, en la América Central. Esta cordillera se 10 llama los Andes.

La sierra de los Andes se ensancha[3] en el norte y se divide en dos ramas que van, una hacia el este, y la otra hacia el noroeste. En el centro de estas dos ramas hay una meseta, y en ella está la ciudad de Caracas. La rama occidental llega hasta Panamá. El pico más alto de los Andes es el Aconca- 15 gua, que se halla cerca de Santiago, la capital de Chile. Tiene 22,834 pies de altura, y siempre está cubierto de nieve.

Los Andes abarcan[4] regiones de todos los países suramericanos con excepción del Brasil, el Uruguay y las Guayanas. Entre el Perú, Bolivia, Chile y la Argentina forma una meseta llamada el Altiplano. Esta meseta 20 está a una gran altitud, y en ella se halla el lago Titicaca, a unos 12,000 pies sobre el nivel del mar. Es el lago más alto del mundo, y pertenece a Bolivia y al Perú.

Los Andes son montañas relativamente jóvenes. Sus picos están poco achatados[5] por la erosión, y tienen gran actividad volcánica. Debido a sus 25 erupciones y porque la cordillera es parte de una zona sísmica, los terremotos son bastante frecuentes. La erupción de los volcanes y los temblores de tierra afectan la economía, la historia, el progreso y la psicología de los pueblos de estas regiones. Guatemala, por ejemplo, fue arrasada tres veces por los terremotos de 1541, 1773 y 1917.

30 Las montañas del este del continente son más bien redondas, pequeñas, sin actividad volcánica. En el Brasil se extienden de norte a sur, bastante cerca de la costa, especialmente en Santos, Río de Janeiro y Bahía, donde casi alcanzan el mar. Más al norte se dirigen hacia el oeste, cubren buena parte[6] del Brasil, y llegan muy cerca de los Andes con elevaciones de poca

---

[2]se encuentra = está, se halla.
[3]se ensancha: *widens*.
[4]abarcan: *embrace*.
[5]achatados: *flattened*.
[6]buena parte = bastante territorio, grandes regiones.

EL POPOCATÉPETL

altura. El pico más alto de esta cordillera, que forma la altiplanicie del Brasil, alcanza sólo 9,400 pies.

En la parte norte del continente, extendiéndose de este a oeste, casi paralela a la costa pero sin alcanzarla, está la meseta de Guayana, que tiene montañas de poca elevación. 5

Las montañas de México van de norte a sur siempre, y se dividen en dos ramas que son la Sierra Madre Oriental, que sigue[7] la costa del golfo de México, y la Sierra Madre Occidental que va a lo largo de la costa del Pacífico. En el centro de estas dos ramas se halla la meseta central de México. México está en una región de muchos volcanes, entre los cuales 10 se destacan el Popocatépetl, el Ixtacihuatl y el Orizaba.

Las grandes montañas, las altas mesetas y los ríos del continente suramericano han jugado un papel importante en la historia y la economía de sus pueblos.

En Suramérica hay tres ríos principales que cubren con sus numerosos 15 afluentes la mayor parte del continente. Uno es el Amazonas, el segundo río del mundo en extensión. Desemboca en el Atlántico, atraviesa el continente de este a oeste, y riega la selva tropical del Brasil. Muchas de sus ramas nacen en la cordillera de los Andes.

Otro es el Orinoco que desemboca en el mar Caribe. Es navegable, 20 corre paralelo a la meseta de Guayana y los territorios de Colombia,

[7]que sigue: *that follows.*

Venezuela y las Guayanas. Le siguen en importancia el río de la Plata, con numerosos afluentes, como el Uruguay, el Paraná, y el Paraguay, que riegan el Brasil, el Uruguay, la Argentina y el Paraguay. De menor importancia, pero todavía navegable por novecientas millas, es el río Magdalena, que nace en la frontera de Colombia y el Ecuador, y llega hasta la costa del mar Caribe.

Muchas de las naciones suramericanas dependen en gran parte de los ríos para efectuar el comercio nacional y fomentar la agricultura. Los ríos de la costa occidental del continente son numerosos y pequeños, y con la única excepción del río Guayas, en el Ecuador, no son navegables.

El clima de la zona tropical es muy húmedo y muy caluroso, y el terreno es fértil y productivo. Por eso[8] existen grandes y tupidas selvas que cubren muchos países, desde México hasta Bolivia y el Paraguay. Muchas de estas regiones de la orilla del Amazonas son inhóspitas aun para los indios más primitivos.

[8]Por eso = Por esa razón, por ese motivo, a causa de eso.

RÍO AMAZONAS

Además de los grandes ríos, de las altas montañas y de las selvas tupidas,[9] en la América Latina existen tanbién grandes desiertos. El mayor de todos es el desierto de Atacama, que está en el norte de Chile y se extiende a lo largo de la costa hasta el Perú. También hay desiertos en la Argentina, en México y en el Brasil. 5

Las llanuras del continente son numerosas y ricas. Producen granos en abundancia, pasto y ganado. La pampa argentina, que es tan larga como Texas, es la región agrícola más rica de la América del Sur. Tiene un suelo húmedo y fértil, con lluvias frecuentes. Es magnífica para la crianza del ganado. En Venezuela y Colombia abundan los valles muy productivos pero, más pequeños que la pampa, donde se producen grandes cantidades de alimentos y se cría el ganado caballar, lanar y vacuno. 10

---

[9]tupidas: *dense*.

GANADO LANAR

LA PAMPA, GANADO VACUNO

Preguntas

1 ¿Dónde se encuentra la cordillera más larga del mundo?
2 ¿Cuál es el pico más alto de los Andes?
3 ¿Abarcan los Andes regiones de todos los países suramericanos?
4 ¿Dónde está el Altiplano?
5 ¿Dónde está el lago Titicaca?
6 ¿Dónde está la meseta de Guayana?
7 ¿Qué le pasó a Guatemala en 1541, 1773 y 1917?
8 ¿Cuántos ríos principales hay en Latinoamérica?
9 ¿Qué río atraviesa el continente de este a oeste?
10 ¿Dónde desemboca el río Orinoco?
11 ¿Dónde nace el río Magdalena?
12 ¿Cómo son los ríos de la costa oeste?
13 ¿De qué zona es parte una gran extensión del continente?
14 ¿Qué regiones son inhóspitas para el hombre?
15 ¿Hay desiertos en Latinoamérica?
16 ¿Para qué es magnífica la pampa argentina?

OVEJAS, RANCHO ARGENTINO

INDUSTRIA VINÍCOLA, CHILE

2 Agricultura, industria y comercio

El suelo de las naciones de Hispanoamérica es muy rico en productos minerales y en metales. Aunque es casi seguro que contiene en abundancia todos los productos de este tipo conocidos hasta hoy, esta riqueza no está bien explotada,[1] debido en parte a la geografía del continente. Muchos 5 de los países hispanoamericanos tienen un solo producto como base de su economía, pero otros, como la Argentina y México, poseen muchas industrias importantes. La Argentina es el segundo país del mundo proveedor de lanas, y tiene grandes fábricas de quesos y mantequilla, y envase[2] de carnes y se destaca por el curtido de cueros. En 1942 ya 10 producía la mitad de los artículos consumidos diariamente en el país, como jabón, calzado,[3] efectos eléctricos, telas, etc. En ese año ya la industria nacional estaba tan desarrollada como la agricultura.

Desde hace tiempo la industria vinícola[4] argentina suministra la cantidad necesaria para el consumo interno, y aun para exportar a otros países 15 latinoamericanos y europeos. Actualmente, la industria pesquera se va multiplicando. En los cuatro años que van de 1962 a 1966 ha triplicado su producción y sigue aumentando, sobre todo la pesca de camarones.[5]

Después del fin de la segunda guerra mundial se instalaron en Córdoba[6] fábricas de aviones, de automóviles, y de tractores. Ya en 1959 había once 20 plantas automovilísticas. También en Córdoba se fabrica material ferroviario, grandes motores eléctricos y cohetes espaciales.

A partir de 1950 la industria petrolera nacional comenzó a extenderse, y ya en 1960 abastecía[7] el 60% de su consumo interno. Pero la inestabilidad política ha detenido un poco el desarrollo industrial del país.

---

[1]explotada: *exploited.*
[2]envase: *canning.*
[3]calzado: *footwear.*
[4]vínicola: *vinegrowing.*
[5]camarones: *shrimps.*
[6]Córdoba: ciudad situada al noroeste de Buenos Aires.
[7]abastecía = pretérito (infinitivo: abastecer) *to supply.*

INDUSTRIA PESQUERA

México es otra de las naciones más industrializadas del continente latinoamericano. Produce una gran parte del plomo y de la plata mundiales, cultiva en cantidad azúcar y maíz, y exporta café, plátanos y algodón, que desde 1930 se ha convertido en una de sus más grandes industrias. El petróleo es abundante en México. La explotación de este producto se mantuvo más o menos igual hasta 1940, pero desde ese año ha ido aumentando. En México hay seis fábricas importantes de automóviles. También fabrica máquinas de escribir, negro de humo,[8] televisores, radios, y produce medicinas, etc.

En Venezuela la industria del petróleo es la más importante. Solamente los Estados Unidos extraen más petróleo que Venezuela. Le sigue la industria del hierro, y después la del oro, diamantes, perlas, asbestos, carbón, etc. Venezuela es también gran proveedora de cueros, papel, telas,

[8]negro de humo: carbón combinado con oxígeno e hidrógeno. Se utiliza para hacer papel carbón, pilas secas, tintas para periódicos, como pigmento, etc.

materiales químicos y gomas. Cultiva arroz y azúcar y exporta café y cacao. Venezuela se ha industrializado mucho últimamente.

Colombia tiene como industria principal el café, que constituye el 60% de sus exportaciones. Junto con otros países hispanoamericanos abastece 5 casi todo el mercado mundial de café. Además, produce plátanos, telas, aluminio, y desde 1940, acero. Esta industria se ha desarrollado notablemente. Ya desde 1966 abastece casi toda su demanda nacional y sigue multiplicándose. Se espera que más o menos en 1970 pueda ya producir todo el acero que se consuma en el país. Colombia es el décimo país del mundo 10 productor de petróleo, y el tercero en Hispanoamérica. Tiene regiones muy ricas en esmeraldas. Esta piedra preciosa origina una de las mejores industrias colombianas. No obstante,[9] su economía es básicamente agrícola.

[9]No obstante = Sin embargo, a pesar de (*nevertheless*).

INDUSTRIA PETROLERA, VENEZUELA

El Perú tiene zinc, plomo, azúcar, algodón, cobre, hierro, manganeso, tungsteno, bismuto, etc. Una de sus industrias principales es la del cobre, y muy recientemente la de envase y preparación de carne de pescado, que exporta en cantidades considerables. Pero su economía sigue siendo agrícola, y muchos de sus metales están por extraer. 5

El Ecuador tiene las industrias de la carne, el hierro, la banana, el cacao, el arroz y el café. El suelo del Ecuador no ha sido totalmente explotado. Contiene sulfuros, plata, cobre, oro, estaño, etc. La industria del petróleo tampoco ha sido suficientemente aprovechada.

Chile es el segundo país del mundo proveedor de cobre. Abastece el 10 20% de la produción mundial de este material. En Chile abundan las minas de hierro, carbón, oro, plata y otros minerales. Es el país con más reservas de nitrato de todo el mundo. Cultiva trigo, arroz y otros granos. Tiene una industria vinícola muy bien establecida que no sólo abastece su propia demanda, sino que exporta en proporción considerable. 15

Bolivia es el segundo país del mundo productor de estaño. Tiene maderas, frutas, granos, caucho y plata en las yungas, que son valles profundos que van a lo largo de las montañas. Es un país rico en oro, petróleo, antimonio y tungsteno. En la selva hay quinina, semillas y minerales en abundancia. Bolivia está prácticamente por explotar, por 20 falta de capital, de técnicos, de carreteras y de trenes.

El Paraguay ha permanecido esencialmente agrícola, porque no tiene salida al mar y depende comercialmente de la Argentina. Sólo tiene ganado, frutas, maderas y las industrias derivadas de estos productos.

En toda la América Central, Cuba, Puerto Rico y Santo Domingo se 25 cultiva maíz, arroz, café y muchos otros granos; se cría ganado y se fabrican telas. El café alcanza el 80% de la exportación de Guatemala, de Costa Rica y de Honduras. Estos tres países también exportan plátanos.

Honduras tiene oro y plata, cobre, maderas y otros productos que no puede aprovechar satisfactoriamente por la falta de carreteras. El Salvador, 30 Costa Rica y Nicaragua tienen el mismo tipo de economía agrícola y disponen más o menos de los mismos productos. El 73% de las exportaciones de El Salvador en 1958 fue en algodón, oro y café.

Cuba ha sido durante mucho tiempo el primer país productor de azúcar del mundo. Desde 1951 hasta 1955 suministró el 20% de toda la produc- 35 ción mundial de este producto. Tiene como segunda industria el cultivo y la manufactura del tabaco, y además, envasa frutas, fabrica calzado, telas, curte cueros, y produce cemento y ron.

MINAS DE ESTAÑO, BOLIVIA

PROBANDO EL CAFÉ

INDUSTRIA AZUCARERA

Preguntas

1 ¿En qué productos es rico el suelo de las naciones latinoamericanas?
2 ¿Cuál es el segundo país del mundo proveedor de lanas?
3 ¿Qué industria se va multiplicando rápidamente?
4 ¿Qué instalaron en Córdoba después de la segunda guerra mundial?
5 ¿Cuándo comenzó a extenderse la industria nacional?
6 ¿Qué país tiene seis firmas que fabrican automóviles?
7 ¿Que industria desde 1930 se ha convertido en una de las más grandes?
8 ¿Cuál es la industria más importante de Venezuela?
9 ¿Cuál es la industria principal de Colombia?
10 ¿Desde cuándo Colombia produce acero?
11 ¿Qué país tiene más reservas de nitrato en todo el mundo?
12 ¿Por qué Bolivia está practicamente por explotar?
13 ¿Por qué el Paraguay ha permanecido esencialmente agrícola?
14 ¿Qué producto alcanza el 80% de la exportación total de Guatemala, Costa Rica y Honduras?
15 ¿Cuál es la nación que produce más azúcar de caña en todo el mundo?
16 ¿Cuál es la segunda industria de Cuba?

AUTOPISTA, CARACAS — LA GUAIRA

3 | Transportes

Gracias a la aviación, hoy día[1] los países hispanoamericanos gozan de excelentes comunicaciones con el resto del mundo y entre sí.[2] Poco antes de que este sistema de transporte tomara tanto auge, la América Latina se hallaba bastante aislada por la falta de buenas comunicaciones terrestres. 5

[1]hoy día = ahora, en estos días, hoy. [2]entre sí: *among them.*

La Argentina es la nación suramericana que cuenta con[3] más ferrocarriles. Aunque la mayoría de sus líneas están concentradas en los alrededores de la capital, algunas llegan hasta la pampa, para facilitar la exportación de sus productos y para transportar las dos terceras partes de la población, 5 que vive en esa región.

Cerca de los Andes, a pesar de las muchas montañas, existe una línea ferroviaria argentina que va desde Buenos Aires hasta Santiago de Chile. Esta línea es una importante obra de ingeniería, y se llama Ferrocarril Trasandino. También Buenos Aires se comunica por tren con la capital 10 del Paraguay, con la capital de Bolivia, y con la ciudad del Cuzco, en el Perú. Como la Argentina se está desarrollando rápidamente, ya su sistema de comunicaciones ferroviarias no resulta adecuado, pero lo han sustituido con nuevas y muy buenas carreteras.

Chile es uno de los países más largos y estrechos del mundo, y sus 15 ferrocarriles cubren gran parte del territorio. Además, como tiene excelentes carreteras y magníficos puertos, puede comerciar fácilmente con el Perú, el Ecuador, Colombia, y los países centroamericanos. A través del canal de Panamá, negocia con las islas del mar Caribe y los Estados Unidos.

20 En 1961 Chile dedicó $15.000,000 de dólares para completar la carretera Transandina, que como el tren, une a Santiago con Buenos Aires. Esta ruta se comunica con otras carreteras importantes que van a Valparaíso y Aconcagua, donde vive el 40% de la población chilena.

Bolivia es un país encerrado en medio del continente por las fronteras 25 de otros países. No tiene salida al mar. Como depende de la Argentina y de Chile para la exportación de sus productos, está unida por ferrocarril con los puertos chilenos de Arica y Antofagasta, con Buenos Aires, y con el sur del Perú. En realidad, la aviación ha resuelto el problema del aislamiento de Bolivia, que tampoco tiene carreteras porque el terreno es 30 muy irregular y la construcción resulta muy difícil y costosa. Por estos inconvenientes la nación no ha podido explotar adecuadamente sus recursos naturales.

El Perú puede llevar fácilmente sus productos agrícolas hasta el mar, pues su zona más fértil se extiende a lo largo de la costa. Lima está unida 35 a otras capitales hispanoamericanas por avión y por tren. El país dispone de buenos ferrocarriles, pero en el territorio montañoso de los Andes la

---

[3]cuenta con = tiene, dispone.

situación es diferente. En esa región sólo la aviación puede realizar con alguna facilidad el transporte humano y comercial.

En Colombia la vía fluvial más importante la constituyen el río Magdalena y sus afluentes, que desembocan cerca de los puertos de Cartagena, Santa Marta, Buenaventura y Barranquilla. Desde 1961 Colombia está mejorando estos puertos para poder incrementar el mercado marítimo exterior. Por la constitución geográfica del país, las líneas ferroviarias colombianas son cortas y corren de este a oeste uniendo las pequeñas ciudades y facilitándoles el transporte hasta los ríos. Colombia es la nación de Hispanoamérica que tiene mayor número de líneas comerciales aéreas. Sus aviones comunican diariamente a Bogotá con el resto del continente y con las grandes capitales del mundo.

Venezuela es otro de los países que no dispone de un servicio de trenes capaz de abastecer su rápido desarrollo, aunque en los últimos quince años se han multiplicado las carreteras. Más del 50% de la población vive en las regiones del norte y del noroeste, que ocupan sólo el 7% del territorio nacional. Únicamente el 3% de la población vive en la región de Guayana, al sur del río Orinoco. Casi todas las carreteras y ferrocarriles venezolanos están cerca de la costa, que es la zona más industrializada,

LÍNEA FERROVIARIA

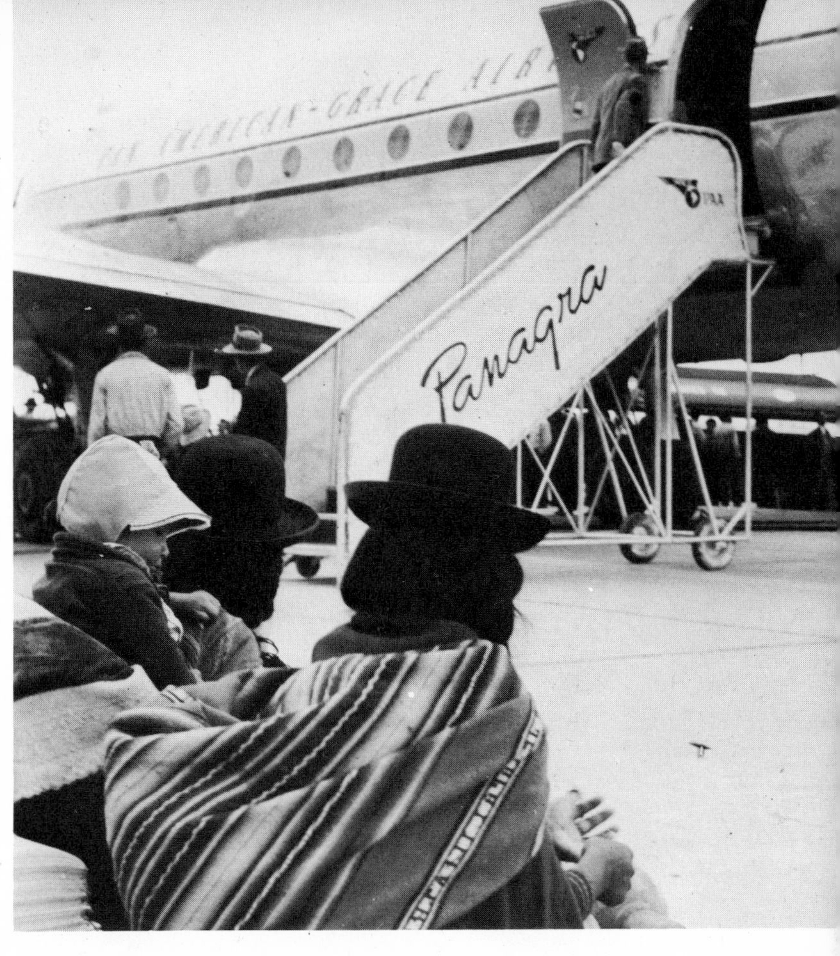

AEROPUERTO DE LA PAZ, BOLIVIA

porque el terreno es llano. Como cerca de las montañas no existen estas facilidades, el tráfico comercial y la explotación de los productos minerales se ha postergado.[4] Igual que en Colombia, la aviación ha facilitado la solución de este problema.

El Uruguay sostiene un comercio internacional muy activo porque dispone de puertos adecuados. En la costa se halla Montevideo, la capital, situada en la desembocadura del Río de la Plata. Como es un país tan pequeño (el menor de Hispanoamérica, con sólo 186,000 km^2 de extensión), su red de caminos cubre plenamente el territorio.

En el Paraguay hay muy pocas carreteras y trenes. Su transporte principal lo realiza gracias a los ríos Paraná y Paraguay, que llegan hasta Buenos Aires y Montevideo. Actualmente, el Paraguay comercia intensamente por medio de líneas aéreas que lo comunican con el resto del mundo. Pero aún así, es el país suramericano de comercio exterior más limitado.

---

[4]postergado: *delayed.*

La América Central tiene un terreno sumamente abrupto. Las principales vías de comunicación pueden existir solamente junto a las capitales, que no han podido conectarse aún por ferrocarril, con la excepción de Guatemala y El Salvador. La Carretera Panamericana unirá pronto a todos estos países. En la actualidad ya se puede viajar por ella desde los 5 Estados Unidos hasta Panamá.

Como en todas las naciones montañosas, la aviación ha venido a resolver maravillosamente el problema del transporte centroamericano. Hoy día el aeroplano es el medio de contacto más popular entre las capitales centroamericanas, y es el sistema más efectivo para facilitar el comercio. Prácticamente, Hispanoamérica pasó del modo más primitivo de acarreo[5] terrestre 10 al más adelantado, sin ninguna transición.

[5]acarreo = transporte, modo de trasladar las cosas.

Preguntas

1 ¿Cómo se hallaba la América Latina antes de que la aviación tomara auge?
2 ¿Qué país de Suramérica tiene más trenes?
3 ¿Cómo se llama el tren que va de Buenos Aires a Chile?
4 ¿Tiene buenas carreteras Chile?
5 ¿A qué países llega Chile fácilmente por mar?
6 ¿Tiene Bolivia salida al mar?
7 ¿Qué ha venido a resolver el problema del aislamiento de Bolivia?
8 ¿Por qué el Perú puede llevar fácilmente su mercancía agrícola hasta el mar?
9 ¿Cuál es el sistema principal de comunicación terrestre de Colombia?
10 ¿Cómo son las líneas ferroviarias de Colombia?
11 ¿Tiene Venezuela el servicio de comunicaciones necesario para abastecer su rápido desarrollo?
12 ¿Dónde están casi todos los trenes y carreteras de Venezuela?
13 ¿Dónde está situada Montevideo?
14 ¿Cómo realiza principalmente el Paraguay su transporte?
15 ¿Cuál es el medio de contacto más popular entre las capitales centroamericanas?
16 ¿Cuál es el país suramericano que tiene menos comercio exterior?

4 | Los deportes

De todos los deportes que se practican en la América hispana, el más popular es la pelota, que también se llama «béisbol». En la región del Caribe este deporte es muy conocido. Del Caribe vienen algunos de los peloteros que son verdaderas estrellas de los mejores equipos de los Estados Unidos. En 1967 había en las listas de las Grandes Ligas norteamericanas sesenta y ocho peloteros del Caribe. De este grupo veintisiete eran nativos de Cuba, once de Puerto Rico, nueve de Venezuela, siete de la República Dominicana, seis de Panamá y cinco de México.

Entre los jugadores cubanos que han alcanzado méritos extraordinarios en los equipos norteamericanos están Tony Oliva, (campeón «bateador» de todas las Ligas en 1964 y 1965); Zoilo Versalles, Leo Cárdenas y Bert Campaneris. De Puerto Rico son Roberto Clemente, declarado el pelotero más valioso de la Liga Nacional, campeón «bateador» en 1964 y en 1965, y Orlando Cepeda, que juega con los Cardenales del San Luis. De la República Dominicana son Felipe Alou, Rico Cary y Juan Marichal.

En la América hispana el balompié[1] es también un deporte muy popular, sobre todo[2] en el Perú, Colombia, el Ecuador, México y principalmente en la Argentina.

Otro juego muy extendido en algunas naciones hispanoamericanas y también en la Florida es el jai-alai, llamado en algunos países frontón. Hay muchas teorías sobre el origen del jai-alai. Unos dicen que es un deporte oriundo[3] de Vizcaya. En vasco jai-alai quiere decir «juego alegre».

---

[1]balompié: *soccer.*
[2]sobre todo: *mainly.*
[3]oriundo: *native.*

Otros afirman que su origen es indígena, mexicano. Los que defienden esta teoría creen que es una derivación de la pelota mixteca, juego que todavía se practica en regiones del sur de México. La pelota que usan los indios en este deporte es grande y dura, y por eso tienen que emplear guantes de cuero, protegidos por clavos de cabeza ancha. Otros creen que el antecedente del jai-alai es el chacual, juego indio precolombino, también mexicano, en el que la pelota tenía que pasar por un arco de piedra.

El frontón[4] y el tenis no participan en los programas olímpicos desde hace tiempo, pero se han incluido en las olimpiadas de México en 1968. El tenis dejó de formar parte del programa olímpico a partir de 1924. El entusiasmo por este deporte había decaído en casi todos los países, pero se está popularizando rápidamente. El tenis mexicano ha ganado brillo[5] internacional últimamente, principalmente con Rafael (Pelón) Osuna y Antonio Palafox, quienes en 1962 llegaron a los finales de la competencia por la copa Davis, y aunque perdieron contra Australia, vencieron a los Estados Unidos y a la India.

Otros deportes muy celebrados en Hispanoamérica son los hípicos,[6] el boxeo, el golf, el polo, la natación, el básquetbol, las corridas de toros, la lucha libre y el esquí.

---

[4]frontón = pelota, jai-alai.
[5]ha ganado brillo = ha obtenido nombre, se ha dado a conocer.
[6]hípicos: *pertaining to horses.*

ESTADIO DE LAS OLIMPIADAS DE 1968, MÉXICO

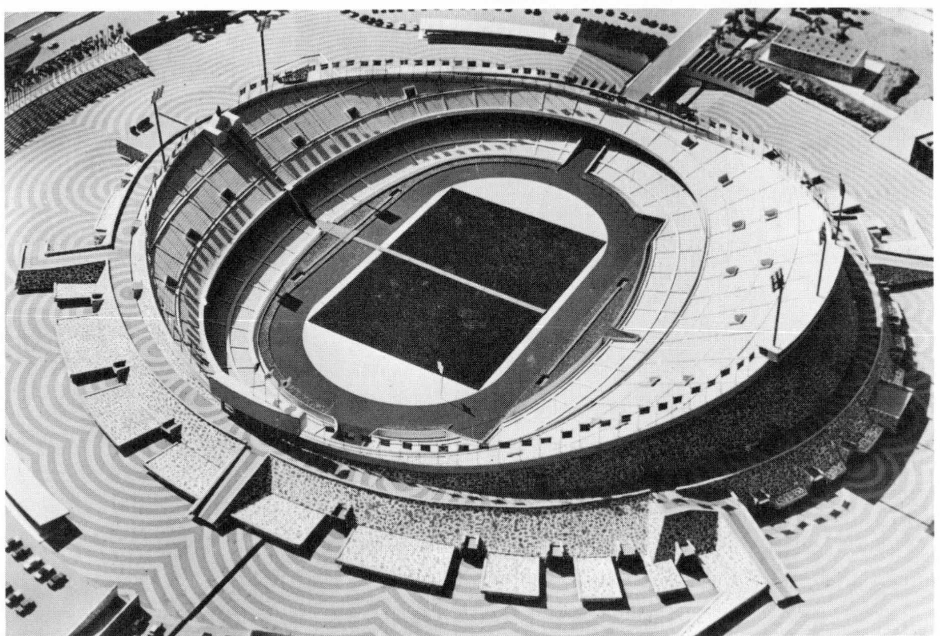

Aunque algunos boxeadores se han distinguido fuera del continente, ninguno ha alcanzado la fama del cubano Eligio Sardiñas, «Kid Chocolate», que no sólo obtuvo uno, sino varios campeonatos mundiales.

El polo es uno de los juegos favoritos de la Argentina. Parece que les recuerda a los nativos un juego que tenían ya hace muchos años los gauchos, 5 llamado «pato». Era un juego en que participaban caballos y jinetes, y para ganar, uno de los equipos tenía que cargar por varios kilómetros una pelota grande con agarraderas[7] y la tenían que defender continuamente del equipo contrario que, valiéndose de todas sus mañas,[6] trataba de arrebatársela.[9] Como era un juego sumamente peligroso, hoy está 10 prohibido en toda la nación.

Las corridas de toros son especialmente populares en México, Colombia y Venezuela. En México se celebran corridas tan buenas y con tanta frecuencia como en España. En México hay toreros muy conocidos.

En Chile y la Argentina, el esquí es un deporte predilecto. En estos 15 dos países se esquía durante el verano de los Estados Unidos, porque entonces allí es invierno. La temporada de esquí es larga en la Argentina y Chile. Algunas de las canchas[10] de esquiar más notables de Chile son Farellones y Portillo, y en la Argentina, Bariloche es mundialmente conocida. 20

---

[7]agarraderas: *handles.*
[8]mañas = modos, maneras, trucos.
[9]arrebatársela: *to snatch it from them.*
[10]canchas: *field, ground* (sports).

ESQUIANDO EN CHILE

CORRIDA DE TOROS

Preguntas

1 ¿Cuál es el deporte más popular de Hispanoamérica?
2 ¿Cuántos peloteros del Caribe figuraban en las listas de las Grandes Ligas norteamericanes en 1967?
3 ¿De qué país es el jugador Roberto Clemente?
4 ¿Es el balompié un juego popular en la América Latina?
5 ¿Cómo se llama también el jai-alai?
6 ¿Qué quiere decir en vasco jai-alai?
7 ¿Hay muchas teorías sobre el origen del jai-alai?
8 ¿Qué otros deportes son muy celebrados en Hispanoamérica?
9 ¿Desde cuándo el tenis dejó de formar parte del programa olímpico?
10 ¿Quiénes son dos tenistas mexicanos famosos?
11 ¿Qué boxeador hispanoamericano llegó a ganar varios campeonatos?
12 ¿Cuál es uno de los juegos favoritos de la Argentina?
13 ¿Por qué está prohibido hoy día el juego llamado «pato»?
14 ¿En qué países de Hispanoamérica las corridas son especialmente populares?
15 ¿En qué países el esquí es el deporte predilecto?

ORGANIZACIÓN DE LOS ESTADOS AMERICANOS

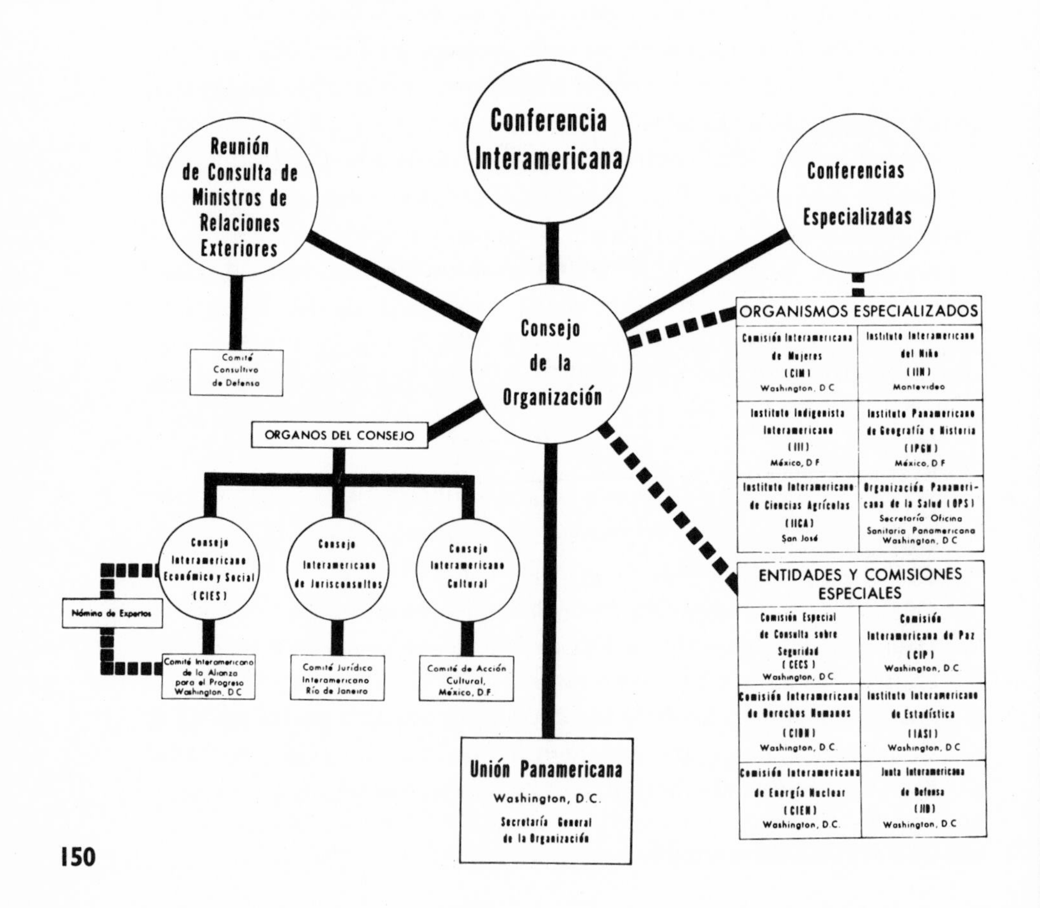

5 El Sistema Interamericano

Simón Bolívar propuso en 1826 la unión de las repúblicas hispanoamericanas en una federación parecida a la de los Estados Unidos de Norteamérica. Poco menos de un siglo después, en 1890, estas naciones crearon la Unión de las Repúblicas Americanas, que en 1948 se convirtió
5 en la Organización de Estados Americanos (OEA). La OEA ha establecido un sistema jurídico que contribuye a conservar la paz, la seguridad del continente, del hombre y sus derechos, al fortalecimiento de las instituciones democráticas y del comercio de los países miembros.

La Unión de las Repúblicas Americanas tuvo como secretariado hasta
10 1910 una institución llamada Oficina Comercial de las Repúblicas Americanas. A partir de entonces se le llamó Unión Panamericana con sede en Washington, D.C. En la actualidad, la Unión Panamericana es el secretariado de la OEA. El sistema jurídico interamericano ha inspirado sistemas similares, como la Liga de las Naciones y las Naciones Unidas.

15 No ha sido fácil unir a los países latinoamericanos en una organización internacional. Estos países se han agrupado poco a poco porque han comprendido que es la única manera de resolver algunos problemas que son gigantescos y complicados. Por ejemplo, a causa de una epidemia de fiebre amarilla y paludismo[1] en 1902, se fundó la Oficina Sanitaria Pana-
20 mericana. Años más tarde, esta oficina se llamó Organización Panamericana de la Salud. En 1923, después de la primera guerra mundial, ante el temor de una agresión extranjera, las naciones americanas firmaron el Tratado de Prevención de Conflictos, para combatir cualquier ataque y

[1]fiebre amarilla y paludismo: *yellow fever and malaria.*

para resolver pacíficamente las disputas entre países hermanos. En la conferencia interamericana celebrada en 1933 en Montevideo, se estableció que ningún estado tiene el derecho a intervenir en los asuntos internos de otro. Estos principios fueron consolidados en 1936, año en que también se afirmó la responsabilidad colectiva para mantener la paz y la seguridad continentales. Para aumentar y afianzar[2] el esfuerzo común se aprobó en 1948 el Tratado de Ayuda Mutua, por el que se establecía que un ataque a cualquiera de los estados miembros sería considerado como un ataque a todos ellos. Eso explica por qué después del bombardeo japonés a la base naval norteamericana de Pearl Harbor en Hawaii, nueve repúblicas hispanoamericanas rompieron inmediatamente sus relaciones con el Eje.[3]

Una vez organizada legalmente la defensa del continente, la OEA comenzó a extenderse en otras direcciones. En 1950 inauguró el Programa de Cooperación Técnica, que se encarga de[4] ejecutar planes para resolver a largo plazo[5] problemas económicos, sociales y culturales. La Alianza para el Progreso —culminación del Sistema Interamericano— está profundamente relacionada con este Programa de Cooperación Técnica.

Un capítulo interesante y de mucha importancia ha sido[6] el de la preservación de la Paz, de la Democracia y de los Derechos del Hombre. Para mantener estas aspiraciones se creó en 1959 la Comisión Interamericana de los Derechos del Hombre, que declaró que la existencia de regímenes antidemocráticos en los países miembros violaba los principios en los cuales se basa la OEA, y peligraba la unidad y la paz del continente. Además afirmó que los gobiernos de estos países debían ser elegidos libremente, que no debían perpetuarse en el poder, que la prensa, la radio y otros medios de información deben ser libres, y que los Estados Americanos deben proteger los derechos constitucionales del hombre.

La OEA ha resuelto pacíficamente muchos conflictos internos de los países miembros. Por ejemplo, en 1960 los miembros del Comité de los Derechos del Hombre investigaron un atentado terrorista contra el presidente de Venezuela, Rómulo Betancourt. El comité llegó a la conclusión de que había sido un acto de intervención por parte de la República Dominicana, entonces bajo la dictadura de Trujillo. Cuando declaró a este país como una amenaza a la paz y a la seguridad del continente,

---

[2]afianzar: *to strengthen.*
[3]el Eje: alianza del Japón, Alemania e Italia durante la segunda guerra mundial.
[4]se encarga de: *is in charge of, does.*
[5]a largo plazo: *long-term.*
[6]ha sido: *has been.*

USTED
Y LA
ALIANZA
PARA EL
PROGRESO

todas las naciones miembros rompieron relaciones comerciales[7] con esa república. Después seleccionaron un comité observador de la situación dominicana. Casi un año más tarde se suprimió la sanción económica, cuando el comité especial informó que la República Dominicana había dejado de ser una amenaza para el hemisferio. También en 1962, cuando se celebraron elecciones en Santo Domingo, fue un comité de la OEA a la capital para garantizar unas elecciones honestas. En 1959, ante la amenaza de que otras potencias extranjeras, como Rusia y la China Comunista pudieran ejercer influencia en América a través de Cuba, que era un país miembro, la OEA proclamó que todos los países miembros estaban obligados a acatar[8] el sistema interamericano. Como consecuencia, en 1962 —por voto unánime, con la excepción de Cuba— la OEA acordó que el gobierno cubano era incompatible con el Sistema Interamericano y fue expulsado de su seno.

Cuando la crisis entre los Estados Unidos y la Unión Soviética alcanzó su momento más grave en octubre de 1962, al revelar el presidente Kennedy que los rusos estaban construyendo bases en territorio cubano para lanzar cohetes contra los países del hemisferio, la OEA pidió que todos los cohetes y medios de ataque fueran sacados de Cuba, y recomendó que los países miembros se prepararan para tomar todas las medidas necesarias, individuales y colectivas, para protegerse. Así, pues, la OEA ha servido para conservar la paz en América.

Preguntas

1 ¿Qué propuso Simón Bolívar en 1826?
2 ¿A qué contribuye el Sistema Jurídico de los Estados Americanos?
3 ¿Cómo se llamó después de 1910 la Oficina Comercial de las Repúblicas?
4 ¿Qué otras instituciones inspiró el sistema jurídico interamericano?
5 ¿Por qué se han ido agrupando poco a poco los países latinoamericanos?
6 ¿Para qué la OEA ha ido ampliando sus actividades?
7 ¿Para que se creó el Tratado de la Prevención de Conflictos?
8 ¿Para qué se fundó en 1948 el Tratado de Ayuda Mutua?

---

[7]rompieron relaciones comerciales = dejaron de comerciar, no comerciaron más.

[8]acatar: *to observe.*

9 ¿Por qué después del bombardeo a Pearl Harbor, nueve repúblicas hispanoamericanas rompieron relaciones con Alemania e Italia?
10 ¿Con qué programa está estrechamente unida la Alianza para el Progreso?
11 ¿Qué investigaron en 1960 los miembros del Comité de los Derechos del Hombre?
12 ¿Para qué fue un comité de la OEA a Santo Domingo, en 1962, cuando se celebraron las elecciones?
13 ¿Cuándo acordaron los países miembros que el gobierno cubano era incompatible con el Sistema Interamericano?
14 ¿Cuándo alcanzó la crisis entre los Estados Unidos y la Union Soviética su momento más grave?
15 ¿Qué medidas recomendó la OEA que tomaran los países miembros?

6 La Alianza para el Progreso

En 1956 tuvo lugar[1] en Panamá una reunión de presidentes latinoamericanos que inició algo decisivo en el Sistema Interamericano de Ayuda Mutua. La OEA con todo lo que había hecho[2] en muchos países para resolver los problemas de Latinoamérica por medio de sus organizaciones especializadas, no tenía, sin embargo, un plan conjunto para combatir el hambre, la miseria, la ignorancia y las enfermedades en todo el continente.

Juscelino Kubitschek, que era presidente del Brasil en 1958, propuso[3] acabar con todos estos males con un plan colectivo llamado Operación Panamericana. La idea de la Operación Panamericana tuvo una acogida extraordinaria.

Para definir y ayudar a determinar la realización de estos fines, el 12 de septiembre de 1960 se reunieron en Bogotá representantes de las naciones americanas, menos Cuba, y formularon lo que se ha llamado el Acta de Bogotá. En esta Acta decidieron actuar unidas en la solución de sus problemas económicos y sociales.

Medio año después, en marzo de 1961, el presidente norteamericano John F. Kennedy prometió en un discurso ayudar a sus vecinos en el esfuerzo común para mejorar sus condiciones de vida. Este esfuerzo se llamaría la Alianza para el Progreso. Desde el principio la Alianza tuvo las simpatías de todo el continente. El discurso de Kennedy se hizo famoso.

En 1961, en el mes de agosto, los cancilleres de las repúblicas americanas formularon en una reunión celebrada en Punta del Este, en el Uruguay, los medios para obtener y desarrollar los objetivos previstos un año antes en Bogotá. Allí se acordó que la Alianza tendría que ser un esfuerzo unido, a fin de proporcionar una vida mejor para los habitantes del

---

[1]tuvo lugar = ocurrió, se celebro.
[2]lo que había hecho: *what it had done.*
[3]propuso = pretérito (infinitivo: proponer).

I
N
PROYECTO HIDROELECTRICO
LOS ESCLAVOS
ALIANZA
PARA EL PROGRESO
OBRA FINANCIADA CON RECURSOS
DEL GOBIERNO DE GUATEMALA Y EL
BANCO INTERAMERICANO DE DESARROLLO
B.I.D.
ALIANZA PARA EL PROGRESO
INSTITUTO NACIONAL DE ELECTRIFICACION
GUATEMALA

DESARROLLO AGRÍCOLA E INDUSTRIAL

continente americano, con libertad y democracia para las generaciones presentes y futuras.

Los propósitos primordiales de la Alianza para el Progreso forman dos grupos: 1. Solucionar inmediatamente los problemas que afectan la vida diaria de los latinoamericanos: enfermedades, viviendas, nutrición, ropas, instrucción, etc. 2. Reformas socioeconómicas y desarrollo industrial a largo plazo.

Para alcanzar estas metas, los gobiernos, las instituciones y los ciudadanos de América se han unido en un programa de acción. La OEA, el Banco Internacional de Fomento, la Comisión Económica para la América Latina de las Naciones Unidas, y el Banco Interamericano de Desarrollo, son los organismos principales. Los tres se complementan, aunque cada uno ejecuta sus propias funciones. La OEA estudia y valora por medio de sus expertos los planes de mejoras sometidos por los diferentes gobiernos latinoamericanos. El Banco Internacional de Fomento y el Banco Interamericano de Desarrollo otorgan los préstamos necesarios para desarrollar esos planes, y la Comisión Económica para la América Latina de las Naciones Unidas proporciona los especialistas para poder efectuarlos.

El dinero le llega a la Alianza de tres maneras: Fondos obtenidos de los estados miembros, préstamos de agencias internacionales, principalmente bancos; préstamos e inversiones hechas por otras naciones y por inversionistas privados. Se supone que el 80% del capital necesario para el desarrollo ha de ser sufragado por los países latinoamericanos.

La Alianza para el Progreso desea realizar grandes cambios en cada país, utilizando hasta el máximo los propios recursos económicos y naturales, y el trabajo organizado de sus hombres. Algunos de los compromisos más importantes de la Alianza para el Progreso son: perfeccionar las instituciones democráticas, acelerar el desarrollo económico y social, proporcionar viviendas decorosas en el campo y en la ciudad, impulsar la reforma agraria, asegurar un salario justo y buenas condiciones de trabajo,[4] eliminar el analfabetismo, ampliar todas las formas de educación superior, desarrollar programas de salubridad e higiene, hacer reformas tributarias para que los que ganen más, paguen más impuestos también; fomentar la inversión privada, evitar la inflación, equilibrar el precio de los productos de importación y exportación, y acelerar la integración de la América Latina para vigorizar el desarrollo económico y social del continente.

---

[4]condiciones de trabajo: *working conditions.*

CONSTRUCCIÓN DE APARTAMENTOS

Preguntas

1 ¿Qué tuvo lugar en Panamá en 1956?
2 ¿Quiéne era presidente del Brasil en 1958?
3 ¿Qué acordaron las naciones en el Acta de Bogotá?
4 ¿Qué prometió el presidente Kennedy en un discurso en 1961?
5 ¿Qué formularon los cancilleres de las repúblicas americanas en el mes de agosto de 1961?
6 ¿Cuántos grupos forman los propósitos primordiales de la Alianza para el Progreso?
7 ¿Cómo le llega el dinero a la Alianza?
8 ¿Cuáles son algunos de los compromisos más importantes de la Alianza para el Progreso?

LA ALIANZA PARA EL PROGRESO

Fragmentos del discurso del presidente John F. Kennedy
al inaugurar la Alianza para el Progreso,
en Washington, en marzo de 1961:

La misión histórica de las Américas aún está incompleta y no se cumplirá hasta que hayamos desterrado[1] de nuestro Continente el hambre, la miseria, el analfabetismo y la tiranía. . . .

★

. . . Juntémonos en una Alianza para el Progreso, en un inmenso esfuerzo de cooperación, sin paralelo en su magnitud y en la nobleza de sus propósitos a fin de satisfacer las necesidades fundamentales del pueblo de América, las necesidades fundamentales de techo, trabajo y tierra, salud y escuelas. . . .

★

. . . Si los países americanos se han decidido a ejecutar su parte, los Estados Unidos, al mismo tiempo, aportarán recursos de alcance y magnitud suficientes para hacer que tenga buen éxito un atrevido programa de desarrollo. Solamente un esfuerzo magnánimo puede asegurar la realización de nuestro plan para una Década de Progreso. . . .

★

. . . comenzaremos a transformar nuevamente el Continente Americano en un crisol de ideas y esfuerzos revolucionarios, como homenaje al poder de la fuerza creadora de los hombres libres, y como ejemplo para el mundo, de que la libertad y el progreso marchan unidos de la mano.[2] Vamos a[3] reanudar nuestra revolución americana para que sirva de guía a las luchas de los pueblos de todas partes, no con un imperialismo de la fuerza y el miedo, sino con el imperio del valor, de la libertad y de la esperanza en el porvenir del hombre.

★

. . . Del éxito de la lucha de nuestros pueblos, de nuestra capacidad para brindarles una vida mejor depende el futuro de la libertad en las Américas y en el mundo entero. . . .

---

[1]hasta que hayamos desterrado: *until we have banished.*

[2]unidos de la mano: *hand in hand.*

[3]Vamos a: *Let us.*

ALDEA DE LOS ANDES

7 El analfabetismo

El analfabetismo es uno de los grandes problemas de Hispanoamérica. La mayoría de los gobiernos están realizando un grande esfuerzo por medio de la Alianza para el Progreso para mejorar esta situación, pero todavía queda mucho por hacer.[1]

Los factores que estimulan el analfabetismo en Hispanoamérica son de origen muy variado. Uno de ellos es el gran número de indios o mestizos que con algunos blancos y negros permanecen aislados en comunidades remotas, casi sin comunicación ni transporte. También el crecimiento rápido de la población es un problema grave, porque exige inmediatamente más escuelas y más facilidades educativas. Hispanoamérica es el continente donde proporcionalmente la población crece con mayor rapidez.

[1]queda mucho por hacer: *there is a lot to be done.*

Es interesante anotar que el analfabetismo en Hispanoamérica es casi exclusivo de las clases bajas y pobres, que generalmente son indígenas. La pobreza tiene bastante que ver[2] con el analfabetismo, porque los niños se ven obligados a trabajar a muy temprana edad y no pueden asistir a la 5 escuela elemental y mucho menos a la superior.

En las naciones de escasa población india, el analfabetismo se reduce considerablemente. En la Argentina y el Uruguay, por ejemplo, donde los habitantes son casi todos de origen europeo casi el 91% de la población sabe leer y escribir; en Chile el 84%; en Panamá el 77%. A la inversa,[3] 10 en Bolivia y Guatemala, con una gran mayoría indígena, el analfabetismo se acerca al 68% y al 62% respectivamente. Esto no quiere decir que los indios sean menos inteligentes. Lo que ha ocurrido es que no se les ha proporcionado adecuadas oportunidades para aprender y progresar.

El hecho de que prevalezca el analfabetismo es un gran obstáculo para 15 el desarrollo económico, porque no se pueden realizar eficazmente las tareas que requiere la industrialización. También el sistema educativo del continente demora el progreso económico. Por lo general, los latino-americanos han preferido los estudios humanísticos y han relegado las ciencias y la tecnología. Por ejemplo, dos de los tres premios Nobel 20 otorgados en el continente han sido en literatura, uno a la poetisa chilena Gabriela Mistral, en 1945, y otro al novelista guatemalteco Miguel Ángel Asturias, en 1967. Sólo ha habido uno en ciencias, otorgado al fisiólogo argentino Bernardo A. Houssay, en 1947.

[2]tiene bastante que ver = se relaciona, está relacionado.

[3]A la inversa = Al contrario (*on the contrary*).

INDUSTRIA DOMÉSTICA

Debido en parte a estas razones, la Alianza para el Progreso se encuentra en dificultades, porque necesita personal especializado, y esto exige cambios en los programas de enseñanza primaria, secundaria y universitaria. Conscientes de sus problemas, los gobiernos de Hispanoamérica tratan de multiplicar las escuelas vocacionales y de adiestramiento[4] especializado, rurales y urbanas. La Argentina ha inaugurado recientemente la Facultad de Educación Técnica y los Consejos Regionales de Educación Técnica para mejorar y ampliar la enseñanza relacionada con el desarrollo económico. Colombia estimula los estudios vocacionales agrícolas y de adiestramiento industrial y está edificando muchas escuelas para maestros. Para favorecer la enseñanza técnica y científica en todos los niveles, Chile está cambiando su sistema educativo, y creando universidades regionales adaptadas al tipo de enseñanza socioeconómica indispensable para el desarrollo del país.

En el Ecuador los estudios técnicos de nivel superior se imparten en seis universidades y en colegios politécnicos, y se están transformando los programas de estudios. Desde 1956 se han construido numerosos edificios escolares y por medio de un sistema de becas en cooperación con la OEA y otras organizaciones internacionales se está creando un personal capacitado en actividades agropecuarias[5] y de pesca, de electrotecnia e hidráulica, de especialización industrial y minera, de estadística y economía,

[4]adiestramiento: *teaching*.
[5]agropecuarias: pertaining to agriculture and cattle.

INSTRUCCIÓN POPULAR, BOLIVIA

UNIVERSIDAD DE MÉXICO

de aviación civil y de asistencia social. Con la ayuda técnica y financiera de los Estados Unidos, Francia y la República Federal de Alemania, fomenta colegios técnicos y escuelas vocacionales que especializarán la empleomanía necesaria.

México fomenta la enseñanza elemental, y estimula también los estudios universitarios. El analfabetismo ha disminuido del 58% en 1940 al 38% en 1960, en gran parte debido al sistema de distribución gratuita de libros de texto en los grados elementales.

Desde la inauguración de la Alianza, Panamá ha construido muchas escuelas de primera y segunda enseñanza, urbanas y rurales, igual que el Paraguay, que desde entonces no sólo ha edificado colegios en una proporción ascendente, sino que ha aumentado su presupuesto para la educación del 10% en 1950 al 17% en 1961. Según las estadísticas de la Unión Panamericana, los países que están haciendo más esfuerzos en la enseñanza son Bolivia, Costa Rica, El Salvador, México y Panamá. En todos ellos más del 20% del presupuesto nacional está dedicado a la educación. El Ecuador, la Argentina, Honduras, Nicaragua, el Perú y Guatemala, dedican entre un 15% y un 20% del presupuesto nacional a la educación.

No hay duda de que los gobernantes latinoamericanos se preocupan hoy día por la instrucción de sus pueblos. Desde el inicio de la Alianza para el Progreso la situación ha mejorado mucho, pero no lo suficiente.

Preguntas

1 ¿Qué factores importantes estimulan el analfabetismo?
2 ¿De qué clases sociales es exclusivo?
3 ¿Por qué la pobreza tiene que ver con el analfabetismo?
4 ¿De qué origen son casi todos los habitantes de la Argentina y el Uruguay?
5 ¿Por qué el sistema educativo del continente demora el progreso económico?
6 ¿Cuántos premios Nobel se han otorgado en el continente?
7 ¿Por qué la Alianza para el Progreso tiene dificultades?
8 ¿Qué escuelas están multiplicando los gobiernos?
9 ¿Para qué la Argentina ha creado la Facultad de Educación Técnica y los Consejos Regionales de Educación Técnica?
10 ¿Desde cuándo el Ecuador construye numerosos edificios escolares?
11 ¿Qué porcentaje de analfabetos tenía México en 1940?
12 ¿Cuál era el presupuesto de educación del Paraguay en 1950?
13 ¿Qué países están haciendo mayor esfuerzo en educación, según la Unión Panamericana?
14 ¿Han disminuido los males desde que se fundó la Alianza?

ESCUELA RURAL

ESCUELA PÚBLICA MODERNA

8 El Mercado Común

Del 12 al 14 de abril de 1967, se reunieron en Punta del Este, Uruguay, los presidentes de los estados americanos y el primer ministro de las islas Trinidad–Tobago.[1] Con excepción del Ecuador y Bolivia, los estadistas allí reunidos firmaron la «Declaración de los Presidentes de América». En dicha Declaración resolvieron crear en forma progresiva «un mercado común en la América Latina, construir las bases de la integración económica por medio de tratados multilaterales, mejorar y modernizar el nivel de vida de la población rural, impulsar la educación, dar ímpetu a la ciencia y la tecnología, y limitar los gastos militares a las necesidades nacionales».

Se supone[2] que el Mercado Común Latinoamericano comience en 1970 y que en quince años ya haya alcanzado su máximo desarrollo. El Mercado Común Latinoamericano se basará en dos sistemas que ya funcionan. Uno es la Asociación Latinoamericana de Libre Comercio (ALALC)[3] y el otro es el Mercado Común Centroamericano (MCC). Estas dos instituciones tendrán que ampliarse, y entonces comenzarán conjuntamente un programa organizado para que los estados que todavía no forman parte de este Mercado Común se decidan a participar y puedan compartir sus ventajas.

Para estimular la incorporación de otros estados, en el mes de septiembre de 1967 se reunieron en Asunción, capital del Paraguay, los ministros de Relaciones Exteriores de los once países que integran la Asociación Latinoamericana de Libre Comercio, (ALALC), que son la Argentina, el Brasil, Colombia, Chile, el Ecuador, México, el Paraguay, el Perú, el Uruguay y Venezuela. Después, estos ministros se entrevistaron con los representantes de Costa Rica, El Salvador, Guatemala, Honduras y Nicaragua, que son las naciones que forman el Mercado Común Centroamericano (MCC) y estudiaron la manera de llevar a cabo, con ayuda

---

[1]Trinidad-Tobago: Estas islas se independizaron de Inglaterra en 1962.

[2]Se supone = Se piensa, se espera, se cree.

[3](ALALC), también llamado Mercado Libre Asociado Latinoamericano (MLAL).

ASUNCIÓN, PARAGUAY

mutua, el Mercado Común Latinoamericano. La opinión general de los delegados es que el Mercado Común Latinoamericano es la única forma de dar a todo el continente un verdadero y efectivo desarrollo económico. Tanto los países grandes como los pequeños compartieron esa idea. En esa reunión también se le dio importancia especial a la integración regional (cooperación entre naciones vecinas), porque algunas naciones extranjeras se mostraron poco interesadas en fomentar su comercio con Latinoamérica.

El propósito principal de esta reunión fue el de aprobar las bases para acelerar los acuerdos subregionales, y poder así poner en marcha[4] la primera experiencia de ese tipo, organizada por el Grupo Andino, formado por Venezuela, Colombia, el Ecuador, el Perú, y Chile, y con esta unión ayudar rápidamente a los países subdesarrollados e igualarlos a los más adelantados antes del inicio del Mercado Común Latinoamericano.

[4]poner en marcha = comenzar, iniciar, poner en movimiento, organizar.

En la reunión de estos dos grupos (ALALC y MCC) se acordó también crear una comisión mixta, encargada de estudiar la forma de organizar efectivamente sus respectivas tareas, para lograr la integración del Mercado Común Latinoamericano en 1970.

Según ha dicho el Dr. Felipe Herrera, presidente del Banco Interamericano de Desarrollo, la integración económica será el paso más importante de la América Latina. 5

Preguntas

1 ¿Quiénes se reunieron en Punta del Este desde el 12 hasta el 14 de abril de 1967?
2 ¿Qué se resolvió crear en la Declaración de los Presidentes de América?
3 ¿Cuándo se supone que comience el Mercado Común?
4 ¿En qué sistemas que ya funcionan se basará el Mercado Común?
5 ¿Qué ministros se reunieron en Asunción en septiembre de 1967?
6 ¿Qué naciones forman el Mercado Común Centroamericano?
7 ¿Por qué le dieron importancia especial a la integración regional?
8 ¿Qué ha dicho el Dr. Felipe Herrera?

COMERCIO MARÍTIMO, BUENOS AIRES

DECLARACIÓN DE LOS PRESIDENTES DE AMÉRICA

firmada en la reunión de clausura
de la conferencia de Punta del Este,
con la excepción de Ecuador, cuyo presidente se negó a suscribirla,
y de Bolivia, que no estuvo representada en la reunión.

La integración económica constituye un instrumento colectivo para acelerar el desarrollo latinoamericano y debe ser una de las metas de la política de cada uno de los países de la región, para cuyo cumplimiento habrán de realizar, como complemento necesario de los planes nacionales, los mayores esfuerzos posibles. . . .

★

La integración debe estar plenamente al servicio de la América Latina, lo cual requiere un fortalecimiento de la empresa latinoamericana mediante un vigoroso respaldo financiero y técnico que le permita desarrollarse y abastecer en forma eficiente al mercado regional. La iniciativa privada extranjera podrá cumplir una función importante para asegurar el logro de los objetivos de la integración dentro de las políticas aplicables de cada uno de los países de la América Latina.

Para facilitar la reestructuración y los ajustes económicos que presupone la urgencia de acelerar la integración, se requiere un financiamiento adecuado. . . .

UN GAUCHO

9 El indigenismo

Los españoles no tuvieron durante la colonización ningún prejuicio racial. Como desde un principio fomentaron el mestizaje, la vida se encargó rápidamente de mezclar la sangre del blanco, del indio y del negro. El resultado de esta mezcla de sangres es lo que se llama indigenismo biológico. Para explicar y entender el indigenismo biológico hay que regresar a los primeros años del descubrimiento.

El hecho de que[1] los españoles no trajeran a sus mujeres en los viajes iniciales, y el hecho de que podían comprar a las indias legalmente, o

[1]El hecho de que: *The fact that, the reason.*

adquirirlas por derecho de guerra o por contrato, fueron factores que favorecieron el mestizaje. En las encomiendas y en las plantaciones el mestizaje se incrementó también porque la condición de dueño le daba al blanco el derecho a la negra y a la india.

A principios de la conquista el número de aborígenes disminuyó, y de acuerdo con algunos investigadores, no fueron sólo las epidemias y las enfermedades o la crueldad de los conquistadores lo que motivó esta decadencia, sino el aumento del mestizaje. Al principio de la colonia los matrimonios interraciales eran legales y numerosos, pero a fines de la conquista fueron prohibidos. Sin embargo, el mestizaje continuó desarrollándose no por la escasez de mujeres blancas, sino por la voluntad del hombre europeo y la mujer india. Hay indicios de que en el siglo XVI había ya muchas blancas en América y bastantes criollas.

Como resultado de la evangelización y de la propia conquista, los colonizadores y los indígenas comprendieron en seguida que había gran diferencia de criterio entre ellos. Todo, desde la lengua hasta el derecho de propiedad y la religión eran básicamente diferentes, y había que hallar una forma de acomodamiento general.

VENDEDORA DE FLORES, MÉXICO

La política de la corona española se dejó sentir[2] en América y como consecuencia se reflejó en el tratamiento dado a los indios. En el siglo XVI, en la dinastía austriaca iniciada por Carlos V, predominó el paternalismo cristiano. El estado implantó leyes para favorecer a los indios, pero los colonizadores torcieron estas medidas y las deformaron de tal manera, que en vez de beneficiarlos los destruyeron. Estas medidas se convirtieron en una política de explotación y de abuso.

En el siglo XVIII el despotismo ilustrado que predominaba en España con los Borbones trató de incrementar el progreso y la producción. Este esfuerzo repercutió en América, por ser el baluarte económico más importante de la Península. El indio era un factor básico de la economía en el Nuevo Mundo, porque su mano de obra[3] era barata. Para llevar a cabo los principios de la Ilustración[4] había que enseñarles a trabajar. Fueron dedicados a explotar las minas y a desarrollar las haciendas, pero recibían una compensación muy irrisoria.[5] En realidad, eran explotados inhumanamente. Sólo cuando la Revolución francesa llegó a España con sus ideas igualitarias, comenzaron a realizarse algunas mejoras en la vida del indio en América.

Desde el punto de vista social, el mestizaje biológico trajo profundas repercusiones. El niño mestizo se sintió inseguro, tanto en lo económico como en lo social. A veces características físicas, como el color de la piel, determinaban en gran parte la posición social que tendría.

El mestizaje biológico tuvo como una de sus consecuencias la fusión de las culturas de los dos grupos étnicos. Esta fusión se conoce con el nombre de mestizaje cultural.

El mestizaje cultural se produjo en formas diferentes. En las islas del mar Caribe, por ejemplo, la influencia india casi desapareció desde el siglo XVI. Pero en México, el Perú, Bolivia y el Paraguay, el mestizaje cultural indígena se acentuó, y todavía se manifiesta en las artes, en la música, en la literatura.

La ciudad española se impuso en América con su plaza mayor, sus escuelas, sus iglesias, los conventos y la cárcel, y también se impusieron desde el siglo XVI los poetas, escultores, pensadores y arquitectos que llegaron de Europa. Pero todas sus tradiciones tuvieron que modificarse

---

[2]se dejó sentir: *was felt.*
[3]mano de obra = trabajo, labor.
[4]la Ilustración: movimiento filosófico europeo del siglo XVIII que nace del enciclopedismo francés. Tiene su auge en España durante el gobierno de Carlos III (1759–1788).
[5]irrisoria = rídicula, muy pequeña, poca.

para ajustarse a las nuevas situaciones de América. Todo se fue haciendo mestizo. La literatura, por ejemplo, se impregnó del tema indio, y tuvo que utilizar palabras americanas para hablar de plantas, de yerbas, de animales, de ríos y de montañas descubiertas. Los indios que ayudaban a
5 trazar los planos de los arquitectos europeos añadieron sus propias ideas de ornamentación. Así se fue realizando el mestizaje en las artes y la literatura. Muchos de los problemas sociales y económicos creados por la conquista y la colonización sobreviven en el siglo XX. La falta de integración con el resto del país, como sucede en algunas zonas del Perú, el
10 Ecuador y Bolivia, ha creado serios desajustes.[6] Los indios y los mestizos han sido y siguen siendo motivo de preocupación política, social y económica. Por ejemplo, en el Perú se organizaron en la década de 1920 a 1930 dos movimientos importantes que trataron de resolver el problema del indio. Uno fue iniciado por José Carlos Mariátegui que siguiendo el
15 ejemplo de Manuel González Prada, formó un grupo llamado «Amauta».

[6]desajustes: *lack of stability, instability.*

FIESTA TÍPICA EN PANAMÁ

Este grupo editó una revista y trató de aplicar los principios marxistas a los problemas del Perú. Sostenía que sólo una reforma agraria amplia y con modificaciones radicales de la política y la sociedad, podía solucionar el problema del indio.

El otro grupo fue organizado por Víctor Raúl Haya de la Torre, quien creó un partido llamado Alianza Popular Revolucionaria Americana, conocido por APRA, que trató de incorporar al indio plenamente a la sociedad, de hacerle partícipe en la creación de un sistema de seguridad social, de reafirmar la democracia y de unificar lo más posible política y económicamente a todas las naciones de Hispanoamérica. En realidad, las aspiraciones de Haya de la Torre se reflejan en los principios de la Alianza para el Progreso. Con grandes esfuerzos, la América Latina va en camino de la integración económica y social.

Preguntas

1 ¿De qué se encargó la vida durante la colonización?
2 ¿A dónde hay que regresar para entender el indigenismo biológico?
3 ¿Qué factores favorecieron el mestizaje?
4 ¿Por qué disminuyó el número de aborígenes al principio de la conquista?
5 ¿Cuándo fueron prohibidos los matrimonios interraciales?
6 ¿Qué política en el tratamiento de los indios predominó en el siglo XVI?
7 ¿Qué trató de incrementar el despotismo ilustrado de los Borbones?
8 ¿Por qué el indio era un factor básico de la economía en el Nuevo Mundo?
9 ¿Cuándo comenzaron a realizarse algunas mejorías en la vida del indio en América?
10 ¿Con qué se impuso la ciudad española en América?
11 ¿Cuántos movimientos se organizaron en el Perú en la década de 1920 a 1930?
12 ¿Cómo se llamó el partido creado por Haya de la Torre?
13 ¿En qué principios se reflejan las aspiraciones de Haya de la Torre?

DANZA FOLKLÓRICA MEXICANA

10 El militarismo

Los militares han jugado un papel importante y casi siempre infeliz en la historia de las naciones hispanoamericanas. Las dictaduras militares o los regímenes apoyados por los militares han existido con frecuencia en muchos de estos países.

En Hispanoamérica no había tradición militar cuando empezaron las guerras de independencia. La mayoría de los jefes de los ejércitos libertadores no eran soldados profesionales, y tuvieron que aprender a pelear en el campo de batalla.[1] Ganada la libertad, pensaron que el suyo había sido el sacrificio mayor, y pidieron algo más tangible que honores. Querían tierras, participación en las empresas y puestos en el gobierno. Para aplacarlos, y también como recompensa, fueron obteniendo importantes posiciones. Las nuevas naciones se sumergieron en la anarquía por falta de tradición democrática, y hasta 1850 sus problemas básicos no se habían resuelto, entre otras cosas, porque los soldados administradores se negaban a renunciar a sus puestos. Los golpes de estado[2] se sucedieron con frecuencia, y este tipo de intervención militar resultó probablemente el más común en Hispanoamérica. Las consecuencias fueron funestas, porque desaparecieron las garantías constitucionales. Los militares gobernaban de acuerdo con sus intereses de clase, sin genuina consulta popular.

Los militares han sido en gran parte responsables de la historia política del continente. La forma en que las fuerzas armadas han intervenido en la vida nacional son muy variadas, igual que sus consecuencias. Las relaciones civiles-militares no han sido las mismas en todas las naciones. Las circunstancias locales les han dado un carácter peculiar, y las han determinado.

A veces los gobernantes electos han querido perpetuarse en el poder, y para hacerlo han recurrido a la fuerza militar. Buenos ejemplos son el del presidente Gerardo Machado y Morales, de Cuba, (1925–33); el de Horacio Vázquez, (1924–30) en la República Dominicana; el del general Jorge Ubico, (1931–44) en Guatemala; el de Anastasio Somoza (1937–56) en Nicaragua; los de Mariano Ospina Pérez (1946–50) y de Laureano Gómez (1950–53) en Colombia.

Otras veces es un militar apoyado por otros militares el que da el golpe de estado y toma el gobierno contra la voluntad popular. Hay una

[1]campo de batalla = campo de lucha (*battle-field*).

[2]golpe de estado: *coupe d'etat*.

larga historia de dictaduras de este tipo en el continente. Entre las más crueles del siglo XX están las de Rafael Leonidas Trujillo, en la República Dominicana (1930–61); la de Fulgencio Batista en Cuba (1934–59); la de Gustavo Rojas Pinilla en Colombia (1953–57); la de Juan Domingo Perón en la Argentina (1943–55); la de Manuel Odría en el Perú (1948–56); la de Manuel Pérez Jiménez en Venezuela (1952–58); la de Alfredo Stroessner en el Paraguay (1954–).

Trujillo tomó el poder en 1930, cuando destituyó al primer presidente electo después de una de las intervenciones americanas en ese país. El presidente quiso perpetuarse, y el jefe del movimiento de protesta que surgió estaba dirigido por Trujillo. Cuando se hizo presidente, Trujillo suprimió toda clase de libertades, y sumió a la población en el más absoluto terror. Sus oponentes fueron asesinados,encarcelados, o tuvieron que salir al exilio. Los familiares de Trujillo ocuparon los puestos principales del gobierno. Finalmente, Trujillo fue asesinado en 1961.

En Cuba, también por la fuerza, el sargento Fulgencio Batista tomó el poder en 1933. Desde este año hasta 1940 nombró siete presidentes, mientras él permanecía como jefe de las fuerzas armadas. Finalmente se nombró él mismo presidente, pero presionado por la fuerza popular tuvo que someterse y celebrar elecciones en 1944 y en 1948, sin ser candidato. La presidencia fue ganada primero por Ramón Grau San Martín, (1944–48) y después por Carlos Prío Socarrás, (1948–52). Batista era uno de los candidatos presidenciales en las elecciones de junio de 1952, y al convencerse de que no podía triunfar, dio un golpe de estado y depuso a Prío Socarrás. Para poder sostenerse, inició el terror, la represión, y la violencia. La libertad de prensa fue eliminada. La corrupción y el malestar predominaron. En 1959 la revolución iniciada por Fidel Castro le derrotó. Este movimiento, a su vez, se declaró oficialmente comunista a principios de 1960.

En Colombia, en 1953, el general Gustavo Rojas Pinilla (1953–57) destituyó al presidente Laureano Gómez e inició un nuevo régimen tan malo o peor que los de Ospina Pérez y de Laureano Gómez. En 1957, al fin, aliados los dos máximos líderes de los partidos oposicionistas, Alberto Lleras Camargo, liberal, y Laureano Gómez, conservador, forzaron la caída de Rojas Pinilla e iniciaron un plan electoral para restablecer la democracia y la paz en Colombia. El Dr. Lleras Camargo fue electo presidente en 1958.

La dictadura de Juan Domingo Perón (1943–55) se inició en la Argentina también con un golpe de estado militar. Perón era un admirador entusiasta de los dictadores Adolfo Hitler, Benito Mussolini y Francisco Franco.[3] Perón era el jefe del grupo de militares que tomó el poder, y aunque desde el principio nombró a dos presidentes, en realidad él gobernó hasta 1946, cuando fue electo. El gobierno de Perón duró muchos años, y fue una constante y bochornosa[4] dictadura. Al fin, en 1955, otros militares descontentos se rebelaron y lo destituyeron.

En el Perú, Manuel Odría depuso al presidente con una junta militar que después se impuso. Durante su gobierno abandonó completamente los procedimientos democráticos, seleccionó su propio congreso, y estableció la censura de prensa. Gobernó durante ocho años con una rígida dictadura, pero, al cabo, para sorpresa de todos, en 1956 permitió unas elecciones honestas y no aspiró siquiera a ser candidato. En octubre de 1968, cuando a pesar de las dificultades, parecía que el presidente Fernando

[3]Hitler, Mussolini, Franco: dictadores de Alemania, Italia y España respectivamente. Hitler y Mussolini provocaron la segunda guerra mundial. Sólo Franco vive.

[4]bochornosa: *stuffy*.

Belaúnde Terry podría terminar su período de gobierno, un golpe militar lo destituyó.

También en 1956 y mediante el mismo procedimiento, un triunvirato militar dirigido por Pérez Jiménez empezó a regir a Venezuela durante
5 cuatro años. Sin embargo, Pérez Jiménez, en unas elecciones fraudulentas eliminó a sus dos compañeros de luchas y se proclamó presidente provisional. El gobierno personal de Pérez Jiménez fue desastroso y despótico. Finalmente tuvo que huir y salir del país en 1958, acosado[5] por los civiles, y los propios militares que empezaban a rebelarse.

10 Últimamente en la Argentina el militarismo ha tenido varias manifestaciones. Después de Perón, algunos oficiales como Eduardo Leonardi (1955–58) han tratado de resolver democráticamente los problemas nacionales. Otros, como Juan Carlos Onganía, (1966–) han intervenido en las universidades.

15 Alfredo Stroessner apoyado por el ejército en 1954, tomó la presidencia del Paraguay y estableció un gobierno dictatorial que ha resultado tan malo como los otros que le precedieron. La libertad de prensa ha sido suprimida, los oponentes a su gobierno han sido enviados a la cárcel, o han sido torturados. La clase militar ha sido la más favorecida por el
20 gobierno de Stroessner.

Preguntas

1 ¿Qué papel han jugado casi siempre los militares en las naciones hispanoamericanas?
2 ¿Qué no eran la mayoría de los jefes de los ejércitos libertadores?
3 ¿Qué querían los militares ganada la guerra?
4 ¿Por qué las nuevas naciones se sumergieron en la anarquía?
5 ¿Qué tipo de intervención militar resultó muy común en Hispanoamérica?
6 ¿Quiénes han querido a veces perpetuarse en el poder?
7 ¿Qué dictaduras se incluyen entre las más crueles del siglo XX?
8 ¿Qué hizo Trujillo cuando se hizo presidente?
9 ¿Cuándo tomó el poder Fulgencio Batista?
10 ¿En qué año Rojas Pinilla depuso a Laureano Gómez?
11 ¿Dónde se inició la dictadura de Perón?
12 ¿Cuándo destituyeron los militares a Perón?
13 ¿Cuántos años gobernó Manuel Odría?
14 ¿Cómo fue el gobierno personal de Pérez Jiménez?
15 ¿Qué han tratado de resolver algunos militares como Leonardi?

[5]acosado: *harrassed.*

11 La libertad de prensa

Cuando se establece una dictadura, ya sea en Hispanoamérica o en cualquiera parte del mundo, lo primero que siente sus malos efectos es la libertad de expresión. Cada vez que un tirano se impone, la prensa sufre en su esfuerzo por lograr el derecho de opinar y de emitir ideas. El periodismo de Hispanoamérica ha sido de mucho valor en la lucha a favor de los derechos humanos.

Es necesario tener en cuenta que en la América española la prensa no sólo ha servido para informar, sino también para formar la opinión pública. Ya durante el siglo XIX hay buenos ejemplos de este tipo de periodismo. Algunos de los escritores más notables como Domingo Faustino Sarmiento, Juan Montalvo, Eugenio María de Hostos y José Martí, lo emplearon como una de las formas de expresión más efectivas. Por utilizarse la prensa para educar, para combatir las injusticias, para elevar el espíritu, se convirtió en la primera víctima de las tiranías. Montalvo, por ejemplo, fundó un periódico, *El Cosmopolita,* para denunciar los abusos del dictador Manuel García Moreno, que ocupó por la fuerza el gobierno del Ecuador desde 1860. Montalvo quiso evitar, con su pluma,[1] el regreso de García Moreno al poder, pero cuando en 1869 éste lo asumió de nuevo, el periódico fundado por Montalvo fue clausurado.

Aún en el siglo XX esta situación de la prensa persiste, aunque no siempre han desaparecido los diarios o las revistas. Para evitar la divulgación de noticias, artículos o editoriales que el dictador juzga peligrosos para su estabilidad, se les ha impuesto una fuerte censura. Por medio de este sistema de represión se elimina toda la crítica al gobierno establecido. Muchos periodistas que no se han sometido a la censura, han sido encarcelados, y en algunos casos asesinados después de sufrir torturas. En Cuba, por ejemplo, cuando el general Gerardo Machado (1925–33) arbitrariamente cambió la constitución de la nación en 1930, y usurpó la presidencia, los periodistas cubanos que no suprimieron la crítica legítima contra la

[1]con su pluma=con sus escritos, con trabajos periodísticos.

1913.

EL TIEMPO

Reducida Nº 25 de
ón Postal Nacional

BOGOTA, COLOMBIA ◆ MARTES 24 DE SEPTIEMBRE

l Juego a los
Pedirá el Papa

nciará mañana. — Su Santidad
ración en las filas de la Iglesia

tólicos del Brasil afirmaron
recientemente haber reunido
más de millón y medio d
mas para una carta
denunciando la
filtración
Iglesia

Reservas
Netas

mu

EL ESPECTADOR tra
con criterio liberal,
liberales con crite

20 PAGINAS - 3

EL ESPECTADOR

DIARIO DE LA MAÑANA

Nº 21.910 Bogotá, D.E. M

Año LXXXI

ón:
ADO
CC)

Identificados Piratas

Millones Gana
por las

Preso en Barranquilla Uno que s

Regresó Ayer

Ramiro García y Carlos Arturo Londoño Morales fueron identificados como los hombres que secuestraron un jet y un DC-4 colombianos el domingo y los llevaron a la fuerza a Cuba.
García viajaba en el jet y Morales en el DC-4. iones regresaron a solamente queda- Fidel Castro tantes

CIONES

LA PRENSA

páginas — Precio: 20 pesos Primera Sección

BUENOS AIRES, LUNES 23 DE SEPTIEMBRE

Direcci

onse los presidentes
gentina y Uruguay

sistema de interconexión eléctrica
rdia y hablaron ambos mandatarios

Fue y volvi
Luna una na

Así lo anunció la Unión Soviét
la Zond-5, que fue rec

Por HENRY SHAPIRO

Moscú, 22 (UP) — La Unión Soviética anunció hoy triunfalmente haber recogido en mar su vehículo espacial automático Zond-5 de un viaje na, el prórroga de poderes o fueron arrestados, o tuvieron que buscar refugio en el destierro, igual que durante la dictadura del general Fulgencio Batista (1934–59), y ahora en la de Fidel Castro.

En Colombia, durante las tiranías de Mariano Ospina Pérez (1946–50) y de Laureano Gómez (1950–53), los periódicos *El Tiempo* y *El Espectador* sintieron la fuerte e implacable mano de la censura. Sin embargo, a pesar de las amenazas de muerte, de los ataques físicos y de la constante persecución, ambos diarios continuaron en su empeño de obtener la libertad de palabra. Los propietarios de dichas publicaciones y sus editorialistas prefirieron enfrentarse a la tiranía antes que someterse a ella. Los diarios de los Estados Unidos y de otras partes del mundo, la Sociedad Interamericana de Prensa[2] y otras instituciones semejantes, se hicieron eco[3] de su esfuerzo y emplazaron a los tiranos ante la opinión pública universal. También más tarde, cuando el general Gustavo Rojas Pinilla sustituyó en Colombia al general Gómez en 1953, y estableció una nueva dictadura (1953–57), la Sociedad Interamericana de Prensa y otras organizaciones periodísticas mostraron al mundo la crueldad de su gobierno. Igual hicieron con las atrocidades que en la Argentina cometía Juan Domingo Perón, (1943–55). Desde sus primeros días como gobernante, Perón trató de suprimir la libertad de imprenta, pero algunos periódicos muy importantes, como *La Nación, La Prensa* y *Crítica* mantuvieron su oposición al nuevo régimen. Poco a poco, sin embargo, fue anulando y silenciando los mejores periódicos nacionales, y al cabo, en abril de 1951, decidió apoderarse de *La Prensa.* Era la única manera de callarla. Sus dueños, empleados y administradores tuvieron que refugiarse en el extranjero, pero desde afuera siguieron escribiendo editoriales que publicaban en periódicos latinoamericanos, conquistando así la simpatía de otros pueblos. El director propietario de *La Prensa,* Dr. Gainza Paz, y el director de *El Tiempo,* de Bogotá, Dr. Roberto García Peña, se convirtieron en símbolos de los principios humanos. La lucha de estos dos periódicos era en cierto modo la lucha de los argentinos todos, y de los colombianos todos, para reconquistar su libertad perdida.

Las universidades de los Estados Unidos compartieron el esfuerzo de estos diarios, y el de otros muchos que agonizaban bajo la censura. La

---

[2]Sociedad Interamericana de Prensa (SIP): *Inter American Press Association,* (IAPA), fue fundada en 1926. En 1950 fue reorganizada, y sus miembros se reúnen cada año, alternando entre países del Norte y Suramérica. La SIP luchó contra la tiranía de Perón, Rojas Pinilla, Pérez Jiménez, Odría y Batista.

[3]hicieron eco = repitieron, las siguieron.

Sociedad Interamericana de Prensa, encargada de proteger los derechos de la prensa libre, organizó una campaña general que por su intensidad, y por la potencia de los editoriales se hizo sentir,[4] y logró mostrarles a los dictadores que no era fácil apagar para siempre la voz del pensamiento libre.

Esto no quiere decir que haya desaparecido totalmente la censura de prensa en todos los países hispanoamericanos. Desgraciadamente, sobrevive en el Paraguay, Nicaragua y Cuba.

El papel que ha jugado el periodismo de la América española para proteger la libertad, para fomentar el bienestar económico, para elevar la educación y para defender los preceptos constitucionales, ha sido, sin duda, una de las contribuciones más importantes de todo el siglo XX al progreso de América.

Preguntas

1 ¿Qué es lo que primero siente los efectos de una dictadura?
2 ¿En qué lucha el periodismo latinoamericano ha sido de mucho valor?
3 ¿Qué escritores del siglo XIX utilizaron el periodismo para formar la opinión pública?
4 ¿Por qué la prensa se convirtió en la primera víctima de las tiranías?
5 ¿Cómo se llamó el periódico fundado por Montalvo?
6 ¿Qué dictador eliminó este periódico?
7 ¿Qué establece el dictador para evitar la divulgación de noticias que le afectan?
8 ¿Qué les ha pasado a algunos periodistas que no han aceptado la censura?
9 ¿Qué les pasó a los periodistas cubanos en 1930, cuando, criticaron la prórroga de poderes?
10 ¿Qué periódicos sufrieron la censura durante las tiranías de Ospina Pérez y de Laureano Gómez?
11 ¿Qué prefirieron hacer los dueños de esos diarios antes que someterse a la tiranía?
12 ¿De quiénes era admirador Perón?
13 ¿De qué periódico se apoderó Perón?
14 ¿Quiénes se convirtieron en símbolos de los principios humanos?
15 ¿En qué países sobrevive y se aplica la censura?

[4] se hizo sentir = tuvo efecto, influenció (*made an impact*).

CAMPESINO

12 Literatura social y de imaginación

El insigne escritor mexicano Alfonso Reyes (1889–1959) afirmó en un ensayo: «nuestra historia literaria no podrá ser, si ha de ser justa, una pura historia literaria. Nuestros escritores son caudillos y apóstoles». Reyes hizo esta afirmación porque muchos de los grandes autores del siglo XIX como Esteban Echeverría, Domingo Faustino Sarmiento, Juan Montalvo, José Martí y otros, fueron figuras literarias originales, a pesar de que se sentían obligados por las circunstancias a ejercer sus derechos y deberes ciudadanos. No querían negarles a sus países la contribución que como hombres cívicos debían aportar. Algunos, apasionados, como Juan Montalvo y Manuel González Prada, combatieron con vehemencia en sus escritos y con sus actuaciones públicas las injusticias sociales; José Martí por ejemplo, además de contribuir a la innovación de la poesía, organizó apostólicamente la independencia de su patria; José Enrique Rodó y Manuel Ugarte estimularon a la juventud y propugnaron[1] la unidad de Hispanoamérica.

[1]propugnaron = pretérito (infinitivo: propugnar) *defended.*

En la obra literaria de todos estos escritores había una honda preocupación social que se reafirma en el siglo XX. Los novelistas, los poetas y los ensayistas latinoamericanos juzgan que su pluma debe de servir de instrumento creador, y además, para interpretar y explicar los problemas económicos, sociales y políticos. Esta preocupación la muestran entre otros muchos, el novelista venezolano Rómulo Gallegos y el colombiano José Eustasio Rivera. Ambos convierten a la naturaleza en el personaje central de sus obras para analizar y presentar así los problemas sociales y económicos de sus respectivos países. Podemos decir que la característica principal de la novela hispanoamericana del siglo XIX y buena parte del XX tiene como base una gran preocupación social.

Los mexicanos crearon un nuevo tipo novela en la que se interpreta la Revolución que empezó en 1910. Mariano Azuela en *Los de abajo* y Martín Luis Guzmán en *El águila y la serpiente,* entre otros autores, interpretan los rasgos principales de la Revolución Mexicana.

El peruano Ciro Alegría en *El mundo es ancho y ajeno,* y el ecuatoriano Jorge Icaza en *Huasipungo,* señalan la situación angustiosa de los indios y denuncian los abusos y la explotación de que son víctimas. Este tipo de obra literaria se ha llamado novela de protesta social, porque lo que en realidad propugna es el mejoramiento del sistema de vida de hombres que viven en condiciones inhumanas. Podrían citarse muchos ejemplos,

OBRERAS MINERAS

ASTURIAS

como el del cubano Luis Felipe Rodríguez, que en *La Ciénaga* describe la situación del campesino de su patria antes de Fidel Castro, o el del guatemalteco Miguel Ángel Asturias, que en *El señor presidente* condena las dictaduras.

Los novelistas más jóvenes, algunos de los cuales ya tienen renombre internacional, observan lo que está ocurriendo en la sociedad hispanoamericana después de tantos años de lucha, frustraciones y esperanzas. El argentino Julio Cortázar, el mexicano Carlos Fuentes, el peruano Mario Vargas Llosa y el colombiano Gabriel García Márquez tratan de exponer en estilos propios y diferentes, con prosa fresca, la situación del mundo en que viven cotidianamente.

Esta profunda preocupación que la novela actual presenta, también se manifiesta en la poesía. No sólo es la preocupación por el indio, sino también por el negro o por cualquiera raza oprimida. En la década que comienza en 1930 y termina en 1940, la poesía «afroantillana» llega a su esplendor con autores principalmente cubanos y puertorriqueños. En ella se refleja el sufrimiento del negro. Aunque la poesía afroantillana se cultivó sólo unos pocos años dejó, sin embargo, ejemplos muy valiosos. Los mejores exponentes de esta nueva tendencia fueron los cubanos Emilio Ballagas y Nicolás Guillén, y el puertorriqueño Luis Palés Matos.

Actualmente, los escritores latinoamericanos se sienten perplejos ante la incertidumbre de un mundo paradójico y contradictorio. Su preocupación es ahora universal, igual que la de sus colegas norteamericanos, europeos, africanos o de cualquier parte del mundo.

5 El artista de hoy día, ya sea poeta, novelista, pintor o escultor, no puede escapar a las corrientes y a las presiones que le rodean internacionalmente. La universalidad de las tendencias artísticas parece ser una señal de nuestros tiempos.[2]

La preocupación básica es probablemente la misma en todo el mundo, 10 con las diferencias que vienen solamente de las circunstancias locales de cada país, entre las cuales el autor se desenvuelve, y de las cuales, en cierto modo forma parte. El tema de la muerte, de lo desconocido, del más allá,[3] que ha sido característico de la novela y de la poesía hispanoamericana y española, también se reafirma y es hoy uno de los temas favoritos de los 15 escritores jóvenes.

Preguntas

1 ¿Qué afirmó el escritor mexicano Alfonso Reyes?
2 ¿Qué combatieron Juan Montalvo y Manuel González Prada?
3 ¿Qué estimularon y propugnaron José Enrique Rodó y Manuel Ugarte?
4 ¿Por qué Rómulo Gallegos y José Eustasio Rivera convierten a la naturaleza en personaje principal?
5 ¿Qué crearon los mexicanos con su revolución de 1910?
6 ¿Qué describen Ciro Alegría en *El mundo es ancho y ajeno* y Jorge Icaza en *Huasipungo*?
7 ¿Qué combate Miguel Ángel Asturias en *El señor presidente*?
8 ¿Qué surge a partir de 1939?
9 ¿Quiénes fueron los mejores exponentes de la poesía afroantillana?
10 ¿Ante qué se sienten perplejos los escritores latinoamericanos?
11 ¿Qué parece ser una señal de nuestros tiempos?
12 ¿Qué tema es hoy uno de los favoritos de los escritores jóvenes?

---

[2]señal de nuestros tiempos = aviso, llamada, una característica.

[3]más allá: *the beyond* (*life after death*).

COLLECTION MUSEUM OF MODERN ART

AUTORRETRATO DE OROZCO

13 Pintura, Escultura, Música

El arte ha sido algo importante en el Nuevo Mundo hispánico desde casi el inicio de la conquista. México tiene una excelente tradición artística. La Revolución de 1910 y sus principios sociales inspiraron la creación de muy buenos murales que ayudaron a dar a conocer[1] la pintura latinoamericana en otros continentes. Entre las figuras que popularizaron e impulsaron este tipo de pintura están Diego Rivera, José Clemente Orozco y David Siqueiros.

Lo que se considera ahora como la tendencia pictórica universal es tan común en Hispanoamérica como en el resto del mundo. Es una interpretación artística de todo, siguiendo normas bien opuestas a las consideradas tradicionales. Esta pintura se manifiesta en estilos diferentes, bajo

[1]dar a conocer = popularizar.

COLLECTION MUSEUM OF MODERN ART

"EL SOLLOZO" POR SIQUEIROS

MURAL POR RIVERA

COLLECTION MUSEUM OF MODERN ART

"GAJOS DE MELÓN" POR TAMAYO

nombres distintos. Después de la segunda guerra mundial, desde más o menos 1950, se hizo muy popular en la América latina el informalismo, movimiento esencialmente expresionista, y generalmente muy personal en la técnica. Otro grupo que también arraigó[2] en el continente fue el que
5 seguía al neofigurismo, tendencia que se acerca mucho a la pintura abstracta, pero define figuras grotescas, que proyectan o sugieren la miseria espiritual humana.

Aunque en algunos países lainoamericanos la pintura abstracta es preponderante, en otros el neofigurismo es preferido. Algunos artistas, con
10 su propia interpretación del tema americano, especialmente el indígena, le dan un carácter peculiar a este movimiento. Entre sus más destacados representantes están el mexicano Rufino Tamayo y el guatemalteco Carlos Mérida. Tamayo es sin duda el pintor mexicano más destacado en la actualidad. Tamayo se inspira en las figuras de la alfarería[3] precolombina
15 y en el colorido brillante y variado del folklore de su país.

Carlos Mérida es muy popular y respetado en los centros artísticos internacionales. Su pintura se relaciona con la tradición y los objetos nativos, que modifica hasta adaptarlos a las nuevas tendencias plásticas.

En Chile el pintor de más relieve es Roberto Matta, nacido en Santiago.
20 En Matta, igual que en la pintura chilena, predomina la tendencia abstraccionista y surrealista. Otros pintores de este país ya son populares en Europa y América, como Carlos Ortuzar, Enrique Castro-Cid, José Balmes y sobre todo, Nemesio Antúnez.

La Argentina siempre ha contado con[4] un buen número de artistas de
25 primera calidad. Entre ellos están Rómulo Maccio, Sarah Grilo, Rogelio Polesello, Julio Le Parc, etc. En Argentina ahora se está desarrollando el arte de la tapicería, que es nuevo en el país, y muchos de los buenos artistas se dedican a hacer diseños especiales.

Es imposible citar todos los nombres de los buenos pintores actuales
30 del continente. Basta decir que siguen en general técnicas muy originales, y utilizan materiales muy variados para obtener resultados espectaculares. En realidad, la mayoría de estos pintores están experimentando y ensayando con nuevas técnicas al igual que sus compañeros en el resto del mundo.

Aunque la escultura nunca ha alcanzado en Hispanoamérica el auge de
35 la pintura, es sorprendente el número de magníficos escultores que tiene.

---

[2]arraigó: *took root.*
[3]alfarería: *pottery.*
[4]ha contado con = ha tenido, ha dispuesto (*has had*).

La mayoría sigue las tendencias que están en boga,[5] y utilizan materiales que ya se han popularizado, como el cobre y el hierro. Otros, más tradicionales, labran la madera, la piedra y la arcilla,[6] pero casi todos experimentan con la forma y siguen tendencias nuevas. Algunos usan materiales muy livianos,[7] casi flotantes, transparentes, como el «plexiglass», por ejemplo, para poder experimentar con el color, a veces cambiante por la reflexión y el movimiento.

La música popular de la América española es sumamente interesante, y es muy diferente en cada región. A veces las danzas que vinieron a la América con los colonizadores han sido tan modificadas y de tal modo subordinadas a las nuevas influencias que apenas pueden reconocerse. La música de cada país ha sido transformada por muchos factores imperantes,[8] como los instrumentos musicales que le dan un carácter especial.

---

[5]estar en boga: *in fashion.*
[6]arcilla: *clay.*
[7]livianos: *light.*
[8]imperantes: *ruling.*

CARNAVAL EN PERÚ

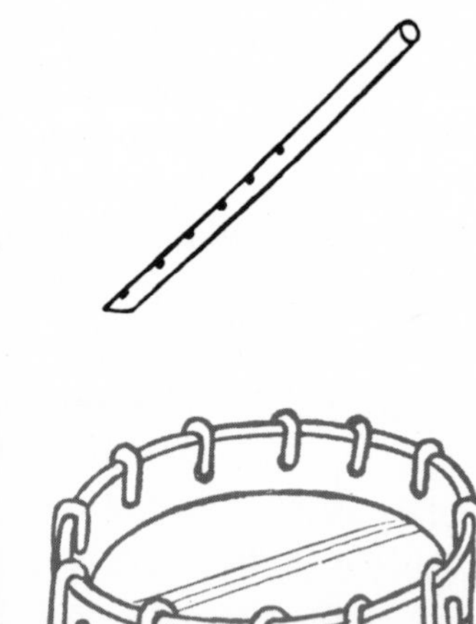

CHÁVEZ

Los compositores modernos del continente desde hace tiempo[9] se esfuerzan por tomar del folklore continental algunas de sus más interesantes manifestaciones, y fundirlas con un tipo de música superior. Los buenos compositores como el mexicano Carlos Chávez, el chileno Juan Orrego Salas, y el brasileño Héctor Villalobos, entre otros muchos, no pierden de vista[10] la tradición musical del continente.

Podríamos decir que al principio del siglo XX los autores más destacados estaban bien influenciados por los europeos, franceses y alemanes principalmente. No se preocupaban mucho por utilizar el legado americano. Su tendencia era esencialmente europea. Sin embargo, el proceso va cambiando, y en unos cuarenta años el aporte[11] de lo indio y de lo negro se ha popularizado y predomina en formas más elevadas que el folklore. Por último, aunque a veces con matices todavía americanos, la música de

[9]desde hace tiempo: *since long ago.*
[10]no pierden de vista: *do not forget, do not neglect.*
[11]aporte: *contribution.*

Hispanoamérica entra en una fase de investigación y de búsqueda que la lleva, junto con el esfuerzo realizado en otros países, al campo de la experimentación. Ensaya con nuevos instrumentos, con nuevos enfoques,[12] con nuevas aspiraciones. Entre estos ensayos está, por ejemplo, la música electrónica. 5

En Hispanoamérica hay numerosos buenos pianistas. Entre ellos está el chileno Claudio Arrau. En el verano de 1967 el argentino Alberto Ginastera estrenó en Washington una ópera llamada *Bomarzo,* que le consagró como uno de los grandes compositores del siglo XX. Según el crítico norteamericano Peter Yates, Ginastera es una de las tres influencias latino- 10 americanas en la nueva música de los Estados Unidos. Las otras dos son los compositores mexicanos Silvestre Revueltas y Carlos Chávez.

[12]con nuevos enfoques: *from new points of view, with new ideas.*

REVUELTAS

Preguntas

1 ¿Qué inspiraron la revolución de 1910 y sus principios sociales?
2 ¿Qué es lo que se considera ahora como la tendencia pictórica universal?
3 ¿Qué se hizo muy popular en Hispanoamérica desde 1950 más o menos?
4 ¿A qué se acerca el neofigurismo?
5 ¿Quién es el pintor mexicano más destacado en la actualidad?
6 ¿Con qué se relaciona la pintura de Carlos Mérida?
7 ¿Quién es el pintor de más relieve en Chile?
8 ¿Quiénes están entre los pintores argentinos?
9 ¿Qué tendencias siguen los escultores latinoamericanos?
10 ¿Por qué factores han sido transformadas las danzas que trajeron los colonizadores?
11 ¿Por qué se esfuerzan los compositores modernos del continente?
12 ¿Por quiénes estaban influenciados los autores más destacados a principios del siglo XX?
13 ¿Cómo se llama la ópera de Ginastera estrenada en 1967, en Washington?
14 ¿Quién es un buen pianista latinoamericano?

14 Concepto del Estado Libre Asociado de Puerto Rico

Durante todo el período colonial, Puerto Rico tuvo una vida precaria. Desde fines del siglo XVII comerciaba con las Trece Colonias Inglesas de Norteamérica. Cuando en 1898, España entregó a los Estados Unidos esa isla, algunos vieron la posibilidad de una vida mejor bajo el gobierno de los Estados Unidos. Otros optaron por la independencia o la autonomía. 5

En aquel momento existían en Puerto Rico dos partidos que aspiraban a la autonomía del país, aunque la querían de una manera diferente. Estos dos grupos más tarde pidieron la anexión a los Estados Unidos.

En 1900 el Congreso de los Estados Unidos aprobó el Acta Foraker, según la cual Puerto Rico tendría un gobierno civil, controlado por 10 norteamericanos. Los funcionarios puertorriqueños serían seleccionados por el presidente de los Estados Unidos, y sólo la Cámara de Delegados sería de elección popular. El Acta no satisfacía a las masas, porque no daba las ventajas de la autonomía ofrecida por España.

Esta Acta establecía el comercio libre con los Estados Unidos, y sometía 15 al país a las tarifas norteamericanas y a su sistema monetario. No se pagaban impuestos federales, y los impuestos recolectados[1] en productos de Puerto Rico se devolvían a la isla. Además limitaba la propiedad territorial para evitar el latifundio, pero esto no se hizo efectivo hasta 1941.

El Acta Foraker trajo excelentes resultados económicos, más que nada, 20 por la eliminación de los impuestos. Surgieron industrias y carreteras por todas partes, pero políticamente se fue acentuando el sentimiento separatista. En 1912 el partido La Unión de Puerto Rico quiso independizar a la isla, pero bajo el protectorado de los Estados Unidos. Apenas pasados

[1]recolectados: *gathered.*

diez años de implantarse el Acta Foraker, ya casi en 1910, ocurrió la primera dificultad entre el Consejo Ejecutivo (norteamericano) y la Cámara de Delegados (puertorriqueños). La cámara se negó a aprobar el presupuesto si no le daban más oportunidades políticas al partido que
5 había ganado las últimas elecciones. Washington apoyó al Consejo y al gobernador, pero por la fuerte presión pública que no cedía, creó en 1917 un Acta nueva llamada Jones. Por esa Acta los habitantes de la isla fueron ciudadanos norteamericanos, y el Senado y la Cámara de Representantes estaban integrados por puertorriqueños electos por voto popular. Desa-
10 pareció el Consejo Ejecutivo, pero las figuras gubernamentales más importantes, como el gobernador y los jueces del Tribunal Supremo eran nombrados por el presidente de los Estados Unidos.

PAISAJE TROPICAL

MUÑOZ MARÍN

Desde el punto de vista[2] fiscal y económico, el Acta Jones no presentaba grandes cambios, pero sí políticamente, porque daba a los puertorriqueños más fuerza legislativa. Todavía el poder ejecutivo y el judicial quedaban fuera. Puerto Rico no era pues, un estado libre, sino un estado regido por leyes especiales. Económicamente el país se hundía en el caos. En 1921 tres tendencias políticas predominaban en la isla: la del gobierno propio, la de la estadidad federada[3] y la de la independencia absoluta. Los tres partidos más importantes se desorganizaron en los diez años que van de 1930 a 1940. La isla estaba paralizada como consecuencia de la depresión económica de los Estados Unidos.

Políticamente, los habitantes estaban descontentos y desorientados. Con la ayuda de Franklin Delano Roosevelt,[4] en 1935 se creó la Administración de Reconstrucción Económica, que fomentó las industrias, las escuelas, las fuentes de trabajo, las viviendas, las obras públicas. Pero políticamente el país seguía confundido.

---

[2]Desde el punto de vista: *From the point of view.*
[3]estadidad federada: es la expresión usada por los puertorriqueños para referirse a Puerto Rico como un estado federado de los Estados Unidos.
[4]Franklin Delano Roosevelt: Presidente de los Estados Unidos en esa época.

En las elecciones de 1940, el Partido Popular Democrático fundado por Luis Muñoz Marín, ganó el poder por un margen escaso y desde entonces Muñoz Marín se convirtió en la figura política más poderosa de la isla. En las elecciones de 1944 obtuvo una victoria aplastante. Su partido dominó 5 todas las posiciones del gobierno. Con la legislación social y económica que inició, la isla se transformó rápidamente. Parecía una nueva nación. Las construcciones, las industrias, las escuelas, las carreteras, los puentes y la agricultura, empezaron a multiplicarse. En 1948 Muñoz Marín fue elegido gobernador de Puerto Rico, e inició reformas económicas y 10 sociales de grande alcance.

Desde noviembre de 1951, por la voluntad de sus ciudadanos, Puerto Rico se convirtió en el Estado Libre Asociado de Puerto Rico. El Estado Libre no es una república independiente, ni tampoco es un estado federado. Es una entidad política, adaptada a las necesidades de la isla. Puerto Rico 15 sigue siendo español por su tradición, su lengua y su cultura, y es libre políticamente. En Puerto Rico el pueblo se gobierna a sí mismo,[5] por medio de una constitución que garantiza los derechos del ciudadano y la representación y expresión de las minorías, y establece la independencia de las ramas legislativa, judicial y ejecutiva. El gobernador es electo por el 20 pueblo, igual que los representantes y senadores; por medio del gobernador y de las Cámaras, el pueblo también elige la judicatura y el gabinete ejecutivo. Sólo los ciudadanos de Puerto Rico pueden cambiar su constitución. El voto es libre y secreto, con garantías para los partidos.

Bajo el Estado Libre Asociado, Puerto Rico no paga impuestos federa- 25 les, porque no es un estado de la Unión. Pero sí paga otras contribuciones federales mediante leyes que son aprobadas por la Legislatura de Puerto Rico. El comercio es libre con los Estados Unidos, pero la isla cobra y retiene para sí los impuestos sobre los productos extranjeros que entran en su mercado, y recibe además, los impuestos sobre las mercancías puerto- 30 rriqueñas que se venden en los Estados Unidos. El pueblo tiene también un Comisionado Residente, elegido por voto popular, que vive en los Estados Unidos y lo representa en el Congreso Federal. El Comisionado tiene todos los derechos que dan los otros cincuenta estados de la Unión, pero no tiene voto.

[5]se gobierna a sí mismo: *it is self-governed.*

El tema de la ciudadanía americana de los puertorriqueños ha sido muy discutido. Los puertorriqueños no votan en las elecciones presidenciales de los Estados Unidos, porque no son residentes de un estado federado, sino de un estado asociado. Sólo los ciudadanos de los estados federados tienen derecho a votar. Un puertorriqueño que vive en los Estados Unidos puede votar por el presidente o los congresistas norteamericanos, porque es residente de un estado federado. Y si un norteamericano de los Estados Unidos vive en Puerto Rico, tampoco puede votar por el presidente o los congresistas de los Estados Unidos, porque no es residente de un estado federado.

Los puertorriqueños tienen todos los derechos y privilegios de los ciudadanos norteamericanos. Este sistema parece satisfacer al pueblo, porque en el plebiscito celebrado en 1967, por gran mayoría, siguió apoyando este sistema. Una de las teorías que tiene auge hoy en Puerto Rico es la de hacer al Estado Libre Asociado un estado federado de los Estados Unidos. Pero en el verano de 1967, cuando se celebró el plebiscito, esa idea fue derrotada, y el Estado Libre Asociado triunfó una vez más. Aún así, en las elecciones de noviembre de 1968 ganó Luis Ferré, partidario de la «estadidad» federada.

SAN JUAN, PUERTO RICO

Preguntas

1 ¿Desde cuándo sostenía Puerto Rico relaciones comerciales con las trece colonias?
2 ¿Cuándo entregó España la isla a los Estados Unidos?
3 ¿Cuántos partidos existían en Puerto Rico cuando pasó a ser parte de los Estados Unidos?
4 ¿Qué aprobó el Congreso de los Estados Unidos en 1900?
5 ¿Por qué el Acta Foraker no satisfacía a las masas?
6 ¿Qué establecía esta Acta?
7 ¿Cuándo ocurrió la primera dificultad entre el Consejo Ejecutivo y la Cámara de Delegados?
8 ¿Qué Acta se creó en 1917?
9 ¿Qué daba el Acta Jones a los puertorriqueños?
10 ¿Cuáles eran las tres tendencias políticas predominantes en 1921?
11 ¿Qué se creó con la ayuda del presidente Roosevelt?
12 ¿Qué partido ganó en 1940?
13 ¿Cuándo Puerto Rico se convirtió en Estado Libre Asociado?
14 ¿Es una república independiente el Estado Libre?
15 ¿Por qué no paga Puerto Rico impuestos federales?
16 ¿Por qué no votan los puertorriqueños en las elecciones presidenciales norteamericanas?

15 El último tercio del siglo XX

En marzo de 1968 se celebró en la ciudad de México un importante seminario sobre la América Latina. Asistieron destacados estadistas, economistas, educadores, diplomáticos y hombres de ciencia.[1] El propósito era indagar[2] la dirección que Hispanoamérica habría de seguir en lo que falta de este siglo. Después de varios días de intenso estudio y análisis, el seminario llegó a las siguientes conclusiones: América se encuentra en medio de un proceso revolucionario que importa encaminar por cauces[3] democráticos; es urgente la integración económica; es preciso reducir «la deficiencia tecnológica» con el objeto de[4] acelerar el proceso de industrialización y, sobre todo, hacer que la Alianza para el Progreso pueda cumplir el cometido[5] enunciado por el presidente John F. Kennedy en 1961.

Sin duda, la América Latina no es ajena a la «guerra fría» internacional. En las naciones del continente se refleja la lucha ideológica de otras naciones. Sin embargo, a pesar de las dificultades que toda reforma social y económica implican, lo cierto es que van realizando programas, van estableciendo innovaciones, y paulatinamente[6] van gozando de nuevas ventajas. El Banco Interamericano de Desarrollo, por ejemplo, con sus préstamos a corto y a largo plazo, contribuye al mejoramiento de la economía; el Banco Centroamericano de Integración Económica sirve para alentar y cimentar la unidad económica de Centroamérica. La Organización de los Estados Americanos, la Organización Panamericana de la Salud, el Comité Interamericano para la Alianza para el Progreso, el Banco Interamericano de Desarrollo y otras entidades y organizaciones internacionales y nacionales ayudan a reducir la «deficiencia tecnológica», a mejorar la educación, a crear nuevas fuentes de trabajo, a fortalecer los regímenes democráticos. Así tratan de hacer que los sueños de los libertadores del siglo XIX sean realizados.

El más grave problema actual de la América hispana es el aumento rápido de la población, porque la producción continental, tanto industrial

[1]hombres de ciencia: *scientists.*
[2]indagar: *to investigate.*
[3]cauces: *channels.*
[4]con el objeto de = con el propósito, con el fin, con la idea de.
[5]cometido: *commitment.*
[6]paulatinamente = poco a poco, lentamente, despacio.

BRASILIA

como agrícola, no alcanza para darle empleo satisfactorio y remunerativo a las masas que se van multiplicando vertiginosamente.[7]

Resulta paradójico que Hispanoamérica, cuyos límites comprenden el 16% de la tierra habitable del mundo, y cuya población es sólo el 6% de la población mundial, experimente lo que se conoce por «explosión demográfica». En un mundo en que las distancias ya apenas existen, en que se busca la cooperación en escala internacional, en que es imperativo que la América del Norte y la del Sur alcancen un grado máximo de ayuda mutua, la existencia de grandes masas analfabetas, de regiones por explotar, de mala salud y de ineficaz distribución de la riqueza, presentan serias dificultades.

La América Latina, como se concluyó en México, no está aislada de los problemas políticos internacionales, y es necesario que resuelva rápidamente sus problemas urgentes. A veces la necesidades inminentes son de tal naturaleza[8] que resulta casi imposible su solución, y las consecuencias no pueden ser más trágicas. Por ejemplo, es importante anotar que hay ahora 800,000 estudiantes matriculados en las universidades latinoamericanas, y

[7]vertiginosamente = rápidamente, velozmente. [8]de tal naturaleza: *of such nature.*

en 1980 se calcula que habrá 3.000,000. ¿Cómo se podrán construir en doce años los edificios, tener el personal docente apropiado, los instrumentos, los materiales, las bibliotecas y los laboratorios indispensables si a esto se agrega la imperiosa necesidad de construir viviendas, puentes, carreteras, etc.? 5

De acuerdo con[9] investigaciones hechas en 1968, la labor realizada por los gobiernos que se reunieron en Punta del Este en 1967, aunque eficiente, no ha podido resolver los problemas urgentes. El mejoramiento de la economía, de la salud pública y de la educación se va quedando detrás[10] en parte porque no pueden abastecer las demandas que impone una 10 multiplicación desproporcionada de la población.

Otro problema grave es el de la alimentación. La producción alimenticia tiene que incrementarse en un 7% en muy pocos años para mantenerse al paso de[11] la población, que aumenta en un 2.7%. (En algunos países de América pasa del 3%.) 15

La América Latina necesita soluciones eficaces a corto y a largo plazo. Además del progreso económico y social, el Hemisferio ha de afincar la democracia representativa. El esfuerzo conjunto es imprescindible para hacer de América un ejemplo de progreso y justicia.

---

[9]De acuerdo con: *According to.*
[10]se va quedando detrás: *remains behind.*
[11]mantenerse al paso de: *to keep up the pace.*

Preguntas

1 ¿Qué se celebró en la ciudad de México en marzo de 1968?
2 ¿A qué conclusiones llegaron en el seminario?
3 ¿Qué se refleja en las naciones del continente?
4 ¿A qué contribuye el Banco Interamericano de Desarrollo?
5 ¿Cuál es el más grave problema actual de la América hispana?
6 ¿Qué resulta paradójico?
7 ¿A cuánto se calcula que ascenderá la matrícula en 1980?
8 ¿Por qué se va quedando detrás el mejoramiento de la economía, la salud pública y la educación?
9 ¿En cuánto tiene que incrementarse la producción alimenticia en unos pocos años?
10 ¿Qué tiene que afincar el Hemisferio junto con el progreso económico y social?

UNIVERSIDAD DE CALI, COLOMBIA

Vocabulario

adj.	adjective	*part.*	participle
adv.	adverb	*per.*	person
arch.	archaic	*pers.*	personal
art.	article	*pl.*	plural
conj.	conjunction	*poss.*	possessive
f.	feminine	*prep.*	preposition
fig.	figuratively	*pres.*	present
imp.	imperfect	*pret.*	preterite
impers.	impersonal	*pron.*	pronoun
ind.	indicative	*rel.*	relative
irr.	irregular	*sing.*	singular
m.	masculine	*subj.*	subjunctive
p.	past	*v.*	verb

A

a *prep.* to, at, in, for
abajo *adv.* down, below
abandonar to abandon; to give up
abaratamiento *m.* cheapening
abaratar to cheapen; to lower prices
abarcar to include, contain
abastecer to supply
abogado, -a *m.* lawyer; *f.* woman lawyer
abolengo *m.* lineage, ancestry; **una dama de abolengo** a well born lady
abolir to revoke, repeal
abono *m.* fertilizer; subscription
aborigen *adj.* aboriginal; **aborígenes** *m. pl.* aborigines
abril *m.* April
abrir to open; **abrir fuego** to open fire
abrupto, -a *adj.* abrupt; rough
absolutismo *m.* absolutism
absoluto, -a *adj.* absolute
absorto, -a *adj.* absorbed
abstener to abstain; **abstenerse de** to abstain from, refrain from
abstraccionista *m. f. adj.* abstractionist
abstracto, -a *adj.* abstract; **pintura abstracta** abstract painting
abundancia *f.* abundance, plenty
abundante *adj.* abundant
abundar to abound
abusar de to abuse; to take advantage of
abuso *m.* abuse
acabar to finish, end
academia *f.* academy
acaecer to happen, occur
acarreo *m.* cartage
acatar to reverse, hold in awe
acceso *m.* access
accidente *m.* accident; **por accidente** by accident
acción *f.* action
acelerado, -a hastened; fast, accelerated
acelerar to hasten, accelerate
acentuar to accentuate, emphasize
aceptar to accept
acercar to bring near; **acercarse a** to get near, approach
acero *m.* steel
aclamar to acclaim
acoger to welcome; to accept; **acogerse a** to take refuge in
acogida *f.* welcome, reception; **tener buena acogida** to be well received
acomodamiento *m.* convenience, suitability; adjustment
acompañante, -a companion
acompañar to accompany; to enclose; to sympathize
aconsejar to advise
acontecimiento *m.* event
acorazado *m.* battleship
acordar to agree upon; to decide; **acordarse de** to remember
acordeón *m.* accordion
acosar to pursue, harass
acta *f.* minutes (*of a meeting*); decree, law, edict
actitud *f.* posture, attitude
actividad *f.* activity; energy
acto *m.* act, event
actuación *f.* act, action
actual *adj.* present, present-day
actualidad *f.* present time; **en la actualidad** nowadays, now
actuar to put into action; to act, perform
acudir to come up; to respond; to apply; **acudir a** to come to, attend
acueducto *m.* aqueduct
acuerdo *m.* agreement; **estar de acuerdo** to be in agreement; **estar de acuerdo con** to be in agreement with
acurrucar to wrap up; **acurrucarse** to huddle
acusación *f.* accusation
acusador, -a *adj.* accusing; *m. f.* accuser
acusar to accuse
achatar to flatten
adaptar to adapt
a. de C.: antes de Cristo B.C. (before Christ)
adecuado, -a *adj.* adequate, fit

adelantado, -a advanced, precocious; *m.* governor of a province, bold, fast; **por adelantado** in advance
adelantar to move forward, advance; **adelantarse** to move forward; **adelantarse a** to get ahead of
adelante *adv.* ahead; **en adelante** from now on; **hacia adelante** forward; **más adelante** farther on, later
adelanto *m.* advance, progress
además *adv.* moreover, besides; **además de** in addition to
adentro *adv.* inside; **tierra adentro** inland
adiestramiento *m.* training, drill
adiestrar to train
administrador, -a *adj.* administrating; *m. f.* administrator
administrativo, -a *adj.* administrative
admiración *f.* admiration, wonder
admirador, -a *adj.* admiring; *m. f.* admirer
admirar to admire; **admirarse** to wonder at, be astonished
admitir to admit, accept
adobe *m.* adobe
adonde *conj.* where, whether
adoptar to adopt
adoración *f.* adoration
adorar to adore
adornar to adorn
adorno *m.* adornment, ornament
adquirir to acquire, gain
adueñarse to take possession
advertir to notice, to point out; to notify, to warn
aéreo, -a *adj.* aerial, (*pertaining to*) air
afectar to affect
afianzar to fasten, secure, strengthen; to vouch for; to embrace (*a political theory, religion, etc.*)
afincar to reinforce, strengthen
afirmación *f.* affirmation
afirmar to assert; to affirm, strengthen; **afirmarse** to make oneself firm
afluente *adj.* flowing, affluent; *m.* tributary, affluent
aforrar to line; to serve
afortunado, -a *adj.* lucky
africano, -a *adj. m. f.* African
afroantillano, -a Afro-Antillean
afuera *adv.* outside; **afueras** outskirts
agarradero, -a *m. f.* handle
agitación *f.* agitation, excitement
agitar to agitate
agonizar to be dying out (*a fire*); to be in the throes of death
agosto *m.* August
agotado, -a *adj.* exhausted; sold out
agotar to wear out, exhaust
agraciado, -a *adj.* graceful; *m. f.* winner
agrario, -a *adj.* agrarian
agregar to add, attach; to annex
agresión *f.* aggression
agrícola *f. adj.* agricultural
agricultor, -a agriculturist, farmer
agricultura *f.* agriculture
agropecuario, -a *adj.* farm, farming
agrupar to group; **agruparse** to become part of a group
agua *f.* water; **agua dulce** potable water; *pl.* rains
aguardiente *m.* brandy, spirituous liquor
agudo, -a *adj.* sharp, keen
aguerrido, -a *adj.* inured to war, hardened
águila *f.* eagle
agustiniano, -a *adj. m. f.* Augustinian
agustino *m.* Augustinian
ahogar to drown; to suffocate
ahondar to get deep into, probe, study thoroughly
ahora *adv.* now
ahorcamiento hanging, execution by hanging
aislado, -a isolated
aislamiento *m.* isolation
ajeno, -a *adj.* another's; different; alien
ají *m.* green pepper; *m. pl.* **ajíes**
ajustar to fit, adapt; **ajustarse a** to agree to
ajuste *m.* fit, adjustment, arrangement
al *contraction of* **a** *and* **el; al igual que** like, alike; even with
alabanza *f.* praise
alabarda *f.* halberd

alanos *m. pl.* Alani *or* Alans, *a nomadic tribe who invaded Spain in the 5th century*
alcalde *m.* mayor
alcance *m.* scope
alcanzar to reach; to catch up; to attain; **alcanzar para** to be sufficient for
Alcázar *m.* royal palace
alegoría *f.* allegory
alegre *adj.* merry, gay
alejar to move away; to keep at a distance
alemán -a *adj., m. f.* German
Alemania *f.* Germany
alentado, -a *adj.* encouraged; spirited
alentar to encourage
alfabetización *f.* alphabetization
alfabetizado, -a alphabetized
alfarería *f.* pottery
alfarero, -a potter
algo *adv. m.* something
algodón *m.* cotton
alguno, -a *adj.* some, any
aliado, -a *adj.* allied *m. f.* ally
alianza *f.* alliance; **Alianza para el Progreso** Alliance for Progress
aliar to ally; **aliarse** to become allied
alimentación *f.* nourishment
alimenticio, -a *adj.* alimentary, nutritional
alimento *m.* food; nourishment
aliviar to lighten, mitigate
alma (el) *f.* soul; heart; spirit
alojamiento *m.* lodging; housing
alrededor *adv.* around; **alrededor de** around, about; **alrededores** *m. pl.* environs, outskirts
Altamira *site in Santander, in the north of Spain, where the caves of the same name are located*
altiplanicie *f.* high plateau
altiplano *m.* high plateau
altitud *f.* altitude
alto, -a *adj.* high; tall; loud
altura *f.* height, altitude
aluminio *m.* aluminum
alumno, -a student
allá *adv.* there; yonder; **el más allá** the beyond (life after death)
allí *adv.* there; **por allí** that way; in there
amado, -a beloved
amalgama *f.* amalgam
amanecer *m.* dawn, daybreak; **al amanecer** at daybreak
amanecía *imp. ind.* of amanecer, the day was breaking
amante *adj.* fond, loving *m.* lover; *f.* mistress
amar to love
amarillento, -a *adj.* yellowish
amauta wiseman among the ancient Peruvians
ambicioso, -a *adj.* ambitious; climber (*socially*)
ambos, -as both
amenaza *f.* threat
América *f.* America, **América Latina** Latin America
americano, -a *adj.* american *m. f.* American
amistad *f.* friendship
amo *m.* master
amor *m.* love
amotinado, -a *adj.* mutinous, rebellious; *m. f.* mutineer, rebel
amotinar to stir up; to incite to riot or mutiny
amparo *m.* shelter, protection
ampliar to amplify, enlarge; to extend
amplio, -a *adj.* ample
amputación *f.* amputation
analfabetismo *m.* illiteracy
analfabeto, -a *adj. m. f.* illiterate
análisis *m.* analysis
analizar to analyze
anarquía *f.* anarchy
anclar to anchor
ancho, -a *adj.* broad, wide
andar to walk
Andes *m. pl.* Andes Mountains
andino, -a *adj.* Andean, relating to the Andes
anestésico, -a *adj. m.* anesthetic
anexar to annex; **anexarse** to add, annex
anexión *f.* annexation
angosto, -a *adj.* narrow
angustioso, -a *adj.* distressing

animado, -a *adj.* animate, animated
animal *adj.* animal; *m.* animal; **animal de raza** thoroughbred
ánimo *m.* soul, spirit; **dar ánimo** to encourage
aniquilamiento *m.* annihilation
anónimo, -a *adj.* anonymous; *m. f.* anonymous letter *or* note
anotar to annotate; to note; to point out; to score
ante *prep.* before, in the presence of
antecedente *adj.* antecedent *m.* antecedent
antecesor *m.* predecessor, ancestor
antepasado, -a *adj.* before last; *m.* ancestor
antes previously, before; **antes de** before; **poco antes** a while ago; **antes que** rather than
antiamericanismo *m.* anti-Americanism
antidemocrático, -a *adj.* antidemocratic
antiguo, -a *adj.* old, ancient
antimonio *m.* antimony
antropólogo *m.* anthropologist
anular to annul, revoke; to abolish
anunciar to announce
añadir to add
año *m.* year; **año nuevo** new year
apacible *adj.* peaceful; mild
apagar to put out; to extinguish; to turn off
aparecer to appear; to turn up, show up
aparejo *m.* preparation; equipment; kit; *m. pl.* tools
aparente *adj.* apparent, seeming
apartado, -a *adj.* separated, remote
apasionado, -a impassioned; zealous
apenas *adv.* scarcely, hardly; **apenas si** scarcely; *conj.* no sooner, as soon as
aplacar to appease, pacify
aplastar to flatten, smash
aplicar to apply; to attribute; **aplicarse** to apply oneself
apoderar to empower; **apoderarse de** to take hold of, seize
apogeo *m.* apogee
aportación *f.* addition, contribution
aportar to bring, contribute; to provide
aporte *m.* contribution
aposentamiento *m.* lodging
aposento *m.* room; lodging
apóstol *m.* apostle
apoyar to lean; to support
apoyo *m.* support; backing
aprender to learn
aprendiz *m.* apprentice
aprendizaje *m.* learning; apprenticeship
apresar to seize; to capture
aprestar to prepare, make ready; **aprestarse** to get ready
apresuradamente *adv.* hastily, quickly
aprobar to approve; to pass
apropiar to give possession; **apropiarse** to appropriate
aprovechamiento *m.* use; profit
aprovechar to make use of; to profit by; to take advantage of
aproximado, -a *adj.* approximate
apuesta *f.* bet
apuesto, -a *adj.* elegant
aquel *adj. dem.* (*pl.* **aquellos, aquellas**) that one, that one yonder; the one
aquello, -a *pron. dem.* that thing, that matter
aquí *adv.* here
Aragón *region of northern Spain*
arahuacos *Indians of South America*
arar to plow
araucano, -a *adj., m. f.* Araucanian
arbitrario, -a *adj.* arbitrary
árbol *m.* tree
arcilla *f.* clay
arco *m.* arch; (*sports*) goal post
arder to burn
ardor *m.* ardor, heat, courage
área (el) *f.* area
argentino, -a *adj.* Argentine, *m. f.* Argentinean
árido, -a *adj.* arid
aristócrata *m. f.* aristocrat
aritmética *f.* arithmetic
arma (el) *f.* arm, weapon; **arma de fuego** firearm
armado, -a armed; **mal armado** poorly armed
armamento *m.* armament
armonía *f.* harmony

arqueólogo *m.* archeologist
arquitecto *m.* architect
arquitectónico, -a *adj.* architectonic, architectural
arquitectura *f.* architecture
arraigar to establish; to strengthen; to take root
arrancar to root up; to tear away; to start
arrasar to rase; to wreck
arrastrado, -a poor; *m. f.* beggar; *m.* rascal
arrastrar to drag; **arrastrarse** to crawl; to trail
arrebatar to snatch; to carry away
arreglar to adjust, regulate; to fix
arrestar to arrest
arresto *m.* arrest, imprisonment; **bajo arresto** under arrest
arria *f.* drove
arriado, -a one on top of the other
arrianismo religious sect founded by *Arius*
arrianista Arian (*follower of Arius, founder of a religious sect which denied the divinity of Christ*)
arriar to flood; to loosen
arribar to put into port, arrive
arribo *m.* arrival
arriesgado, -a *adj.* bold, daring
arrogante *adj.* arrogant
arrojadizo, -a *adj.* easily thrown; for throwing
arrostrar to face; to overcome
arroz *m.* rice
arte *m. sing.* art; *f. pl.* arts; **arte de las armas** art of war
artesano, -a artisan, craftsman
artículo *m.* article
artificial *adj.* artificial
artillería *f.* artillery
artista *m. f.* artist
artístico, -a *adj.* artistic
arzobispo *m.* archbishop
asaltar to assault; to overtake
asalto *m.* assault
asamblea *f.* assembly; **asamblea constituyente** constitutional assembly
asbesto *m.* asbestos
ascendente *adj.* up, ascending
ascenso *m.* ascent; promotion
asegurar to reaffirm; to secure; to guarantee, assure; to fasten; to assert; **asegurarse** to make oneself secure, sure
asentar to place; to establish; to situate; to settle; **asentarse** to establish oneself
asesinar to assassinate
asesinato *m.* assassination
así *adv.* so, thus; **así como** both, as well as
asiático, -a *adj.* Asian
asiento *m.* seat; site; chair
asignatura *f.* course, subject
asimilar to assimilate; **asimilarse** to assimilate; **asimilarse a** to resemble
asimismo *adv.* in this way, in this manner, also, besides
asistencia *f.* attendance; **asistencia social** social work
asistente *adj.* attendant; *m. f.* assistant
asistir to assist, help; **asistir a** to be present at, attend
asolar to raze, destroy; **asolarse** to become parched
asomar to show; to stick out
asombroso, -a *adj.* amazing, astonishing
asombrar to astonish, amaze; **asombrarse de** to be amazed at
aspecto *m.* aspect, shape
aspiración *f.* aspiration
aspirar to suck; to inhale; **aspirar a** to aspire to
astucia *f.* astuteness
asumir to assume; to raise; **asumirse** to assume
Asunción capital of Paraguay; city in Argentina
asunto *m.* subject, matter
Atacama *desert in northern Chile*
atacante *adj.* attacking *m. f.* attacker
atacar to attack
ataque *m.* attack
atar to tie, fasten
atención *f.* attention
atentado *m.* attempt
Atlántico, -a *adj.* Atlantic; *m.* Atlantic Ocean

atontar to stun; to stupefy
atracción *f.* attraction, amusement
atraer to attract
atraído, -a attracted
atrás *adv.* behind, back; **hacia atrás** backwards; **atrás de** behind
atrasado, -a *adj.* retarded; late, slow; primitive
atravesar to put across; to cross
atrevido, -a bold, daring
atrocidad *f.* atrocity
audiencia *f.* audience; high court of justice
auge *m.* boom; vogue
aumentar to increase, enlarge, augment
aumento *m.* increase; promotion
aun *adv.* still; even; **aun cuando** although
aunar to join, unite
aunque *conj.* though; even though
aurora *f.* aurora, dawn
ausencia *f.* absence; **en ausencia de** in the absence of
austríaco, -a *adj. m. f.* Austrian
auténtico, -a *adj.* authentic, true
autóctono, -a *adj.* autochthonous; native; *m. f.* native
autodidacta self-taught, self-educated
autogobernado, -a *adj.* self-governing
automóvil *m.* car
automovilístico, -a *adj.* (*pertaining to the*) automobile
autonomía *f.* autonomy (*self government*)
autónomo, -a autonomous, self-governing
autor, -a *m. f.* author; perpetrator
autoridad *f.* authority; pomp
autorizar to authorize
auxiliar *adj.* auxiliary; *m. f.* auxiliary; *v.* to help
auxilio *m.* help, aid; **auxilio social** social work
avance *m.* advance
avanzar to advance
Ave María Hail Mary (*the prayer*)
aventura *f.* adventure; risk
aventurar to take the risk, to adventure
aventurero, -a *adj.* adventurous; *m. f.* adventurer
aviación *f.* aviation
avión *m.* airplane
aviso *m.* notice, warning
ayuda *f.* help, assistance
ayudante *m.* aid, assistant
ayudar to help; to aid
azotea *f.* flat roof
azteca *adj. m. f.* Aztec
azúcar (el) *m. f.* sugar; **industria azucarera** sugar industry
azul *adj.* blue

B

bahía *f.* harbor, bay
bailarín, -a dancer
baile *m.* dance
bajar to lower; to bring down
bajo *adv.* under; short; **bajo su mando** under his command; **bajo relieve** bas-relief
Balcanes *m.* Balkans
balompié *m.* football (*soccer*)
balón *m.* balloon, football
baluarte *m.* bulwark
banana *f.* banana
bancario, -a *adj.* banking, bank; **casa bancaria** bank
banda *f.* band; gang; **Banda Oriental** East Bank or side (Uruguay)
bandera *f.* flag
bañar to bathe; **bañarse** to take a bath, bathe oneself
barato, -a *adj.* cheap
barba *f.* beard
barbarie *f.* barbarity
bárbaro, -a *adj.* barbaric; barbarous; *m. f.* barbarian
barco *m.* boat, vessel
barranca *f.* ravine, gorge
barro *m.* mud; clay
barroco, -a *adj.* baroque; *m.* baroque
basar to base; **basarse en** to base one's judgment on
base *f.* base; basis; **base de operaciones** base of operations
básico, -a *adj.* basic
básicamente basically
basílica *f.* basilica

básquetbol *m.* basketball
basta (*exclamation*) it is enough; **basta decir** it is enough to say
bastante *adj.* enough; *adv.* enough; quite a few; rather; **bastantes años después** many years later
bastar to suffice
batalla *f.* battle; **hechos de batalla** facts of war
batallar to battle, to struggle
bateador *m.* batter (*baseball*)
bautizar to baptize; **bautizarse** to be baptized
beber to drink
beca *f.* scholarship, fellowship
béisbol *m.* baseball
bellamente beautifully
bendición *f.* benediction, blessing
beneficiar to benefit
beneficio *m.* beneficence, benefit
bergantín *m.* brig
Biblia *f.* Bible
biblioteca *f.* library
bien *adv.* well; very; **si bien** while, though; **más bien** rather
bienestar *m.* well-being
bienvenido, -a *adj.* welcome
biografía *f.* biography
biógrafo, -a biographer
biológico, -a *adj.* biologic(al)
bismuto *m.* bismuth
blanco, -a *adj.* white; *m. f.* white person
bloquear to blockade; to block
bochornoso, -a *adj.* shameful, infamous
boda *f.* marriage, wedding; **realizaron sus bodas** they got married
boga *f.* vogue: **en boga** in vogue
bola *f.* ball; **bola de hierro** iron ball
boliviano, -a *adj., m. f.* Bolivian
bombardeo *m.* bombardment
bondad *f.* kindness; favor; excellence
boniato *m.* sweet potato
borde edge, border; **al borde de** at the edge of
bordear to border; to stay on the edge; to ply
bosque *m.* forest
boxeador *m.* boxer
boxeo *m.* boxing
brasileño, -a *adj., m. f.* Brazilian
braza *f.* burning wood; fathom (*approximately 6 ft.*)
brazo *m.* arm; *pl.* laborers, hands
breve *adj.* short, brief
brillante *adj.* brilliant
brillo *m.* brilliance; splendor
brindar to offer; to invite
británico, -a *adj.* British
bronce *m.* bronze
brote *m.* outbreak
brujo, -a sorcerer, sorceress
bucanero *m.* buccaneer
buen *adj. apocope of* **bueno**
bueno, -a *adj.* good; kind
buque *m.* ship
burla *f.* ridicule; joke
burlar to ridicule; to deceive; **burlarse de** to make fun of
busca *f.* search, hunt; **en busca de** in search of
buscar to look for; to seek (out)
búsqueda *f.* search, hunt

C

ca (*arch.*) **porque** because
cabal *adj.* exact; complete
caballar pertaining to the horse, equine
caballo *m.* horse
cabeza *f.* head
cabildo *m.* municipal council; town hall
cabo *m.* end; cape; **al cabo** finally; **al cabo de** at the end of; **llevar a cabo** to carry out, accomplish
cabra *f.* goat
cacao *m.* cacao
cachete *m.* cheek
cada *adv.* every, each; **cada uno** each one
cadáver *m.* corpse
cadena *f.* chain; brace
Cádiz city in Southern Spain
caen *pres. ind. 3rd pers. pl. of* **caer**
caer to fall; to be located, be found
café *m.* coffee
caído-a *adj.* fallen; turndown; *f.* fall collapse
Cajamarca city of Colombia

calamidad *f.* calamity
calcañal *m.* heel
calcular to calculate
calendario *m.* calendar
calidad *f.* quality
caliente *adj.* hot; heated
califa caliph (*a temporal and spiritual ruler in a Mohammedan country*)
califato *m.* caliphate
calma *f.* calm, quiet; **en calma** calm, smooth
caluroso, -a *adj.* warm; enthusiastic
callar to silence; to keep silent, quiet
calle *f.* street
cámara *f.* hall; chamber; **Cámara de Delegados** House of Representatives
camarón *m.* shrimp
cambiante *adj.* changing
cambiar to change; **cambiar de** to change
cambio *m.* change; **en cambio** on the other hand
caminar to walk
camino *m.* road, way; **en camino de** on the way to
campaña *f.* campaign; countryside
campeón, -a champion
campeonato *m.* championship
campesino, -a *adj.* peasant; *m. f.* peasant; farmer
campo *m.* field; countryside; **campo de concentración** concentration camp; **campo de pastoreo** grassland, pasture land; **campo de batalla** battlefield
Canadá (el) Canada
canal *m.* channel; **canal de Panamá** Panama Canal
canciller *m.* chancellor
canción *f.* song; **canción popular** popular song
cancha *f.* field; ground; **canchas de esquiar** skiing runs
candidato *m.* candidate
cangrejo *m.* crab
cansado, -a tired
cansar to tire; to bore; to exhaust
cantar to sing
cantidad *f.* quantity
canto *m.* song; singing; stone
caña *f.* cane; **caña de azúcar** sugar cane
cañón *m.* cannon; pipe; tube
caos *m.* chaos
capaces *pl. of* **capaz**
capacete *m.* casque, helmet
capacidad *f.* capacity
capacitado, -a able, capable; skilled
capaz *adj.* capable, competent; **capaz de** capable of
capilla *f.* chapel
capital *adj.* capital; main; *m.* capital (*money*) *f.* capital (*city*)
capitán *m.* captain; **capitán general** captain general
capitulación *f.* agreement; capitulation
capitular to capitulate; to come to terms
capítulo *m.* chapter
captura *f.* capture; catch
capturar to capture
cara *f.* face
carabela *f.* caravel (*small sailing vessel*)
carácter *m.* character, type
característica *f.* characteristic
caracterizado, -a *adj.* distinguished, outstanding
caracterizar to characterize; to play a role; **caracterizarse** to characterize
carbón *m.* coal; charcoal; **papel carbón** carbon paper
carbonero, -a *adj.* pertaining to coal, charcoal; *m. f.* coal dealer
cárcel *f.* jail, prison
cardenal *m.* cardinal
carencia *f.* lack
cargar to load (up)
caribe *adj.* Caribbean; *m. f.* Carib; **mar Caribe** Caribbean Sea
cariño *m.* love, affection
carne *f.* meat
carrera *f.* career, course
carretera *f.* highway
carta *f.* letter
cartaginés, -a *adj., m. f.* Carthaginian
casa *f.* house; home; firm; **casa de campo** country home
casar to marry; **casarse** to get married

casi *adv.* almost; **casi que** very nearly
caso *m.* case; event; **en caso de** in case of; **en tal caso** in such a case; **en todo caso** in any event
casta *adj.* chaste: *f.* caste; race
castellano, -a *adj.* Castilian; *m.* Castilian language
castigar to punish
Castilla Castile
castillo *m.* castle
casual *adj.* accidental
catástrofe *f.* catastrophe
catedral *f.* cathedral
categoría *f.* category; **de más categoría** prominent, of greater importance
catolicismo *m.* Catholicism
católico, -a Catholic
catorce *adj.* fourteen
cauce *m.* river bed
caucho *m.* rubber
caudillo *m.* leader
causa *f.* cause; suit; trial; **a causa de** on account of, because of; **a la causa** to the cause
cautela *f.* caution
cauterio *m.* cautery
cayó *3rd pers. sing pret. ind. of* **caer**; **cayó en manos** fell in the hands
cazador, -a *m. f.* hunter
ceder to yield, give up
celebrado, -a celebrated, acclaimed
celebrar to celebrate; to perform; to take place; **celebrar elecciones** to hold elections
celestial *adj.* celestial, heavenly
celoso, -a *adj.* jealous, envious
celta *adj.* Celtic; *m.* Celtic (lang.);Celt
celtíbero, -a *adj. m. f.* Celtiberian (*mixture of Celt and Iberian*)
cemento *m.* cement
censura *f.* censure; censorship
censurar to censure; to censor
centinela *m. f.* sentinel
centrado, -a *adj.* centered
central *adj.* central
centralizado, -a centralized; **gobierno centralizado** centralized government
centralizar to centralize
centrar to center
centro *m.* center; club; **centro ferroviario** rail center; **centro minero** mine center; **centro artístico** artistic center; **centro de aprendizaje** center of learning
Centroamérica Central America
centroamericano, -a *adj.* Central American
centuria *f.* century
cerámica *f.* ceramic; **cerámica nazca** Indian pottery of Nazca, Peru
ceramista *m. f.* ceramist
cerca *f.* fence; **cerca de** near
cercano, -a *adj.* near, neighboring
cercar to fence, to surround
ceremonia *f.* ceremony
cero *m.* zero
cerro *m.* hill
cesar to end; to finish; to cease, to stop
cesta *f.* basket
ciboney, -es extinct Indian tribe of Cuba
cielo *m.* sky, heaven
cien *adj.* hundred, a hundred, one hundred; *m.* one hundred
ciénaga *f.* marsh, moor
ciencia *f.* science; knowledge; **hombre de ciencia** scientist
científico, -a *adj.* scientific; *m. f.* scientist
ciento *adj. m.* hundred; **por ciento** per cent
cierto, -a *adj.* certain; a certain; **por cierto** for certain; **lo cierto** the truth
cigarrillo *m.* cigarette
cimentar to found; to lay the foundation of
cinco *adj.* five
cincuenta *adj.* fifty
circular *adj.* circular; *v.* to move around, to circulate
circunstancia *f.* circumstance
circunvalación *f.* circumvallation, circumnav igation
cita *f.* date
citar to make an appointment with; to cite; to quote

ciudad *f.* city
ciudadanía *f.* citizenship
ciudadano, -a *adj.* civil; *m. f.* citizen
cívico, -a *adj.* civic
civil *adj.* civil; civilian; *m. f.* civilian
civilización *f.* civilization
civilizador, -a *adj.* civilizing
civilizar to civilize
clamar to cry out; to clamor (for)
clan *m.* clan
clandestino, -a *adj.* clandestine
claridad *f.* clarity
clase *f.* class; classroom; **clase media** middle class; **clase obrera** working class; **clase baja** low class; **clase social** social class; **toda clase de** all kinds of
clasificar to classify
clausura *f.* closing
clausurar to close
clavo *m.* nail
clima *m.* climate
cobarde *m.* coward
cobrar to collect
cobre *m.* copper
cobrizo, -a *adj.* copper-colored; **raza cobriza** Indian race
coger to pick; to take hold of; to catch
cohete *m.* rocket; **cohete espacial** space rocket
colaborador, -a *adj.* collaborating; *m. f.* collaborator
colaborar to collaborate
colchado, -a *adj.* quilted, padded
colchar to quilt
colección *f.* collection
colectar to collect
colectivo, -a *adj.* collective
colector, -a *m. f.* collector
colega *m. f.* colleague
colegio *m.* school, academy
colina *f.* hill
colmar to fill; to fulfill; **colmar de honores** to shower with honors
Colombia *f.* Colombia
colombiano, -a *adj. m. f.* Colombian
colonia *f.* colony
colonial *adj.* colonial
colonizador, -a *adj.* colonizing; *m. f.* colonizer
colonizar to colonize
colono *m.* colonist; settler
color *m.* color; **de color** colored
colorido *m.* coloring
colosal *adj.* colossal
coloso, -a colossus
comandante *m.* commander; **comandante en jefe** commander-in-chief
comando *m.* command; **bajo el comando** under the command
combate *m.* fight; struggle; **combate naval** naval battle
combatir to combat, fight
combinar to combine
combustible *adj.* combustible; *m.* combustible, fuel
comentar to comment on
comenzar to start, to begin
comer to eat
comercial *adj.* commercial
comerciante *adj.* of traders, of merchants; *m.* trader, merchant
comerciar to deal; to trade
comercio *m.* commerce; trade
comestible *adj.* eatable; *m.* food
cometer to entrust; to commit
cometido *m.* commission, duty; commitment
comida *f.* food
comienzo *m.* beginning, start; **dar comienzo** to start
comisionado, -a *adj.* commissioned *m.* commissioner
comité *m.* committee
como *adv.* as; like; how, as it were; **como no sea** unless it be; **¿cómo?** how? what?
cómodo, -a *adj.* comfortable; convenient
compañero, -a companion, mate; **compañero de lucha** comrade-in-arms
comparar to compare
compartir to divide; to share

compenetrar to pervade; to understand fully
compensación *f.* compensation
competencia *f.* competition, contest
competente *adj.* competent
complacencia *f.* pleasure; satisfaction
complejo, -a *adj.* complex; *m.* complex
complementar to complement; **complementarse** to complement one another
complemento *m.* complement; addition
completar to complete; **completarse** to complete
completo, -a *adj.* complete
complicado, -a *adj.* complicated
componer to compose
composición *f.* composition; **composición de óperas** writing of operas
compositor, -a composer
compra *f.* purchase
comprar to buy
comprender to comprehend; to comprise; to understand
comprobación *f.* checking; proof
comprobar to verify
comprometer to compromise; to agree
compromiso *m.* commitment, pledge
computar to compute
común *adj.* common; **en común** in common; **por lo común** commonly; **gente común** common people
comunicación *f.* communication; **comunicaciones terrestres** overland communications
comunicar to communicate
comunidad *f.* community
comunismo *m.* communism
comunista *adj. m. f.* communist
comunización *f.* communization
comunizar to communize
con *prep.* with
concebir to conceive
concejal *m.* alderman; councilman
concejo *m.* town council
concentrado, -a *adj.* concentrated
concepto *m.* concept; opinion
concertar to conclude; to arrange
concierto *m.* concert; harmony, unity
conciliar to conciliate
concluir to conclude
conclusión *f.* conclusion
concretar to make concrete, specify
condado *m.* earldom; county
condenar to condemn
condensar to condense, compress, summarize
condición *f.* state; condition; **condición de vida** living conditions; **a condición de** on condition
conducción *f.* conduction, transportation
conducir to lead; to conduct; to transport; **conducirse** to conduct oneself
conectar to connect
conexión *f.* connection
confederación *f.* confederation; alliance
confederado, -a *adj. m. f.* confederate
conferencia *f.* conference, interview
confiar to trust
confirmar to confirm
conflicto *m.* conflict
conforme *adj.* according; **conforme a** according to
confundir to confuse; **confundirse** to become confused
confusión *f.* confusion
conga *f.* Afro-Cuban dance
congresista *m. f.* delegate; member of congress; congressman
Congreso *m.* Congress
conjuntamente *adj.* conjointly; together
conjunto, -a *adj.* allied, related; joint
conmigo with me
conmover to stir; to upset; to shake
conmovido, -a shaken, upset
conocedor, -a *adj.* knowing, expert; *m. f.* connoisseur
conocer to know; to meet; **dado a conocer** is known; **se conoce** is known
conocido known, familiar, well known
conocimiento *m.* knowledge; understanding; **perder el conocimiento** to lose consciousness; **poner en conocimiento** to inform

conquista *f.* conquest
conquistable *adj.* conquerable
conquistado, -a conquered
conquistador, -a *adj.* conquering; *m.* conqueror
conquistar to conquer; to win over
consagrar to consecrate; (*of a performer*) to establish; **consagrarse a** to devote onself to
consciente *adj.* conscious
consecuencia *f.* consequence; **por consecuencia** consequently; **a consecuencia de** as a result of
consecuente *adj.* consecutive, consequent
consejo *m.* advice; council; **consejo de guerra** council of war; court martial
conservación *f.* conservation; maintenance
conservador *m.* conservative
conservar to keep, maintain
consideración *f.* consideration; **tomar en consideración** to take into consideration
considerado, -a *adj.* considered
considerar to consider
consistir to consist
consolidar to consolidate; **consolidarse** to consolidate
conspiración *f.* conspiracy
conspirar to conspire
constante *adj.* constant
constitución *f.* constitution
constitucional *adj.* constitutional; *m. f.* constitutionalist; **constitucionalista** constitutionalist
constituir to constitute; to establish; **constituirse en** to set oneself up as
constituyen *pres. ind. third per. pl. of* **constituir**
construcción *f.* construction
constructor, -a *adj.* constructing; *m. f.* constructor, builder
construido, -a built; made, erected
construir to construct
consulta *f.* consulting; consultation
consumir to consume
consumo *m.* consumption; **consumo interno** domestic consumption
contacto *m.* contact
contar to count; to consider; to tell, relate; **contar con** to count on
contesta *f.* answer; chat
constestar to answer
continental *adj.* continental
continente *m.* continent
continuar to continue; **continuar con** to adjoin
continuo, -a *adj.* continual, continuous; **de continuo** continuously
contra *prep.* against; facing; **en contra de** against
contrabando *m.* contraband
contradictorio, -a *adj. m. f.* contradictory
contrario, -a *adj.* contrary; opposite; *m. f.* enemy; opponent; **al contrario** on the contrary
contratación *f.* trade, commerce
contrato, -a contract
contribución *f.* contribution; tax
contribuir to contribute; **contribuir a** to contribute to
controlar to check, control
convencer to convince; **convencerse** to become convinced
convencido, -a convinced; **convencido de** convinced of
convención *f.* convention
convento *m.* convent
conversar to converse, talk, chat
conversión *f.* conversion
convertido, -a converted
convertir to convert; **convertirse** to become converted
convivencia *f.* life together
convocar to convoke
cooperación *f.* cooperation
cooperativa *f.* cooperative, cooperative society; **cooperativas agrícolas** cooperative society (*agricultural*)
copa *f.* goblet; cup
coraje *m.* anger

corazón *m.* heart
cordel *m.* cord
cordillera *f.* mountain range
Córdoba city in Spain
cordobés, -a native of Córdoba
corona *f.* crown
coronel *m.* colonel; **coronel en jefe** colonel in command
correo *m.* mailman; mail; **correo interior** rural mail
correr to run; to flow (*river*); **correr peligro** to be in danger
corresponder to correspond; **corresponder a** to return; to belong to; **corresponderle a uno** to be up to, concern someone
corrida *f.* race; bullfight; **corrida de toros** bullfight
corriente *adj.* running; current; ordinary; *f.* current
corrupción *f.* corruption
corsario, -a corsair, pirate
corte *f.* court
cortesano, -a *adj.* of the court; *m.* courtier
cortesía *f.* courtesy; **por cortesía** by courtesy
corto, -a *adj.* short; **desde muy corta edad** from earliest childhood; **a corto plazo** short term
cosa *f.* thing; **cosa de** a matter of; **cosa seria** serious matter
cosechar to harvest; to gather
cosmopolita *adj. m. f.* cosmopolitan
costa *f.* shore; coast; **a costa de** at the expense of; **a toda costa** at any price
costanero, -a *adj.* coastal
costero, -a *adj.* coastal
costoso, -a *adj.* costly
costumbre *f.* custom; habit
cotidiano, -a *adj.* daily, everyday
Covadonga town in northern Spain
craneano, -a *adj.* cranial
creación *f.* creation
creador, -a *adj.* creative; *m. f.* creator
crear to create
crecer to grow, increase
crecimiento *m.* growth
crédulo, -a credulous
creencia *f.* belief
creer to believe; to think
creyó *pres. ind. 3rd pers. sing. of* **creer**
crianza *f.* raising
criar to raise, bring up
criollo, -a *adj. m. f.* creole
crisis *f.* crisis; economic depression
crisol *m.* crucible
cristianismo *m.* Christianity
cristianización *f.* Christianization
cristiano, -a *adj. m. f.* Christian
cristianizar to Christianize; **cristianizarse** to become a Christian
criterio *m.* judgment
crítico, -a *adj.* critical; *m.* critic; *f.* criticism
criticar to criticize
crónica *f.* chronicle; feature story
cronista *m.* chronicler
crueldad *f.* cruelty
cruz *f.* cross
cruzado, -a *adj.* crossed; *m.* crusader; *f.* crusade
cruzar to cross
cuadro *m.* picture
cual *adj. and pron. rel.* as, such as; **la cual** which, who; **el cual** which, who
cualquier *adj.* any, anyone
cuando *adv.* when
cuánto, -a *adj.* how many? how much?
cuarenta *adj.* forty
cuartel *m.* quarter; **cuartel militar** military headquarters
cuarto, -a *adj.* fourth; quarter
cuatro *adj.* four
cubano, -a *adj. m. f.* Cuban
cubierto, -a covered; *m.* silver (*place setting*); *f.* cover (*of a book*)
cubrir to cover, cover up; **cubrirse** to cover oneself
cuchillo, -a *m. f.* knife
cuenca *f.* valley, (*river*) basin
cuenta *pres. ind. 3rd per. sing. of* **contar;** *f.* account; **tener en cuenta** to bear in mind

cuento *m.* short story
cuero *m.* pelt; leather
cuerpo *m.* body; corpse
cueva *f.* cave
cuidado *m.* care, worry; **de cuidado** dangerously, dangerous
cuidar to take care
culminación *f.* culmination
culminante *adj.* culminating, top
cultivar to cultivate
cultivo *m.* cultivation
culto, -a *adj.* cultivated; *m.* worship; cult
cultura *f.* culture
cumplimiento *m.* fulfillment; compliment
cumplir to execute, perform; **cumplir con** to fulfill; **cumplirse** to fulfill
cundir to spread; to multiply
cuñado *m.* brother-in-law
cúpula *f.* cupola
cura *m.* parish priest; *f.* cure
curaca *m.* chief
curado, -a *adj.* dry, hardened, healed
curar to treat a sick person; to heal; to cure
curiosidad *f.* curiosity
curtido *m.* tanning; **curtido de cueros** leather tanning
cuyo, -a *adj. rel.* whose

CH

Chacabuco small city in western Buenos Aires province, Argentina
charrúas extinct Indian tribe of Bolivia
Chavin de Hantar name of the place where the remains of a pre-Inca civilization were found
chibchas Indians from Colombia
Chichen Itza ancient capital of the mayas in Yucatan, Mexico
chichimeca *adj.* pertaining to the Chichimeca Indians; *m. f.* Chichimeca Indian
chileno, -a *adj.* pertaining to Chile; *m. f.* Chilean
Chilpancingo city in the State of Guerrero, Mexico
chimú pre-Columbian civilization of Peru
China *f.* China; **China comunista** Communist China
chino, -a *adj. m. f.* Chinese
choza *f.* hut
chupar to suck
churrigueresco, -a *adj.* elaborate, ornate

D

dado, -a *adj.* given
dalle (*arch.*) **dale, da a él** give to him
dama *f.* lady
danza *f.* dance
danzarín, -a dancer
dar to give; **darse a conocer** to make a name for himself
dardo *m.* dart; small lance
dato *m.* datum; *pl.* data
de *prep.* of
debajo under
debatir to debate; to fight; **debatirse** to struggle
deber *m.* duty; *v.* to owe
debido, -a *adj.* just, proper; **debido a** due to
débil weak
debilidad *f.* weakness
debilitar to debilitate, weaken; **debilitarse** to weaken
década *f.* decade
decadencia *f.* decadence
decaer to decay; to fail; to lessen, fall off
decaído, -a decayed, weakened; fallen off
decapitar to decapitate
decayó *pret. ind. 3rd pers. sing. of* **decaer**
decepcionar to disappoint; to disillusion
decidir to decide; **decidirse a** to decide to
décimo, -a *adj. m. f.* tenth
decir to say
decisión *f.* decision
decisivo, -a *adj.* decisive
declaración *f.* declaration
declarar to declare

decoración *f.* decoration
decoroso, -a *adj.* decorous, decent
decreto *m.* decree
dedicar to dedicate; to offer to devote; **dedicarse** to devote oneself
dedo *m.* finger
defender to defend; to protect; **defenderse** to defend oneself
defensa *f.* defense; **en defensa de** defending, in defense of
defensivo, -a *adj.* defensive
defensor, -a *adj.* defending; *m.* defender
deficiencia *f.* deficiency
definido, -a *adj.* definite, defined, sharp
definir to define
definitivo *adj.* definitive; **en definitiva** definitively
deformar to deform
degenerar to degenerate
deificación *f.* deification
dejar to leave; to abandon; to permit; **dejar de** not to fail; **dejar encargado** to leave in charge; **dejarse sentir** to impose, to have influence
delante *adv.* before; in front
delantero, -a *adj.* front; head; *f.* front, front part
delatar to accuse, denounce
delegado, -a delegate, agent
delgado, -a *adj.* thin, slender
delicadeza *f.* delicacy, fineness
delicado, -a *adj.* delicate; acute
delirante *adj.* delirious
dellos (*arch.*) **de ellos** from *or* of them
demanda *f.* demand; petition
demandar to demand
democracia *f.* democracy
democrático, -a *adj.* democratic
demográfico, -a *adj.* demographic
demora *f.* delay
demorar to delay
demostrar to demonstrate, show
denominación *f.* denomination
dentro *adv.* inside; **dentro de poco** in a while; **dentro de** inside of, in, within
denuncia *f.* proclamation; denunciation
denunciar to proclaim; to denounce
departamento *m.* department
depender to depend; **depender de** to depend on *or* upon
deponer to set aside, remove
deportar to deport, exile
deporte *m.* sport
depositar to deposit; to store
depresión *f.* depression
depuesto, -a removed, deposed
depuso *pret. ind. 3rd pers. sing. of* **deponer**
derecho, -a *adj.* right; straight; *m.* right, privilege; **derecho de huelga** right to strike
derivación *f.* derivation
derramar to pour out; **derramarse** to run over, spread out
derredor *m.* around; **alrededor** around, round about
derretir to melt
derribar to demolish; to knock down
derrocar to demolish; to overthrow
derrota *f.* defeat
derrotar to defeat
desafiar to challenge; to oppose
desafío *m.* challenge
desajuste *m.* being out of order, disorder
desalentar to discourage
desalojar to dislodge; to oust
desanimar to discourage, disappoint; **desanimarse** to become discouraged
desaparecido, -a *adj.* disappeared; missing; extinct
desaparecer to disappear; **desaparecerse** to disappear
desarrollar to unroll; to develop; to take place
desarrollo *m.* development
desastroso, -a *adj.* disastrous
descalzo, -a *adj.* barefoot
descansar to rest; to lie down; **descansar en** to trust in
descendiente *m. f.* descendant
desconcertar to disturb; to disconcert; **desconcertarse** to become upset
desconocer to be ignorant of, not to know

desconocido, -a *adj.* unknown
descontento, -a *adj.* dissatisfied, unhappy; *m.* discontent
describir to describe
descripción *f.* description
descubierto *past part. of* **descubrir**
descubridor, -a *adj.* discovering; *m. f.* discoverer
descubrimiento *m.* discovery
describir to describe
descubrir to discover; to uncover; to invent
desde *prep.* since, from; after; **desde que** since; **desde entonces** since then; **desde niña** since her childhood; **desde ese momento** since then, from that moment on
desdeñoso, -a *adj.* scornful
desdoblar to unfold; to split
desear to desire
deseoso, -a desirous
desembarcar to disembark; to unload
desembarco *m.* debarkation
desembocadura *f.* mouth (*of a river*)
desembocar to flow; **desembocar en** to flow *or* empty into
desencantar to disenchant
desenvolver to develop; to unroll
deshabitado, -a *adj.* uninhabited
deshabitar to move out of
deshacer to undo; to untie; to destroy; to dissolve; **deshacerse de** to get rid of
desierto *adj.* desert; *m.* desert
desigual *adj.* unequal; uneven; inconstant
deslumbrar to bewilder; to dazzle
desmembrar to dismember; **desmembrarse** to break up
desnudo, -a *adj.* naked
desobedecer to disobey
desorganizar to disorganize; **desorganizarse** to be disorganized, break up
desorientado, -a confused
despedida *f.* farewell; leave
despedir to take leave; to say good-by; to dismiss; to throw

desplazar to displace; to remove; **desplazarse** to move, shift
despoblado, -a uninhabited; depopulated
despoblar to depopulate
despótico, -a *adj.* despotic
despotismo *m.* despotism
desprender to detach; to liberate; **desprenderse de** to give up
desproporción *f.* disproportion
desproporcionado, -a *adj.* disproportionate
después *adv.* later, after; **después de** after; **después que** after
destacado, -a *adj.* outstanding, prominent
destacar to emphasize; to make stand out; **destacarse** to stand out; to protect; to be distinguished
desterrar to exile
destierro *m.* exile
destinado, -a bound for, called
destino *m.* destiny; **propio destino** own destiny
destituir to deprive; to dismiss from office; to overthrow
destos (*arch.*) **de estos** from *or* of these
destronar to dethrone; to overthrow
destrozar to break to pieces, destroy
destrucción *f.* destruction
destruir to destroy
detallar to detail
detalle *m.* detail
determinado, -a *adj.* determined, resolute; certain, fixed; **han determinado** have determined
determinar to determine
detrás *adv.* behind; **detrás de** behind
devolver to return, send back
devoto, -a *adj.* devout
día *m.* day; daytime; **hoy día** these days, now
dialecto *m.* dialect
diamante *m.* diamond
diario, -a *adj.* daily; **a diario** daily; *m.* daily newspaper; **diario de navegación** logbook
diciembre *m.* December
dictador *m.* dictator

dictadura *f.* dictatorship
dicho, -a *p. part. of* **decir**
diecinueve *adj.* nineteen
diecisiete *adj.* seventeen
dieron *pret. ind. 3rd pers. pl. of* **dar**
diestro, -a *adj.* skillful; artful
diez *adj.* ten
diferenciar to differentiate; **diferenciarse** to differ, be different
diferente *adj.* different
difícil *adj.* hard, difficult
dificultad *f.* difficulty
difundir to diffuse; to divulge
dignidad *f.* dignity
dijo *pret. ind. 3rd pers. sing. of* **decir**
diluvio *m.* deluge, flood
dimisión *f.* resignation
dinastía *f.* dynasty
dinero *m.* money; wealth
Dios God; **dioses** gods
diplomático, -a *adj.* diplomatic; *m. f.* diplomat
dirección *f.* direction
directo, -a *adj.* direct
director, -a *adj.* guiding; directing; *m. f.* director, manager
dirigente *m. f.* leader, head
dirigido, -a directed,addressed, commanded; **dirigido a** directed to
dirigir to direct; to lead; to address; **dirigirse** to go; to turn; to address
discípulo *m.* disciple
discordia *f.* discord
discurso *m.* discourse, speech; **pronunciar discursos** to give lectures
discusión *f.* discussion, talk, argument
discutido, -a argued
discutir to argue; to discuss
diseño *m.* drawing
disfrutar to enjoy; **disfrutar de** to enjoy
disgustado, -a disgusted
disgustar to displease; **disgustarse** to be displeased
disgusto *m.* disgust; unhappiness; **a disgusto** against one's will
disminuir to diminish, reduce, decrease
disolver to dissolve
disparar to shoot
disparo *m.* shot
disponer to dispose; to order; **disponer de** to dispose of; **disponerse a** to get ready to; to make use of
disponible *adj.* available
disposición *f.* disposition; state of health; arrangement, layout
dispuesto, -a prepared; ready
dispusieron *pret. ind. 3rd pers. pl. of* **disponer**
disputa *f.* dispute; **sin disputa** beyond dispute
distancia *f.* distance
distante *adj.* distant
distinguido, -a distinguished
distinguir to distinguish; **distinguirse** to distinguish oneself
distinto, -a *adj.* different, distinct
distribución *f.* distribution
distribuir to distribute
distrito *m.* district
diverso, -a *adj.* diverse; **diversos** several
dividir to divide
divinidad *f.* divinity
divisar to descry, see (*in the distance*), perceive
división *f.* division
divorcio *m.* divorce
divulgación *f.* disclosure; popularization
divulgar to divulge
doblar to double; to fold
doce *adj.* twelve
docena *f.* dozen
docente *adj.* educational, trained
doctrinado, -a indoctrinated; taught, instructed
documentado, -a *adj.* documented; well informed
documentar to document
documento *m.* document
doler to ache; to hurt
dolor *m.* ache, pain; sorrow
doloroso, -a *adj.* painful
doméstico *adj.* domestic household; **animal doméstico** domestic animal
dominado, -a dominated; subdued
dominar to dominate; **dominarse** to control oneself

dominicano *adj.* Dominican
dominico, -a *adj.* Dominican (priest)
dominio *m.* domain; mastery
don Mister; sir
doncella *f.* maiden, virgin
donde *conj.* where; **por donde** where, whereabouts; **por dondequiera** anywhere
dos *adj.* two
doscientos, -as *adj.* two hundred
dotar to dower; to endow; to equip
dramaturgo *m.* playwright
duda *f.* doubt; **sin duda** beyond doubt; **no hay duda** beyond any doubt
duele it hurts, grieves
dueño *m.* owner, master
dulce *adj.* sweet
durante *prep.* during
durar to last; to remain
duro, -a *adj.* hard; rough; inclement

E

eclesiástico, -a *adj.* ecclesiastic, ecclesiastical; *m.* ecclesiastic
economía *f.* economy
económico, -a *adj.* economical
economista *m. f.* economist
ecuatoriano, -a *adj.* Ecuadorian
echado, -a lying
echar to throw; to dismiss; to pour; to cast out
edad *f.* age
Edad Media *f.* Middle Ages
edificar to build, erect
edificio *m.* building; **edificios escolares** school buildings
editar to publish
editorial *adj.* publishing; editorial; *m.* editorial; *f.* publishing house
editorialista *m.* editor, editorial writer
educador, -a *adj.* educating; *m. f.* educator
educación *f.* education; good manners
educar to educate
educativo, -a *adj.* educational
efectivo, -a *adj.* real; **en efectivo** in cash
efecto *m.* effect; **en efecto** as a matter of fact; **llevar a efecto** to carry out; **malos efectos** bad effects, results
efectuar to carry out, effect, put into effect; **efectuarse** to be carried out; to take place
eficacia *f.* effectiveness
eficaz *adj.* effective; *pl.* **eficaces**
eficiente *adj.* efficient
egreso *m.* debit
ejecutante *adj.* executing; *m. f.* performer
ejecutar to execute; to perform
ejecutivo, -a executive
ejemplar *adj.* exemplary
ejemplo *m.* example, instance; **por ejemplo** for example; **seguir el ejemplo** to follow the example of
ejercer to practice; to exert
ejercitar to exercise; to practice; to train, drill
ejército *m.* army
el *art. fem.* the; **él** *pron. pers. sing.* he
elección *f.* election
electo, -a *p. part. of* **elegir**
eléctrico, -a *adj.* electric; **efectos eléctricos** electrical appliances
electrónico *adj.* electronic; *f.* electronics
electrotecnia *f.* electrical engineering
elegante *adj.* elegant, fine
elegir to elect; to choose
elemental *adj.* elemental; elementary
elemento *m.* element
elevación *f.* elevation
elevado, -a *adj.* high, elevated
elevar to elevate
eliminación *f.* elimination
eliminar to eliminate
elocuente *adj.* eloquent
elogiar to praise
ellos, ellas *pron. per. pl.* they, them; **con ellos** with them
emancipación *f.* emancipation
emancipar to emancipate
embajador, -a *m.* ambassador; *f.* ambassadress
embarcar to embark; to ship; **embarcarse** to go aboard

embargo embargo; **sin embargo** nevertheless
embarque *m.* shipment (*of goods*)
emerger to emerge
eminente *adj.* eminent
emir *m.* emeer
emirato *m.* emirate
emitir to emit; to express
empeñado, -a *adj.* persistent, determined; engaged
empeñar to pawn; to engage; **empeñarse** to insist; to go in debt
empeño *m.* effort, persistence
emperador *m.* emperor
emperatriz empress
emplazar to place, locate; to summon (law)
empleado, -a used; *m. f.* employee, clerk
emplear to employ; to use
empleo *m.* employment
empleomanía *f.* employees
empobrecido, -a *adj.* impoverished; weakened; poor
empobrecer to impoverish
emprender to undertake
empresa *f.* enterprise, undertaking
empuje *m.* push, energy
empuñar to clutch; to grasp; **que nunca había empuñado un arma** who never had used a weapon
emular to emulate
en *prep.* in; into; on; **en fin** in a word, to finish it; **en seguida** immediately
enaltecer to exalt
encadenado, -a chained; in chains
encaminado, -a on the way; directed
encaminar to set on the way; to aim at; to direct; **encaminarse** to set out
encarcelar to jail, imprison
encargado, -a in charge of, taking care of; commissioned
encargar to entrust; to order; **encargarse de** to be in charge of
encauzar to channel; to guide
encerrado, -a locked in; encircled
enciclopédico, -a *adj.* encyclopedic
enciclopedismo *m.* pertaining to the French Encyclopedia (1751–72) in which the leading intellectuals of the 18th century expressed their ideas on the various branches of learning
encima *adv.* on, above; **por encima de** above; over; on addition; **por encima** superficially
encomendar to entrust; to commend; to commit
encomienda *f.* charge; *land and Indians granted to the Spanish colonizers*
encontrar to find; to meet; **encontrarse** to meet each other; to find oneself; **encontrarse con** to run into, meet
encuentro *m.* meeting, clash
endurecer to harden
enemigo, -a *adj.* enemy
energía *f.* energy; **energía atómica** atomic energy
enfermedad *f.* sickness, illness, disease
enfermar to sicken; **enfermarse** to become sick
enfermo, -a *adj.* sick, ill; *m. f.* sick person
enfocar to focus; to size up
enfoque *m.* focus
enfrascarse to become involved
enfrentar to confront; **enfrentarse** to meet face to face, confront
enfrente *adv.* in front; **enfrente de** in front of
engañar to deceive
engastonar to enclose, to set
engrandecer to enlarge; to elevate
enmienda *f.* amendment; correction
enorme *adj.* enormous
ensanchar to widen; **ensancharse** to widen, expand
ensartar to string; to thread (*beads*)
ensayar to try; to test; to rehearse
ensayista *m.* essayist
ensayo *m.* essay
enseñanza *f.* teaching, precept; education
enseñar to teach; to show; to point out
ente *m.* being
entendido, -a *adj.* learned expert, skilled, trained

entender *m.* opinion; *v.* to understand; **entender de** to be experienced as
enteramente entirely
enterrar to bury; to hide away
entidad *f.* entity; organization
entonces *adv.* then; and so
entrada *f.* entry, entrance
entrar to invade; to enter
entre *prep.* between; among; in the course of; **entre todos** among everyone, them, us; **entre otros** among others; **entre ellos** among them; **entre sí** among themselves; **entre sueños** half-asleep
entreabierto, -a *adj.* half-open
entrecortado, -a *adj.* intermittent; broken
entrecortar to cut here and there; to break into now and then
entregar to deliver; **entregarse** to give in; to devote oneself
entrenamiento *m.* training, coaching
entrevista *f.* interview
entrevistar to have an interview; **entrevistarse con** to talk with; to interview
entusiasmado, -a stimulated
entusiasmar to enrapture, to be enthusiastic
entusiasmo *m.* enthusiasm
entusiasta *adj.* enthusiastic; *m. f.* enthusiast
enunciado *m.* statement
enunciar to enounce, enunciate; express
envasar to pack; to bottle; to can
envase *m.* packing, bottling, canning
envergadura *f.* (*fig.*) name, fame
enviado *m.* envoy
enviar to send; to ship; **enviar a** to send to
envolver to involve; to wrap; to imply; **envolverse** to become involved
envuelto, -a surrounded by, mixed in; wrapped
épico, -a *adj.* epic, epical; *m.* epic poet; *f.* epic poetry
epidemia *f.* epidemic
episodio *m.* episode
época *f.* epoch; age, time
equilibrar to balance
equipo *m.* equipment; team
equitativo, -a *adj.* equitable
equivocar to mistake; **equivocarse** to make a mistake
era *f.* era, age; *v. imp. ind. 3rd pers. sing, of* **ser**
erigir to erect, build; **erigirse en** to be elevated to
erosión *f.* erosion
erróneo, -a *adj.* erroneous
error *m.* mistake
erupción *f.* eruption
escala *f.* scale
escalera *f.* stairs; ladder
Escandinavia *f.* Scandinavia
escapado, -a escaped, liberated; *f.* escape, escapade
escapar to flee; to escape; **escapar a** to escape; **escaparse** to escape
escape *m.* escape; exhaust
escasear to be scarce, become scarce
escasez *f.* scarcity, lack
escaso, -a *adj.* scant; short; rare; narrow
esclavitud *f.* slavery
esclavizar to enslave
esclavo, -a *adj.* enslaved; *m. f.* slave
escoger to choose, select
escolar *adj.* pertaining to school; *m.* pupil
esconder to hide; **esconderse** to hide
escribir to write
escrito *m.* writing; document; *p. part.* written
escritor *m.* writer
escritura *f.* writing; script
escuadra *f.* squadron; square
escuchar to listen to
escudo *m.* shield; **escudo de armas** coat of arms
escuela *f.* school; **escuela privada** private school
escultor, -a *m.* sculptor; *f.* sculptress
escultura *f.* sculpture
ese, -a *adj.* that; *pl.* **esos -as** these, those; **ése, -a** that, that one; *pron. pl.* **ésos -as** these, those

esencial *adj.* essential; *m.* essential
esférico, -a *adj.* spherical
esforzar to strengthen; **esforzarse a, en** *or* **por** to strive to
esfuerzo *m.* effort; stress; **esfuerzo común** common effort
esmeralda *f.* emerald
espacial *adj.* spatial, space; **cohete espacial** space rocket
espalda *f.* back; **espaldas** back, shoulders
España *f.* Spain
español, -a *adj.* Spanish; *m. f.* Spaniard
esparcir to scatter, spread
especia *f.* spice
especial *adj.* special; **en especial** mainly
especialista *adj., m. f.* specialist
especialización *f.* specialization
especializado, -a specialized
especializar to specialize; **especializarse** to specialize
especie *f.* species ; kind, sort
específico, -a *adj.* specific
espectacular *adj.* spectacular
espectador, -a *adj.* watching; *m. f.* spectator
espera *f.* wait, waiting
esperanza *f.* hope
esperar to hope for; to expect; to wait (*for*)
espía *m. f.* spy
espirar to breathe; to exhale
espirase (*arch.*) **inspirase**
espíritu *m.* spirit; mind
espiritual *adj.* spiritual
esplendor *m.* splendor
esposo, -a *m. f.* spouse; *m.* husband; *f.* wife; **esposas** manacles, handcuffs
esquí *m.* ski, skiing
esquiar to ski
estabilidad *f.* stability
establecer to establish, settle; **establecerse** to become a resident, settle
estadidad *f.* pertaining to the aspirations of statehood as applied to Puerto Rico
estadio *m.* stadium
estadista *m.* statesman; statistician
estadístico, -a *adj.* statistical; *m.* statistician; *f.* statistics
estado *m.* state; condition; **estado libre** free state
Estados Unidos United States
estaño *m.* tin
estar to be; **estar en boga** to be fashionable
estatua *f.* statue
este *m.* East; *adj.* **este, esta, estos, estas** this; *pron.* **éste, ésta, éstos, éstas** this one, these
estela *f.* trail
estilístico, -a *adj.* stylistic
estilo *m.* style
estimado, -a esteemed, liked
estimar to esteem; to like, be fond of
estimular to stimulate
estímulo *m.* stimulus, stimulation
esto *pron.* this
estómago *m.* stomach
estratega *m.* strategist
estrecho, -a *adj.* narrow; tight; close, intimate; *m.* strait; **estrecho de Magallanes** Strait of Magellan
estrella *f.* star
estremecer to shake
estrenar to use *or* wear (*for the first time*); to perform (*for the first time*)
estricto, -a *adj.* strict, severe
estudiante *m. f.* student
estudiar to study
estudio *m.* study; **estudios humanísticos** the humanities
estupendo, -a *adj.* stupendous wonderful
estuvo *pret. ind. 3rd pers. sing. of* **estar**
etapa *f.* stage
eterno, -a *adj.* eternal
étnico, -a *adj.* ethnic, ethnical
Europa *f.* Europe
europeo, -a *adj., m. f.* European
evacuar to evacuate
evangelización *f.* evangelization (*conversion to Christianity*)
evangelizador *m.* evangelist
evangelizar to evangelize
evidencia *f.* evidence

evitar to avoid; to prevent
evolución *f.* evolution
evolutivo, -a *adj.* evolutionary
exactitud *f.* exactness, punctuality
exaltar to exalt; **exaltarse** to become excited, stirred up
examinar to examine
excelente *adj.* excellent
excepción *f.* exception; **con excepción de** with the exception of
excepcional *adj.* exceptional
exclusivamente exclusively
exclusivo, -a *adj.* exclusive
excitación *f.* excitement
excitar to excite
exigir to require
exilado, -a exiled
exilio *m.* exile
existencia *f.* existence; **en existencia** in stock
existir to exist; to be
éxito *m.* success
expandirse to expand
expansión *f.* expansion
expedición *f.* expedition
experiencia *f.* experience
experimentar to test; to try; to experience
experto, -a *adj., m. f.* expert
explicar to explain; **explicarse** to explain oneself
exploración *f.* exploration
explorado, -a explored
explorador, -a *adj.* exploring; exploratory; *m. f.* explorer
explorar to explore
explotación *f.* exploitation; operation
explotar to run, operate; to exploit; to explode
exponer to expose; to show
exportación *f.* export, exportation
exportar to export
expresar to express
expresión *f.* expression
expresionista expressionist
expuesto, -a exposed
expulsar to expel
expulsión *f.* expulsion
expuso *pret. ind. 3rd pers. sing. of* **exponer**
extender to extend; to spread; **extender a** *or* **hasta** to reach to
extendido, -a extended; **muy extendido** very widespread
extensión *f.* extension; extent; expanse
extenso, -a *adj.* extended, vast
exterior *adj.* exterior; foreign
extinguir to extinguish; **extinguirse** to become extinct
extraer to extract
extranjero, -a *adj.* foreign; *m. f.* foreigner; **el extranjero** abroad
extraño, -a *adj.* strange; foreign; *m. f.* stranger
extraordinario, -a *adj.* extraordinary
extremeño, -a from Extremadura, Spain

F

fábrica *f.* manufacture; factory
fabricante *m. f.* manufacturer
fabricar to build
fábula *f.* fable
fabuloso, -a *adj.* fabulous
facción *f.* faction; feature; **facciones** features
faces *pl. of* **faz**
fácil *adj.* easy
facilidad *f.* ease, easiness
facilitación *f.* facilitation
facilitar to expedite; to furnish
facultad *f.* faculty skill
faena *f.* task, job
falda *f.* skirt; slope (*of a hill*); **a la falda de** close, under
falta *f.* lack
fallecer to die
fallecido *adj.* deceased
fama *f.* fame
familia *f.* family
familiar *adj.* familiar; relative; *m.* relative
famoso, -a *adj.* famous
fantástico, -a *adj.* fantastic
farallón *m.* cliff
fardo *m.* bundle

fascinado, -a *adj.* fascinated
fascinar to fascinate
fase *f.* phase, aspect
favor *m.* favor; **a favor de** in favor of, on behalf of
favorecer to favor
favorito, -a *adj., m. f.* favorite
faz *f.* face
fe *f.* faith
febrilmente *adv.* feverishly
fecha *f.* date
federación *f.* federation
federado, -a federate
federal *adj., m. f.* federal
fenicio, -a *adj., m. f.* Phoenician
Fernando Ferdinand
feroces *adj. pl. of* **feroz**
feroz *adj.* ferocious
ferrocarril *m.* railroad; **líneas de ferrocarril** railway
ferroviario, -a *adj.* (*pertaining to the*) railroad
fértil *adj.* fertile
festividad *f.* festivity, holiday
fiebre *f.* fever; **fiebre amarilla** yellow fever
fiel *adj.* faithful
fiesta *f.* feast; party; holiday
figura *f.* figure
fila *f.* (*mil.*) rank
Filipinas *f.* Philippines
filólogo *m.* philologist
filosofía *f.* philosophy
fin *m.* end; purpose; **al fin** at the end; **a fin de** in order to; **en fin** finally, in a word
final *adj.* final; *m.* end
financiamiento *m.* financing
financiero, -a *adj.* financial; *m. f.* financier
firmar to sign
firme *adj.* firm; steady
fiscal *adj.* fiscal; pertaining to a treasury; district attorney
físico, -a *adj.* physical; *m.* physicist; *f.* physics
fisiólogo *m.* physiologist
flamante *adj.* bright; brand new
flaquear to weaken; to lose heart
flor *f.* flower
florecer to flower, flourish
florido, -a *adj.* flowery; **la Florida** Florida
flota *f.* fleet
flotante *adj.* floating
fluvial *adj.* fluvial, river
fomentar to foment; to promote
fomento *m.* fomentation, encouragement
fondo *m.* bottom; **fondos** funds; **recoger fondos** to collect money
forma *f.* shape; way; manner; form; **de esta forma** in this way; **de forma que** so that; **en debida forma** in due form; **en forma** in form
formación *f.* formation; structure, composition; training
formar to form; to educate; **formarse** to form, take form; to grow; **formar parte de** to be part of
formular to formulate
fortalecer to fortify, strengthen
fortalecimiento *m.* strengthening
fortaleza *f.* fortress; strength; **fortaleza real** Royal fortress
forzar to force
forzoso, -a *adj.* inescapable; strong; hard
fotografía *f.* photograph
fracasar to fail; to collapse
fracaso *m.* failure
fraccionar to break up
fragmento *m.* fragment
fraile *m.* friar
francés, -a *adj.* French; *m.* Frenchman; *f.* French woman
Francia *f.* France
franciscano, -a *adj., m. f.* Franciscan
frase *f.* phrase
fraudulento, -a *adj.* fraudulent
frecuencia *f.* frequency
frecuente *adj.* frequent
frente *m.* front; *f.* forehead; **frente a** in front of; **en frente** in front; **frente común** common front
fresco, -a *adj.* fresh; new
frijol *m.* kidney bean; string bean

frío, -a *adj.* cold; *m.* coldness
frontera *f.* frontier, border
frontón *m. wall court or building used in the game of jai-alai*
frustrar to frustrate
fruta *f.* fruit
fue *pret. ind. 3rd pers. sing. of* **ser**
fuego *m.* fire
fuente *f.* fountain; source; **fuente de información** source of information
fuera *adv.* out, outside
fueron *pret. ind. 3rd pers. pl. of* **ser**
fuerte *adj.* strong; intense; heavy; *m.* fort
fuerza *f.* force; power; **fuerzas armadas** armed forces; **por medio de la fuerza** by force; **por la fuerza** by force
función *f.* function; show
funcionar to function; to work
funcionario *m.* official
fundación *f.* foundation
fundar to found
fundir to fuse; **fundirse con** to merge
funesto, -a *adj.* fatal, ill-fated
fusil *m.* gun, rifle
fusilado, -a executed, shot
fusilar to shoot
fusión *f.* fusion
fútbol *m.* football
futbolista *m.* football player
futuro, -a *adj.* future; *m.* future

G

gabinete *m.* office; cabinet (*legislative*)
galería *f.* gallery
Galicia *f.* Galicia, province of Spain
galope *m.* gallop
ganado *m.* cattle; livestock, **ganado lanar** sheep; **ganado vacuno** cattle; **ganado caballar** horses
ganancia *f.* gain
ganar to win; to earn; to reach; to defeat
garantía *f.* guarantee; **garantía constitucional** constitutional guarantee
garantizar to guarantee
gasto *m.* cost, expense
gaucho, -a *adj.* gaucho; *m.* gaucho
generación *f.* generation
general *m.* general; **en general** generally, in general
genial *adj.* brilliant, inspired
genio *m.* genius
genovés, -a *adj.* from Genoa
gente *f.* people; **gente baja** low class people
genuino, -a *adj.* genuine
geográfico, -a *adj.* geographic
geógrafo, -a geographer
Germania *f.* Germania (*Germany*)
germinar to germinate
ges Indians of eastern Brazil
gigante *adj.* giant; *m.* giant
gigantesco, -a *adj.* gigantic
gloria *f.* glory
glorioso, -a *adj.* glorious
gobernador *adj.* governing; *m.* governor
gobernante *adj.* ruling; *m. f.* ruler
gobernar to govern
gobierno *m.* government
golfo *m.* gulf
golpe *m.* blow; **golpe de estado** *coup d'etat*
goma *f.* gum, rubber
gongorino, -a *adj.* Gongorist
gongorista *adj.* Gongorist
gótico, -a *adj., m. f.* Gothic
gozar to enjoy
gracias *f. pl.* thanks
grado *m.* step; degree; grade
gramática *f.* grammar
gran *adj.* big, large
Granada *f.* Granada (*city in Southern Spain*)
grande *adj.* big, large; **en grande** as a whole; in a big way
grandeza *f.* bigness; greatness; grandeur
grandioso, -a *adj.* grandiose, grand
granja *f.* farm
grano *m.* grain
gratuito, -a *adj.* free
grave *adj.* grave, serious
griego, -a *adj., m. f.* Greek
gritar to cry out

grito *m.* shout, cry; **grito de guerra** battle cry
grotesco, -a *adj.* grotesque
grueso, -a *adj.* thick, fat
grupo *m.* group
gruta *f.* grotto
guante *m.* glove
guardar to keep; to protect
guardián, -a *m. f.* guardian
guarnecer to trim; to edge
guarnición *f.* garrison
Guatemala *f.* Guatemala
guatemalteco, -a *adj., m. f.* Guatemalan
Guayana *f.* Guiana; **Guayana Francesa** French Guiana; **Guayana Inglesa** British Guiana; **Guayana Holandesa** Dutch Guiana
gubernamental *adj.* governmental
guerra *f.* war, warfare; conflict; **guerra a muerte** war to the death; **guerra civil** civil war; **guerra de guerrillas** guerrilla warfare; **guerra mundial** world war
guerrero, -a *adj.* pertaining to war; warlike; *m.* warrior
guerrillero, -a *m.* guerrilla fighter
guía *f.* guide, guidance
guiar to guide, lead
guijeño, -a *adj.* gravelly, pebbly
guillotinar to guillotine
gusano *m.* worm; **gusano de seda** silkworm
gusto *m.* taste; liking

H

habitante *m. f.* inhabitant
habitar to inhabit; to occupy; to live in
hábito *m.* habit; priest's attire; **tener por hábito** to be in the habit
habla *m.* language
hablar to speak; **hablar claro** to talk straight from the shoulder; **hablar de** to talk on, about
hacella (*arch.*) **hacerla**
hacer to do, to make
hacia *prep.* toward
hacienda *f.* farm
hacha (el) *f.* axe
Haití Haiti
halagos *m. pl.* flattering words
hallar to find; **hallarse** to find oneself
hambre *f.* hunger; famine
hasta *adv.* until; even; as far as; **hasta allí** till there; **hasta entonces** until then; **hasta cuando** until when; even when
hazaña *f.* deed, exploit
hebreo, -a *adj.* Hebrew; *m. f.* Hebrew
hecho *m.* fact; event; *past part. of* **hacer**; **el hecho de que** the fact that; **hecho a mano** handmade
hechura *f.* make; shape
hemisferio *m.* hemisphere
herencia *f.* inheritance
herido, -a *adj.* hurt, wounded; *f.* wound
herir to hurt, injure; to wound
hermano, -a *m.* brother; *f.* sister; *pl.* brothers, brothers and sisters
hermoso, -a *adj.* beautiful, handsome
héroe *m.* hero
hidráulico, -a *adj.* hydraulic; *f.* hydraulics
hidrógeno *m.* hydrogen
hierba *f.* grass
hierro *m.* iron
hicieron *pret. ind. 3rd pers. pl. of* **hacer**
hidrógeno *m.* hydrogen
higiene *f.* hygiene; sanitation
hijo, -a *m.* son; *f.* daughter
hípico, -a *adj.* pertaining to horses
hispánico, -a *adj.* Hispanic, Spanish
hispano, -a *adj.* Hispanic; Spanish; *m. f.* Spaniard; **hispano-romano** *adj.* Hispanic Roman
Hispanoamérica Spanish America; **hispanoamericano, -a** Spanish American
historia *f.* history
historiador, -a *m. f.* historian
historial *adj.* historical; **historiales** historical facts
histórico, -a *adj.* historic, historical
hizo *pret. ind. 3rd pers. sing. of* **hacer; se hizo** became
hogar *m.* home
hoguera *f.* bonfire

hombre *m.* man; **buen hombre** good natured man; **hombre común** common man
homenaje *m.* homage; **en homenaje a** in honor of
hondero *m.* slinger
hondo, -a *adj.* deep. *m.* depth; *f.* sling; slingshot
honestamente honestly
honesto, -a *adj.* honest
honor *m.* honor; honesty; **en su honor** in his *or* her honor
honrado, -a *adj.* honest
hora *f.* time; hour
horripilante *adj.* hair-raising; terrifying
hostil *adj.* hostile
hostilidad *f.* hostility
hoy *adv.* today; *m.* today
huella *f.* trace; tread; track
huérfano, -a *m. f.* orphan
hueso *m.* bone
huevo *m.* egg; *f.* roe
huir to flee
humanidad *f.* humanity; **las humanidades** the humanities
humanístico, -a *adj.* humanistic
humano, -a *adj.* humane; *m. f.* human
húmedo, -a *adj.* humid
humilde *adj.* humble
humillar to humiliate
humo *m.* smoke
hundir to sink; to plunge
huyó *pret. ind. 3rd pers. sing. of* **huir**

I

iban *imp. ind. 3rd pers. pl. of* **ir**
Iberia *f.* Iberia (Spain)
ibérico, -a *adj.* Iberian
ibero, -a *adj., m. f.* Iberian
idea *f.* idea
identificar to identify
ideográfico, -a *adj.* ideographic
idioma *m.* language
idiosincrasia *f.* idiosyncrasy
idolatría *f.* idolatry
ídolo *m.* idol
iglesia *f.* church
ignorado, -a *adj.* ignored
ignorancia *f.* ignorance
ignorar not to know; to be ignorant of
igual *adj.* equal; even; **igual que** as well as, like
iguala *f.* equalization; **plan de iguala** plan of equalization
igualar to equalize
igualdad *f.* equality; **igualdad de derechos** equal rights
igualitario, -a *adj.* equalitarian
ilegal *adj.* illegal
ilustración *f.* illustration
ilustrado, -a *adj.* informed, learned, enlightened
ilustrar to illustrate
imagen *f.* image
imaginación *f.* imagination
imaginario, -a *adj.* imaginary, fictitious
imitar to imitate
impaciente *adj.* impatient
impartir to transmit; to distribute
impedir to prevent
imperante *adj.* prevailing
imperar to rule; to prevail
imperial *adj.* imperial
imperialismo *m.* imperialism
imperio *m.* empire
imperioso, -a *adj.* imperious, imperative
ímpetu *m.* impetus
implantar to implant; to introduce
implicar to implicate
imponer to impose
impopular *adj.* unpopular
importación *f.* importation
importancia *f.* importance
importante *adj.* important; considerable
importar to import; to concern; to matter; to involve
imposible *adj.* impossible
imposición *f.* imposition
impregnar to impregnate, saturate; **impregnarse** to become impregnated
imprenta *f.* printing; printing shop; press; **libertad de imprenta** freedom of the press
imprescindible *adj.* essential
impresionado, -a impressed

impresionar to impress
imprimir to print; to stamp
improvisado, -a improvised
improvisar to improvise
impuesto, -a *irreg. past part of* **imponer;** *m.* tax
impulsar to impel; to drive; to stimulate
impusieron *pret. ind. 3rd pers. pl. of* **imponer**
impuso *pret. ind. 3rd pers. sing. of* **imponer**
inauguración *f.* inaguration
inaugurar to inaugurate
inca *m. f.* Inca
incaico, -a *adj.* Inca, Incan
incansable *adj.* indefatigable, tireless
incapaz (*pl.* **incapaces**) *adj.* unable, incompetent
incendiar to set on fire, burn
incertidumbre *f.* uncertainty
incipiente *adj.* incipient
incitar to incite
incluir to include; to enclose; **incluirse** to be part of something; to be included
incompatible *adj.* incompatible
incompleto, -a *adj.* incomplete
incontenible *adj.* irrepressible
incontrolable *adj.* unruly
inconveniente *adj.* inconvenient; *m.* obstacle
incorporación *f.* incorporation; participation
incorporar to incorporate
increíble *adj.* incredible
incrementar to increase
incremento *m.* increase
inculto, -a *adj.* uncultivated, uncultured
indagar to investigate
indefenso, -a *adj.* undefended; defenseless
independencia *f.* independence
independiente *adj., m. f.* independent
independizar to free; **independizarse** to become free
India *f.* India
indicado, -a *adj.* appointed; set
indicar to indicate
indicio *m.* sign, indication; **indicios** traces
indígena *adj.* indigenous; *m. f.* native
indigenismo *m. utilization of themes, music, etc., of the Indians*
indiquen *pres. subj. 3rd pers. pl. of* **indicar**
individuo *m.* person
industria *f.* industry
industrialización *f.* industrialization
industrializado, -a industrialized
ineficaz ineffective (*pl.* **ineficaces**)
inepto, -a *adj.* inept, unskilled
inesperado, -a unexpected
inestabilidad *f.* instability
inexistente *adj.* nonexistent
infeliz *adj.* unhappy; *m. f.* poor soul (*pl.* **infelices**)
infierno *m.* hell
infiltrar to infiltrate
infinidad *f.* infinity, a large number
inflación *f.* inflation
influencia *f.* influence
influenciar to influence
influir to influence; **influir en** to influence, have an influence on
influyente *adj.* influential
influyó *pret. ind. 3rd pers. sing. of* **influir**
información *f.* information; report
informal *adj.* informal; **informalismo** informalism
informar to inform
ingeniería *f.* engineering
ingeniero *m.* engineer
inglés, -a *adj.* English; *m.* Englishman; *f.* Englishwoman
inhabitable *adj.* uninhabitable
inhabitado *adj.* uninhabited
inhóspito, -a *adj.* inhospitable
inhumano, -a *adj.* inhuman
iniciador, -a *adj.* initiating; *m. f.* initiator
inicial *adj.* initial
iniciar to initiate; to begin; **iniciarse** to be initiated
iniciativa *f.* initiative
inicio *m.* beginning; origin
injusticia *f.* injustice

inmediato *adv.* close; immediate
inmenso, -a *adj.* immense
inmigración *f.* immigration
inminente *adj.* imminent
inmolado, -a immolated; *m. f.* sacrificial victim
inmóvil *adj.* immovable; motionless
inmovilidad *f.* immovability; immobility
inmovilizado, -a immobilized, shocked; unable to move
inmovilizar to immobilize; to bring to a standstill
innovación *f.* innovation
insecto *m.* insect
inseguro, -a *adj.* insecure
insigne *adj.* distinguished, renowned
insinuación *f.* insinuation
insistir to insist
inspirar to inspire; **inspirarse** to be inspired
instalar to install; **instalarse** to become installed; to settle
institución *f.* institution
instituido, -a instituted
instrucción *f.* instruction
instruido, -a learned
instruir to instruct
instrumento *m.* instrument; **instrumentos musicales** musical instruments
insurrección *f.* insurrection
insurrecto, -a rebellious
integración *f.* integration
integrar to integrate; to form; make up
intelecto *m.* intellect
intelectual *adj., m. f.* intellectual
inteligencia *f.* intelligence
inteligente *adj.* intelligent
intendente *m.* administrator
intensidad *f.* intensity
intenso, -a *adj.* intense, heavy
intentar to try, attempt
intento *m.* attempt
interamericano, -a *adj.* inter-American
interés *m.* interest
interesante *adj.* interesting
interesar to interest
interferir to interfere
interior *adj.* interior; *m.* interior, soul, mind
internacional *adj.* international
internado, -a sent inland; interned
internar to send inland; to commit; **internarse** to move *or* go inland
interno, -a *adj.* internal; **consumo interno** domestic consumption
interpretación *f.* interpretation
interpretar to interpret
intérprete *m. f.* interpreter
interracial *adj.* interracial
interrupción *f.* interruption
intervención *f.* intervention
intervenido, -a intervened, interceded
intervenir to take up; to intervene
interventor, -a *adj.* intervening; **gobierno interventor** provisional government (*generally a government that has taken over control of a foreign country*)
intestino, -a *adj.* internal; domestic; intestine; *m. pl.* intestines
intrépido, -a *adj.* intrepid, bold
intriga *f.* intrigue
intrigar to intrigue; to excite the curiosity of
introducir to introduce; to gain access; to put in
introdujeron *pret. ind. 3rd pers. pl. of* **introducir**
introdujo *pret. ind. 3rd pers. sing. of* **introducir**
intromisión *f.* meddling
invadir to invade
invasión *f.* invasion
invasor, -a *adj.* invading; *m. f.* invader
inversión *f.* investment
inversionista *m. f.* investor
inverso, -a *adj.* inverse; **a la inversa** on the contrary
investigación *f.* investigation, research
investigador, -a *adj.* investigating; *m. f.* investigator
investigar to investigate
invierno *m.* winter
invitación *f.* invitation
invitar to invite

ir to go
Irlanda *f.* Ireland
ironía *f.* irony
irrisorio, -a *adj.* ridiculous, insignificant
Isabel *f.* Isabella, Elizabeth
isla *f.* island
Islandia Iceland
Italia Italy
izquierdo, -a *adj.* left

J

jabón *m.* soap
jai alai *m.* Basque game somewhat like handball
jamás *adv.* never
japonés, -a *adj., m. f.* Japanese
jardín *m.* garden
jefe, -a chief; leader, boss; **en jefe** in chief; **jefe del estado** *or* **jefe ejecutivo,** chief executive; **jefe supremo** commander-in-chief; **ex-jefe** former chief; **jefe militar** military chief
jerarquía *f.* hierarchy
jeroglífico, -a *adj.* hieroglyphical; *m.* hieroglyphic
jesuita *adj., m.* Jesuit
jinete *m.* horseman
jornada *f.* day's journey
joven *adj.* young; *m. f.* young man, young woman
joya *f.* jewel; piece of jewelry
joyero *m.* jeweler
jubón *m.* jerkin
judicatura *f.* judiciary
judío, -a *adj.,* Jewish; *m. f.* Jew
juega *pres. ind. 3rd pers. sing. of* **jugar**
juego *m.* play; game
juez *m.* (*pl.* **jueces**) judge
jugador, -a *m. f.* player
jugar to play; **jugar un papel** to play a role
juzgar to judge, consider
julio *m.* July
junio *m.* June
juntar to join; to gather, unite
junta meeting; **junta militar** military junta
junto, -a *adv.* joined, together
jurar to swear
jurídico, -a *adj.* juridical
justicia *f.* justice
justificar to justify
justo, -a *adj.* just; exact; fair
juventud *f.* youth
juzgado *m.* court, tribunal
juzgar to judge

K

kilómetro *m.* kilometer

L

la *art. f. sing.* (*pl.* **las**) the
labor *f.* work
laborar to work
laboratorio *m.* laboratory
labrar to work; to plow
lado *m.* side; direction
ladrillo *m.* brick
ladrón, -a *adj.* thieving;*m. f.* thief
lago *m.* lake
lana *f.* wool
lanar *adj.* pertaining to wool
lanza *f.* lance
lanzar to launch; to hurl; to throw; **lanzarse** to throw oneself
largo, -a *adj.* long; extensive; **a lo largo de** along, along with
latifundio *m.* large landed estate
latín *m.* Latin
latino, -a *adj.* Latin
Latinoamérica *f.* Latin America
latinoamericano, -a *adj. m. f.* Latin-American
le *pers. pron.* to him, to her, to it; **les** to them
lealtad *f.* loyalty
leer to read
legado *m.* legacy
legalizar to legalize
legalmente legally
legendario, -a *adj.* legendary
legislativo, -a *adj.* legislative
legislature *f.* legislature
legítimo, -a legitimate

lejos *adv.* far
lengua *f.* language; tongue; interpreter
levantamiento *m.* rise, elevation; insurrection
levantar to raise; to stir up; **levantarse** to get up; to stand up; to rebel, rise up; **levantarse en armas** to rise up in arms
levante *m.* Levant, the east
ley *f.* law
leyenda *f.* legend
liar to tie; to wrap up
liberación *f.* liberation
liberar to free
libertad *f.* liberty; **libertad de cultos** freedom of religion; **libertad de imprenta** freedom of the press
libertador, -a liberating
libertar to liberate, set free
libre *adj.* free
libro *m.* book
líder *m.* leader
liga *f.* league; **grandes ligas** Big Leagues; **Liga de las Naciones** League of Nations
limitar to limit
límite *m.* limit
línea ferroviaria *f.* railway
lindo, -a *adj.* pretty, nice; wonderful
liquidado, -a liquidated
liquidar to liquidate
lírica *f.* lyric poetry
liso, -a *adj.* smooth
listo, -a *adj.* ready; alert; *f.* list; role
literario, -a *adj.* literary
literatura *f.* literature
litigio *m.* lawsuit; dispute
litoral *m.* coast
liturgia *f.* liturgy
liviano, -a *adj.* light
lógico, -a *adj.* logical; *f.* logic
lograr to obtain, get; **lograr** + *inf.* to succeed
logro *m.* attainment; **el logro** success, profit
Londres *m.* London
los, las *art. pl.* the
lucha *f.* fight; **lucha libre** wrestling; **lucha armada** armed struggle; **lucha a muerte** fight to the death
luchar to fight
luego *adv.* soon, later
lugar *m.* place; **dar lugar a** to give rise to; **en primer lugar** in the first place; **tener lugar** to take place; **lugar seguro** safe place; **lugar de partida** point of departure; **en lugar de** instead of
lugarteniente *m.* lieutenant
luna *f.* moon
luz *f.* light (*pl.* **luces**)

Ll

llama *f.* flame; llama (*animal of Peru*)
llamado, -a *adj.* named; called; *m.* call; **estar llamado a** to have a natural aptitude for
llamar to call; to name; **llamarse** to be called
llanero *m.* plainsman
llano, -a *adj.* smooth; *m.* plain
llanto *m.* weeping, crying
llanura *f.* plain
llegada *f.* arrival
llegar to arrive; to reach; **al llegar** on arriving; **llegar a ser** to become; to get to be; to reach the point of
llenar to fill; to fulfill
lleno, -a *adj.* full, filled
llevar to carry; to take; **llevar puesto** to wear; **llevarse bien con** to get along with
lluvia *f.* rain

M

madera *f.* wood; **madera tallada** carved wood
madre *f.* mother
madrugada *f.* dawn, early rising
madurar to ripen
maestría *f.* mastery, skill
maestro, -a teacher
magnífico, -a *adj.* magnificent
magnánimo, -a magnanimous, generous

magnitud *f.* magnitude
maíz *m.* corn
majestuosidad *f.* majesty
mal *adv.* bad, badly; wrong; *m.* evil, wrong
maldecir to curse; to damn
malestar *m.* indisposition; uneasiness
maldigo *pres. ind. 1st pers. sing. of* **maldecir**
maligno, -a *adv.* malignant
maltrato *m.* maltreatment, abuse
mancebo *m.* young man
mandado *m.* errand
mandar to order; to send for; **mandar por** to send for
mando *m.* command
manejo *m.* handling; management
manera *f.* manner; way; **por manera** because of the way; **de tal manera** in such a way
manga *f.* sleeve
manganeso *m.* manganese
maní *m.* peanut (*pl.* **maníes**)
manifestación *f.* manifestation
manifestar to manifest, show
manifiesto, -a *adj.* manifest; *m.* manifesto
mano *f.* hand; **a mano** by hand; **caer en manos de** to fall into the hands of; **mano de obra** labor, labor force
manta *f.* blanket
mantel *m.* tablecloth
mantener to keep, to maintain; **mantenerse** to maintain oneself
mantequilla *f.* butter
mantillón large shawl
manufactura *f.* manufacture
maña *f.* skill; craftiness; bad habit
mañana *f.* morning; tomorrow
máquina *f.* machine; **máquina de escribir** typewriter
maquinaria *f.* machinery
mar *m. f.* sea; **hacerse a la mar** to put out to sea; **Mar Negro** Black Sea
maravillar to amaze; to astonish; **maravillarse** to wonder, to marvel
maravilloso, -a *adj.* wonderful, marvelous
marcar to mark; to stamp; to point out
marcha *f.* march
marchar to march; **marcharse** to go away
margen *f.* margin; border
marinero, -a *adj.* marine; *m.* seaman, sailor
marino *adj.* marine, sea; *m.* sailor, mariner
marítimo, -a *adj.* maritime, marine
marqués *m.* marquis
mártir *m. f.* martyr
marxista *adj. m. f.* Marxist
marzo *m.* March
más *adv.* more; **más allá** farther on; **más que nada** more than anything else; **más o menos** more or less
masa *f.* mass; **las masas** the masses
matadura *f.* sore, gall
matar to kill
matiz *m.* (*pl.* **matices**) hue, shade; nuance
matizado, -a shaded; hued
matizar to blend; to shade
matricular to register, enroll
matrimonio *m.* matrimony, marriage
Mauritania *f.* region of North Africa
máximo, -a *adj., m. f.* maximum, top
maya *adj., m. f.* Maya; Mayan
mayo *m.* May
mayor *adj.* greater; larger; **obra mayor** main work
mayoría *f.* majority
mecánico, -a *adj.* mechanical; *m.* mechanic; *f.* mechanics
mediación *f.* mediation
mediado, -a *adj.* half full; **a mediados de** about the middle of
mediante *adj.* intervening; *prep.* by means of, through
medicina *f.* medicine
médico, -a *adj.* medical; *m. f.* physician
medida *f.* measurement; **medidas restrictivas** restrictive measurements
medio *adj.* half; *m.* means, middle; **en medio de** in the middle of; **medios de defensa** means of defense; **por medio de** through, using; **media luna** half moon

mediodía middle of the day; noon; **mediodía del Cuzco** south of Cuzco
meditar to meditate; to contemplate
mediterráneo, -a *adj., m. f.* Mediterranean
mejor *adj.* better
mejora *f.* improvement
mejoramiento *m.* improvement
mejorar to improve
mencionar to mention
Mendès, Catulle (*1841–1909*) *Parnassian poet, novelist and critic*
menor *adj.* less, lesser; younger; smaller; *m.* youngest, minor
menos *adv.* less; **por lo menos** at least
menospreciar to underestimate; to scorn
mensaje *m.* message; errand
mercado *m.* market; **mercado común** common market
mercancía *f.* trade; merchandise
meridional *adj., m. f.* meridional, southern
mérito *m.* merit; value
mero, -a only; mere
merodeador, -a *adj.* marauding; *m. f.* marauder
mes *m.* month
mesa *f.* table
meseta *f.* plateau
mestizaje *m.* crossbreeding
mestizo, -a *adj., m. f.* mixed; half-blooded
meta *f.* goal
metódico, -a *adj.* methodical
método *m.* method
métrica *f.* metrics
metrópoli *f.* metropolis
mexicano, -a *adj., m. f.* Mexican
México *m.* Mexico
mezcla *f.* mixture
mezclar to mix; to blend; **mezclarse** to take part; to mingle
mezquita *f.* mosque
miedo *m.* fear
miembro *m.* member; **miembro de familia** relative
mientras *adv., conj.* while; **mientras tanto** meanwhile; **mientras que** while
mil *adj.* one thousand; **por miles** by the thousands
milagroso, -a *adj.* miraculous
miles *adv.* thousands
milicia *f.* militia
militante *adj., m. f.* militant
militar *adj.* military; *m.* military man, soldier; *pl.* the military
militarismo *m.* militarism
milla *f.* mile
millón *m.* million
mina *f.* mine
minero, -a *adj.* mining; *m.* miner
ministro *m.* minister; **ministro de Relaciones Extranjeras** Minister of Foreign Affairs; **primer ministro** prime minister
minoría *f.* minority
mío, -a *adj.* mine, of mine
miserable *adj.* miserable, mean, poor; *m. f.* wretch
miseria *f.* misery, poverty
misión *f.* mission
misionero, -a *adj., m. f.* missionary
Misisipí Mississippi
misterio *m.* mystery
misterioso, -a *adj.* mysterious
mismo, -a *adj., pron.* same, own, very; **así mismo** in like manner; **lo mismo** the same thing; **por lo mismo** for the same reason; **ese mismo** that same one; **el mismo que** the same one that
mitad *f.* half, one half
mitimae Inca servant
mitológico, -a *adj.* mythological
mixteca *adj.* pertaining to the mixteca Indians; *m. f.* Mexican Indian
mixto, -a *adj.* mixed
mochica *pertaining to the culture of an Indian tribe of ancient Peru*
modelo *m.* model
modernizar to modernize
modesto, -a modest, moderate (*of financial circumstances*)

modificación *f.* modification
modificar to modify, change
modo *m.* manner; way; **de todos modos** anyway; **de ese modo** that way
mojón *m.* boundary stone, landmark
momento *m.* moment
momia *f.* mummy
monarca *m.* monarch
monarquía *f.* monarchy
monárquico, -a *adj.* monarchic
monasterio *m.* monastery
monetario, -a *adj.* monetary
monja *f.* nun
monocultivo *m.* monoculture
monopolizar to monopolize
monótono, -a *adj.* monotonous
montaña *f.* mountain
montañoso, -a *adj.* mountainous
montón *m.* pile
monumento *m.* monument
morada *adj.* purple; home, house
morador, -a *m. f.* inhabitant, resident
morir to die
moro, -a *adj.* Moorish; Moslem; *m. f.* Moor, Moslem
mostrar to show
motín *m.* mutiny
motivar to motivate
motivo *m.* motive, reason; **con motivo de** because of
motor *m.* engine
mover to move; to stir; **moverse** to move
movilidad *f.* mobility
movimiento *m.* movement
mozo *m.* youth, young man
muchísimo, -a *adj.* very much
mucho, -a *adj.* a lot of; *adv.* much; **mucho después** much later
mudéjar *adj., m. f.* Mudejar (*moors who lived under domination of Spanish Christian kings*); **arte mudéjar** *style that combines Christian and Moorish characteristics*
muerte *f.* death; **a la muerte de** after the death of
muerto, -a dead
mujer *f.* woman, wife
mulato, -a *adj., m. f.* mulatto
multiplicación *f.* multiplication
multiplicar to multiply
multitud *f.* multitude
mundial *adj.* world, world-wide
mundo *m.* world; **Nuevo Mundo** New World
munición *f.* munition, ammunition
municipio *m.* municipality
mural *adj. m.* mural
muriera *imp. subj. 3rd pers. sing. of* **morir**
museo *m.* museum
música *f.* music
musical *adj.* musical; **centro musical** music center
músico, -a *adj.* musical; *m.* musician; *f.* music
musulmán, -a *adj., m. f.* Moslem, Moorish
mutuo, -a *adj.* mutual
muy *adv.* very

N

nacer to be born; to arise, originate
nacimiento *m.* birth; beginning
nación *f.* nation; **Naciones Unidas** United Nations
nacional *adj., m. f.* national
nacionalismo *m.* nationalism
nada *f.* nothingness; *pron.* nothing; **nada más** nothing else
nadie *m.* nobody, no one
nahuatl language of the Aztecs
napoleónico, -a *adj.* Napoleonic
narración *f.* narration
narrar to narrate
natación *f.* swimming
Natividad *f.* Nativity; Christmas
nativo, -a *adj., m. f.* native
natural *adj.* natural; *m. f.* native
naturaleza *f.* nature; disposition; **de tal naturaleza** of such a nature
naufragio *m.* shipwreck
nave *f.* ship, vessel
navegable *adj.* navigable

navegante *adj.* navigating; *m. f.* navigator
navegar to navigate
nazca *pertaining to culture of a pre-Incan tribe of Peru*
necesario, -a *adj.* necessary
necesidad *f.* necessity; need; starvation; **por necesidad** of necessity
necesitar to need; to require
negar to deny; to refuse; **negarse a** to refuse to
negociar to negotiate
negro, -a *adj.* black; *m.* negro; *f.* negress
neoclásico, -a *adj.* neoclassic
neofigurismo *m.* neofigurism
ni *conj.* neither; **ni siquiera** not even; **ni . . . ni** neither . . . nor
nicaragüense *adj., m. f.* Nicaraguan
nieto, -a grandchild
nieve *f.* snow
ninguno, -a *adj.* no, not any
niño, -a *m.* boy; girl
nitrato *m.* nitrate
nivel *m.* level; **nivel de vida** standard of living
no *adv.* not; **no bien** no sooner; **no más que** not more than
noble *adj.* noble; *m.* noble, nobleman
nobleza *f.* nobility
noción *f.* notion, rudiment
nocturno, -a *adj.* night, nocturnal
noche *f.* night; darkness
Noé *m.* Noah
nómada *adj.* nomadic; *m. f.* nomad
nombramiento *m.* naming; appointment
nombrar to name; **bien nombrado** well known
nombre *m.* name; reputation; **en nombre de** in the name of
nordeste *m.* northeast
norma *f.* standard; method
normal *adj.* normal; **escuela normal** normal school
normalizar to normalize
noroeste *m.* northwest
norte *m.* North
norteamericano, -a *adj., m. f.* North American
nosotros, -as *pron.* we, us
notable *adj.* notable, important
noticia *f.* news
novecientos, -as *adj.* nine hundred
novela *f.* novel
novelista *m. f.* novelist
noviembre *m.* November
nube *f.* cloud; **nube de pájaros** thousands of birds
nudo *m.* knot
nuestro, -a *adj.* our; *pron.* ours
nueva *f.* news; **nuevas noticias** new events
nueve *adj.* nine
nuevo, -a *adj.* new; **de nuevo** again
número *m.* number
numeroso, -a *adj.* numerous
nutrición *f.* nutrition

O

obediencia *f.* obedience
obispo *m.* bishop
objetivo, -a *adj.* objective; *m.* objective
objeto *m.* object; subject matter; **con el objeto de** with the purpose of
obligación *f.* obligation
obligar to obligate, oblige, compel
obligatorio, -a *adj.* obligatory, compulsory
obra *f.* work; building; **obras públicas** public work; **obra maestra** masterpiece
obscuridad *f.* obscurity, darkness
observador, -a *adj.* observant; *m. f.* observer
observar to observe, watch
observatorio *m.* observatory
obstáculo *m.* obstacle
obstante: no obstante nevertheless
obtener to obtain
obtenido, -a obtained
obtuvo *pret. ind. 3rd pers. sing. of* **obtener**
obvio, -a *adj.* obvious; **ser obvio** to be obvious
occidental *adj., m. f.* Occidental, western
octubre *m.* October

ocultar to hide, conceal
oculto, -a *m. adj.* hidden, concealed
ocupar to occupy; to take possession of, get; **ocuparse de** to be busy with; to be in charge of
ocurrir to occur, happen, take place
ochenta *adj.* eighty
ocho *adj.* eight
oda *f.* ode
odio *m.* hatred
oeste *m.* west
oficial, *adj.* official; *m.* officer
oficina *f.* office
oficio *m.* occupation
ofrecer to offer
ofrenda *f.* offering, gift
ofrendar to make offerings of
oidor *m.* hearer; (*arch.*) judge
oír to hear; to listen
ojival *adj.* ogival (*pertaining to the pointed arch*)
ojo *m.* eye
Olimpíada *f.* olympiad
olímpico, -a *adj.* Olympian
olvidado, -a neglected, forgotten
olvidar to forget
once *adj.* eleven
operación *f.* operation
operar to work; to operate on
opinar to judge, pass judgement
opinión *f.* opinion; **opinión pública** public opinion; **cambiar de opinión** to change one's mind
oponente *adj.* opponent
oponer to oppose; **oponerse a** to object to
oportunidad *f.* opportunity; **aprovechar la oportunidad** to seize the opportunity
oportunista *adj.* opportunistic; *m. f.* opportunist
oposición *f.* opposition
oposicionista *adj. m.f.* oppositionist
oprimir to oppress
optar to choose; **optar por** to decide in favor of
opuesto, -a *adj.* opposed, opposite; *irreg. p. part. of* **oponer**
oración *f.* prayer
órbita *f.* orbit
orden *m.* order; **orden religiosa** *f.* religious order; **por orden de** by order of; **poner en orden** to put in order; **estar a las órdenes** to be at the service of
ordenar to order; to arrange
ordinario, -a *adj.* ordinary
orfebre *m.* goldsmith
orfebrería *f.* gold *or* silver work
organismo *m.* organism; organization
organización *f.* organization
organizador *adj.* organizing; *m. f.* organizer
organizar to organize; **organizarse** to organize oneself
oriental *adj., m. f.* Oriental, eastern
oriente *m.* Orient; east
origen *m.* origin
originar to originate
orilla *f.* border, side; bank (*of a river*)
oriundo, -a *adj. m. f.* native
organizar to organize
ornamentación *f.* ornamentation
ornamentar to adorn, decorate, ornament
oro *m.* gold
orquesta *f.* orchestra; **orquesta sinfónica** symphony orchestra
oscilar to oscillate; to hesitate
oscuridad *f.* obscurity; darkness; gloominess
oscuro, -a *adj.* obscure
ostensible *adj.* manifest, visible
otomí Mexican Indian; language of Otomí Indians
otorgar to grant, give
otro, -a *adj.* another; *pl.* **otros -as** others; *pron.* another one, other one
oyendo *pres. part of* **oír**
oyó *pret. 3rd pers. sing. of* **oír**
oxígeno *m.* oxygen

P

paciente *adj., m. f.* patient
pacífico, -a *adj.* peaceful; *m.* Pacific Ocean

pactar to agree to
padre *m.* father; priest; **padres** parents
pagano, -a *adj., m. f.* pagan
pagar to pay
pago *m.* payment
paguen *pres. subj. 3rd pers. pl. of* **pagar**
país *m.* country
paisaje *m.* landscape
paisano, -a *adj.* of the same country; *m. f.* peasant
pájaro *m.* bird
palabra *f.* word; **libertad de la palabra** freedom of speech
palacio *m.* palace
palmo *m.* span (*measurement equivalent to the space between the end of the thumb to the end of the little finger when extended*)
paludismo *m.* malaria
pampa *f.* pampas (*a vast treeless plain*)
panamericano, -a *adj.* Pan-American
papa *m.* Pope; *f.* potato
papel *m.* paper; piece of paper; role; **papel carbón** carbon paper
par *adj.* like; similar; **a la par** at the same time, jointly
para *prep.* to, for; toward; in order to; **para ver** in order to see; **para que** in order that
paradójico, -a *adj.* paradoxical
paraguayo, -a *adj., m. f.* Paraguayan
paralelo, -a *adj., m.* parallel
paralizado, -a paralyzed
parecer *m.* opinion; appearance; *v.* to seem; to look like; to look alike; **parece que** it seems that; **se parece a** it looks like; **según parece** apparently
parecido, -a *adj.* similar; **bien parecido** good looking
parecióme (*arch.*) **me pareció,** I thought, it seemed to me that
pared *f.* wall
parejo, -a *adj.* equal; even; *f.* pair, couple
pariente, -a *m. f.* relative
parnasiano, -a Parnassian (*French school that cultivated "art for art's sake" in poetry*)
párroco *m.* parish priest
parroquia *f.* parish
parte *f.* part; share; **parte de** part of; **de parte de** on the side of, on behalf of; **el parte** dispatch; **en parte** in part; **la mayor parte** the majority; **tercera parte** one-third; **por todas partes** everywhere
participación *f.* communication; participation
participar to inform; to participate; **participar en** to partake in, participate in
partícipe *adj., m. f.* participant
particular *adj.* particular; peculiar; private; individual; **en particular** in particular; in private
partidario *m.* supporter, partisan
partido *m.* party; profit; **sacar partido de** to derive profit from; *f.* departure; certificate
partir to divide; to leave; **a partir de** beginning with; **partir de** to reckon from
pasado, -a *adj.* past, gone; **lo pasado** the past
pasaba *imp. ind. 3rd pers. sing. of* **pasar lo que pasaba** what was going on
pasar to pass; to go (through, over); to cross; **pasar a ser** to become; **pasar de** to go beyond; **pasarse al enemigo** to go over to the enemy
pase *m.* pass, permit
pasividad *f.* passiveness
paso *m.* step; passage; **con paso de, al paso de** with, evenly with; **a paso de gigante** at a giant's pace
pasto *m.* pasture; grazing land; fodder
pastoreo *m.* pasturing
pastorín *m.* young shepherd
patagón, -a *adj., m. f.* Patagonian
Patagonia *f.* southernmost region of Argentine and Chile
paternalismo *m.* paternalism
Pater noster Lord's Prayer
patio *m.* court, yard; **patio interior** interior yard
pato *m.* duck; old Argentinian sport

patria *f.* fatherland
patriótico, -a *adj.* patriotic
patrón, -a sponsor, protector; boss
paulatino, -a *adj.* slow, gradual
paz *f.* (*pl.* **paces**); peace; **en paz** in peace, peacefully
pedir to ask; **pedir ayuda** to ask for help
pedrería *f.* precious stones; jewels
pelear to fight
peligrar to endanger
peligro *m.* danger; **correr peligro** to be in danger; **fuera de peligro** out of danger
peligroso, -a *adj.* dangerous
pelo *m.* hair
pelota *f.* ball; ball game
pelotero *m.* ball player
pena *f.* pain; sorrow; **pena de muerte** death penalty
penalidad *f.* calamity
penetrante *adj.* penetrating
penetrar to penetrate, pierce
península *f.* peninsula
peninsular *adj.* peninsular; *m. f.* peninsular, inhabitant of a peninsula
penoso, -a *adj.* difficult; shy
pensador, -a *adj.* thinking; *m.* thinker
pensamiento *m.* thought
pensar to think; **pensar en** + *inf.* to think of
peña *f.* rock
peor *adj., adv.* worse; **lo peor** the worst
pequeño, -a *adj.* little, small
perder to lose; to ruin; **perderse** to lose one's way; **perder de vista** to see something disappear in the distance
pérdida *f.* loss
perdonar to pardon
perdurar to last; to survive
peregrinaje *m.* pilgrimage
peregrino, -a pilgrim
perenne *adj., m. f.* perennial
perfeccionar to perfect; to improve
perfecto, -a *adj., m. f.* perfect
periódico, -a *adj.* periodic; *m.* newspaper
periodismo *m.* journalism; the press
periodista *m. f.* journalist
periodístico, -a *adj.* journalistic
período *m.* period of time
peripecia *f.* hazard, sudden change of circumstances
perla *f.* pearl
permanecer to remain
permanente *adj.* permanent
permiso *m.* permit, permission
permitir to allow
pero *conj.* but, yet
perpetuar to perpetuate; **perpetuarse** to be perpetuated
perpetuo, -a *adj.* perpetual
perplejo, -a *adj.* perplexed, puzzled
perro, -a *m. f.* dog
persecución *f.* persecution
perseguir to pursue; to persecute
persistir to persist
persona *f.* person
personaje *m.* personage; individual; character
personal *adj.* personal; *m.* personnel, staff; **el personal** the employees
persuasión *f.* persuasion
pertenecer to belong, pertain
peruano, -a *adj., m. f.* Peruvian
pesar *m.* sorrow; **a pesar de** in spite of
pesca *f.* fishing
pescado *m.* fish
pesquero *adj.* fishing; **industria pesquera** fishing industry
petición *f.* petition
petróleo *m.* oil, petroleum
petrolero, -a *adj.* pertaining to oil
pez *m.* fish; *pl.* **peces**
piadoso, -a devout
pianista *m. f.* pianist
pico *m.* peak
pictográfico, -a *adj.* pictographic
pictórico, -a *adj.* pictorial
pie *m.* foot; **de** *or* **en pie** standing
piedra *f.* stone; rock
piel *f.* skin; hide; fur; leather
pieza *f.* piece; composition, play
pigmento *m.* pigment
pila *f.* battery; **pila seca** dry battery
pillaje *m.* pillage

pintar to paint
pintor *m.* painter, artist
pintura *f.* painting; paint
piquero *m.* pikeman; booby
pirata *adj.* piratical; *m.* pirate
pisar to tread on, step on
plaga *f.* plague
plan *m.* plan; proposal; project; regime; **plan de estudios** curriculum; **plan de lucha** war plans
plancha *f.* sheet (*of metal*); iron
planear to outline; to plan
plano, -a *adj.* level, plane; even; flat
planta *f.* plant; factory; **plantas automovilísticas** automobile factories
plantación *f.* plantation
plantar to plant
plástico, -a *adj.* plastic; *f.* plastic art
plata *f.* silver
plátano *m.* banana
plateresco, -a *adj.* plateresque (*very elaborate ornamentation applied to architecture*)
platino *m.* platinum
plato *m.* dish, plate
playa *f.* beach
plaza *f.* square; **plaza mayor** main square
plazo *m.* term; **a plazos** on credit; **a corto plazo** short term; **a largo plazo** long-range; long term
plebiscito *m.* plebiscite
pleno, -a *adj.* full; complete
plomo *m.* lead
pluma *f.* feather; pen
población *f.* population, village; city
poblado, -a populated; *m.* village, settlement
poblador, -a *m. f.* settler
poblar to populate, inhabit; **poblarse** to become populated
pobre *adj.* poor; *m. f.* beggar; *pl.* the poor, poor people
pobreza *f.* poverty
poco, -a *adj.* little, not much; **poco a poco** slowly, little by little; **otro poco** a little more; **por poco** almost; **unos pocos** a few
poder *m.* power; **en poder de** in the power of; **plenos poderes** full powers; **no poder más** to be exhausted; **no poder ver** not to be able to stand; *v.* to be able to, can
poderío *m.* power
poderoso, -a *adj. m. f.* powerful; wealthy
poema *f.* poem
poesía *f.* poetry; poem
poeta *m.* poet
poético, -a *adj.* poetic
poetisa *f.* poet
polca *f.* polka
policromado, -a polychromed
policromar to polychrome
polífono, -a *adj.* polyphonic
polinesio, -a *adj., m. f.* Polynesian; **la Polinesia** Polynesia
politécnico, -a *adj.* polytechnical
política *f.* politics; policy
políticamente *adv.* politically
político, -a *adj.* political; *m.* politician; *f.* politics
polo *m.* pole; polo (*sport*)
polvo *m.* dust
pólvora *f.* gunpowder
pollo *m.* chicken
pompa *f.* pomp
pomposo, -a *adj.* pompous
poner to put; to place; **ponerse** to put oneself; to become; **ponerse en su lugar** to take his place; to see from one's own point of view; **ponerse a ver** to see, watch
poniente *m.* west
popular *adj.* popular
popularidad *f.* popularity
popularizar to popularize; **popularizarse** to become popular
populoso, -a *adj.* populous
por *prep.* by; via; in; **por lo tanto,** because of that; **por lo pronto** in any case; **por eso** because of that; **por delante** in front; **por detrás** behind; **por ser** because of being; **por cierto** for sure; **por ciento** per cent; **por su cuenta** on his own; **por medios pacíficos** pacifically

porfía *f.* persistence, obstinacy
porque *prep.* because; in order that
porra *f.* club, bludgeon
portugués, -a *adj., m. f.* Portuguese; *m.* Portuguese language
porvenir *m.* future
poseer to possess; to own
posesión *f.* possession; **en posesión** in possession
posibilidad *f.* possibility
posible *adj.* possible
posición *f.* position; standing
postergar to delay, postpone
posterior *adj.* back, rear; later; **posterior a** later than
pote *m.* container, pot
potencia *f.* power, force, potency; **grandes potencias** big nations
prácticamente *adv.* practically
practicar to practice
precario, -a *adj.* precarious
preceder to precede
precepto *m.* precept; order
precio *m.* value, price
precioso, -a *adj.* precious; witty; pretty
precipitadamente hastily
precisamente *adv.* precisely
preciso, -a *adj.* precise; necessary; **es preciso** it is necessary
precolombino, -a *adj.* pre-Columbian
preconizar to preconize, proclaim publicly; to commend, praise
precursor *adj.* precursory; *m. f.* precursor
predecesor, -a *m. f.* predecessor
predecir to predict, foretell
prédica *f.* sermon, preaching
predicar to preach
predilecto, -a *adj.* favorite
predominante *adj.* predominant
predominar to predominate; **predominar sobre** to tower over
preferencia *f.* preference
preferente *adj.* preferential
preferir to prefer, favor
prehistórico, -a *adj.* prehistoric
prejuicio *m.* prejudice; **prejuicio racial** racial prejudice
prensa *f.* press
preocupación *f.* preoccupation
preocupado, -a worried, concerned
preocupar to preoccupy; **preocuparse con** to become preoccupied with; to be concerned with
preparación *f.* preparation, knowledge
preparado, -a ready, able to; capable
preparar to prepare; **prepararse** to get ready; to prepare
preponderante *adj.* preponderant
presencia *f.* presence; **en presencia de** in the presence of
presencial *adj.* actual, in person
presentar to present; to offer
presente *adj.* present
presidencia *f.* presidency; chairmanship
presidencial *adj.* presidential
presidente *m.* president; **presidente electo** president-elect
presión *f.* pressure
presionado, -a pressured, forced
presionar to put pressure on, pressure
preso, -a *adj.* imprisoned; *m. f.* prisoner
préstamo *m.* loan
prestigio *m.* prestige
presuponer to presuppose
presupuesto *adj.* presupposed; *m.* budget
pretender to pretend to; to try for
pretextar to use as a pretex *or* excuse; to pretend
pretexto *m.* pretext
prevalecer to prevail; **prevalecer sobre** to prevail over
prevalezca; *pres. subj. 1st pers. sing. of* **prevalecer** to prevail
prevención *f.* foresight; prevention
prever to foresee
previsto, -a *p. part. of* **prever**
primario, -a *adj.* primary
primer, -o, -a *adj.* first; early; *adv.* first; **primer ministro** premier
primitivo, -a *adj., m. f.* primitive
primo, -a first, prime
primordial *adj.* primordial, basic
princesa *f.* princess

principal *adj.* main; essential
principio *m.* beginning, start; principle; **principios humanos** human dignity; **a principos de** around the beginning of; **principios sociales** social principles; **desde un principio** from the beginning
prisionero, -a prisoner
privado, -a *adj.* private
privilegio *m.* privilege
probado, -a *adj.* tried, proved; **probado que** having proved that
probar to prove
problema *m.* problem
procedencia *f.* origin
procedente *adj.* coming, originating; proper
procedimiento *m.* procedure, process
proceso *m.* process; course, development; **en pleno proceso de** in the midst of
proclama *f.* proclamation
proclamar to proclaim; **proclamarse** to proclaim oneself
producción *f.* production
producir to produce; to cause
productivo, -a *adj.* productive
producto *m.* product; **productos agrícolas** agricultural products
productor *m.* producer
produjo *pret. ind. 3rd pers. sing. of* **producir**
produzca *pres. sub. 1st pers. sing. of* **producir**
proeza *f.* prowess
profanación *f.* profanation
profanar to profane
profano, -a *adj., m.f.* profane, worldly
profesional *adj., m. f.* professional
profundo, -a *adj.* profound; deep; *m.* profundity
profuso, -a *adj.* profuse; (*of language*) widely-spoken
profusión *f.* profusion
programa *m.* program; **programa de estudios** curriculum
progresar to progress
progresivo, -a *adj.* progressive
progreso *m.* progress
prohibir to prohibit, forbid
proliferar to multiply; to reproduce rapidly
prolongar to prolong
promesa *f.* promise
prometedor, -a *adj.* promising; *m. f.* promiser
prometer to promise
promover to promote; to advance
promulgar to promulgate
pronto *adv.* right away, soon; **lo más pronto posible,** as soon as possible; **tan pronto como** as soon as; **de pronto** suddenly
pronunciar to pronounce; **pronunciar discursos** to deliver speeches
propagación *f.* propagation
propaganda *f.* propaganda; advertising
propagandista *adj., m. f.* propagandist
propagar to propagate, spread
propiedad *f.* property; **propiedad privada** private property; **propiedad territorial** land holdings
propietario *m.* owner
propio, -a *adj.* proper; characteristic; natural; **el propio** he, himself
proponer to propose; **proponerse** to propose to
proporción *f.* proportion
proporcional *adj.* proportional
proporcionar to provide
proposición *f.* proposition
propósito *m.* purpose, aim
propuesto, -a *adj.* proposed; *f.* proposition; *p. part. of* **proponer**
propugnar to defend; to name
prórroga *f.* prorogation, postponement **prórroga de poderes** prorogation of powers
prosa *f.* prose
proseguir to continue
prosperidad *f.* prosperity
próspero, -a *adj.* prosperous
protector, -a *adj.* protective; *m. f.* protector, protectress
protectorado *m.* protectorate

proteger to protect
protesta *f.* protest
protestar to protest
provecho *m.* advantage
provechoso, -a *adj.* profitable; useful; beneficial
proveer to provide
proveedor, -a supplier, provider
provenir to come from, originate
provincia *f.* province
provocar to provoke
próximo, -a *adj.* next; near
proyectar to project; to plan
proyecto *m.* project
psicología *f.* psychology
Ptolomeo *m. Claudius Ptolemy, Greek astronomer and geographer (second century A.D.)*
publicación *f.* publication
públicamente *adv.* publicly
publicar to publish
público, -a *adj.* public; **salud pública** public health
pudo *pret. ind. 3rd pers. sing. of* **poder**
pueblecito *m.* village
pueblo *m.* town; people; **al pueblo** to the people
puede *pres. ind. 3rd pers. sing. of* **poder**
puente *m.* bridge
puerto *m.* port
puertorriqueño, -a *adj., m. f.* Puerto Rican
pues *adv.* then, well; certainly; anyhow
puesto *adj.* placed, put; *m.* position, post; place; *v. p. part. of* **poner**
pulgar *m.* thumb; **dedo pulgar** thumb
pulmonía *f.* pneumonia
púlpito *m.* pulpit
punta *f.* point; end
punto *m.* point; **punto de partida** starting point; **a punto de** on the point of; **punto de vista** point of view
puño *m.* fist; handle
puro, -a *adj.* pure
puse *pret. ind. 1st pers. sing. of* **poner**
puso *pret. ind. 3rd pers. sing. of* **poner**

Q

que *pron. rel.* that, which; who, whom; **que haya sido** that may have been; **que haya tenido** that may have had
quebranto *m.* failure
quechua *m. f.* Quechuan
quedar to stay, to remain; **quedar en** to agree to; **quedarse con** to take, keep; **quedarse atrás** to remain behind
quejido *m.* complaint, whine
quemar to burn; to set on fire
quinqué *m.* oil lamp
querer *m.* love, affection; *v.* to wish; to love; to want; **sin querer** unwillingly; **querer decir** to mean
queso *m.* cheese
quetzal *bird of tropical America*
quien *pron. rel.* who, whom; he who; she who, some one who; anyone who
químico *adj.* chemical; **materiales químicos** chemical materials
quince *adj.* fifteen
quinina *f.* quinine
quisiesen *imp. sub. 3rd pers. pl. of* **querer**
quiso *pret. ind. 3rd pers. sing. of* **querer**
quitar to remove, take away
quizá(s) *adv.* maybe, perhaps

R

radiante *adj.* radiant
radicado, -a *adj.* located; settled
radio *m f.* radio; broadcast
raíz *f.* (*pl.* **raíces**) root; **a raíz de** right after, close to; **echar raíces** to take root
rama *f.* branch
rango *m.* rank; class
rápidamente *adv.* quickly, rapidly
rapidez *f.* rapidity
rápido, -a *adj.* rapid
rasgo *m.* trait, characteristic
rastro *m.* trace, vestige
rato *m.* while, short time; **al cabo de un rato** later, after a while; **un mal rato** a bad time
raza *f.* race
razón *f.* reason

reafirmar to confirm, reaffirm
real *adj.* real; royal; **realmente** *adv.* really
realidad *f.* reality; **en realidad** in reality
realización *f.* realization
realizado, -a realized, finished
realizar to carry out; **realizarse** to become fulfilled
reanudar to renew
reavivar to revive
rebelar to revolt; to break; **rebelarse** to revolt
rebelde *adj.* rebellious; *m.f.* rebel
rebelión *f.* rebellion
rebuscado, -a *adj.* affected
recargado, -a *adj.* overdone, overwrought; overloaded
recargar to reload; to overadorn
recelar to fear; distrust; **recelar de** to distrust
recibir to receive; to welcome; **recibirse de** to graduate as
recién *adv.* recently
reciente *adj.* recent
reclamar to claim, demand
recluta *m.* recruit
reclutar to recruit
recoger to pick up; to collect; to welcome
recolectar to gather; to collect
recomendar to recommend
recompensa *f.* reward
reconocer to recognize; to acknowledge; to admit
Reconquista *f.* Reconquest
reconquistar to reconquer
reconstrucción *f.* reconstruction
reconstruido, -a reconstructed
reconstruir to rebuild
recordar to remember; to remind; to bring to mind
recorrer to cross; to go through; to travel along
rector *m.* rector *or* president (of a university)
recursos *m. pl.* resources
recurrir to resort; to revert
rechazar to repel; to reject, refuse; **al rechazar** because of repelling; at the moment of repelling
red *f.* net; network
redondez *f.* roundness
redondo, -a *adj.* round, rounded
reducido, -a *adj.* reduced; small
reducir to reduce; **reducirse a** to come to
reestructuración *f.* reorganization, reconstruction
referir to refer; **referirse a** to refer to
reflejar to reflect; to show; **reflejarse** to be reflected
reflexión *f.* reflection
reforma *f.* reform; **reforma agraria** agrarian reform
reforzado, -a reinforced
reforzar to reinforce
refuerzo *m.* reinforcement
refugiar to shelter; **refugiarse** to take refuge
refugio *m.* refuge
regalar to give; to treat
regalo *m.* gift, present
regar to water, irrigate
régimen *m.* regime; **régimen de la propiedad** property laws
región *f.* region
regir to rule; to control
regocijo *m.* cheer, joy
regresar to return, go back
regreso *m.* return; **de regreso,** back
regular *adj.* fair, moderate; **por lo regular** as a rule; *v.* to regulate
rehacer to do over, remake
reina *f.* queen
reinado *m.* reign
reinar to reign; to prevail
reino *m.* kingdom
reír to laugh; **reírse de** to laugh at
relación *f.* relation; speech; report, relationship; **relación comercial** commercial relation
relacionar to relate; to associate; **relacionarse** to become related
relativo, -a *adj.* relative
relato *m.* story, report

relegar to relegate; to neglect
relieve *m.* relief; prominence; **poner de relieve** to point out
religión *f.* religion
religioso, -a *adj.* religious; *m. f.* priest, nun
remiso, -a *adj.* indolent
remontar to go up; to raise up; to go back in time; **remontarse** to rise up; to go back in time
remoto, -a *adj.* remote
remozar to rejuvenate
remunerativo, -a *adj.* remunerative
rendido, -a exhausted; surrendered
rendir to conquer; **rendir homenaje** to pay homage; **rendirse** to surrender
renombre *m.* renown
renuente *adj.* reluctant
renunciar to renounce; to give up
reorganizado, -a reorganized
repartido, -a divided
repartir to distribute
repasar to review
repasó *pret. ind. 3rd pers. sing. of* **repasar**
repercusión *f.* repercussion
repercutir to rebound; **repercutir en** to have repercussions on
repertorio *m.* repertory
repetir to repeat
repleto, -a *adj.* full, loaded
reposo *m.* rest
representación *f.* representation
representante *adj.* representing; *m. f.* representative
representar to represent; to act
representativo, -a *adj.* representative
represión *f.* repression
república *f.* republic
republicano, -a *adj., m. f.* republican
requerir to request; to urge; to summon
resentimiento *m.* resentment
resentir to be resentful; to resent
reserva *f.* reserve
residente *adj., m. f.* resident
residir to reside
resignar to resign; **resignarse a** to resign oneself to
resistencia *f.* resistence
resolver to resolve; **resolverse a** to turn into; **resolverse por** to resolve on *or* upon
respaldar to back
respaldo *m.* help, indorsement
respectivo, -a *adj.* respective
respetar to respect
respeto *m.* respect
respetuoso, -a *adj.* respectful
responder to answer
responsabilidad *f.* responsibility
responsable *adj.* responsible
restablecer to restore; to reestablish; **restablecerse** to recover
restante *adj.* remaining
resto *m.* rest; **restos** remains
restrictivo, -a *adj.* restrictive
resucitar to revive; to resuscitate
resuelto resolute *p. part. of* **resolver**
resultado *m.* result; **resultado de** the result of
resultar to become; to turn out to be
resultó *pret. ind. 3rd pers. sing. of* **resultar**
resumir to sum up
retaguardia *f.* rear guard; **a retaguardia** in the rear
retener to retain
retirar to retire; to withdraw, to take away; *m.* retirement; **retirarse** to retire
reunión *f.* reunion; meeting
reunir to join; to assemble; **reunirse** to gather together
revelar to reveal
reverberación *f.* reverberation
revista *f.* magazine; **pasar revista** to review
revolucionario, -a *adj., m. f.* revolutionary
revolver to stir; to shake; **revolverse** to turn against
revolución *f.* revolution; **Revolución Francesa** French Revolution
revuelta *f.* fight, revolt
revuelto, -a *adj.* confused; *p. part. of* **revolver**

rey *m.* king
rezar to pray
rico, -a *adj.* rich; *m. f.* rich person
rígido, -a *adj.* rigid
rigió *pret. ind. 3rd pers. sing. of* **regir**
rima *f.* rhyme
río *m.* river
ríoplatense *adj.* pertaining to the River Plate; *m. f.* inhabitant of the basin of the River Plate
riqueza *f.* wealth
riquísimo, -a extremely rich
rito *m.* rite
rivalidad *f.* rivalry
robar to steal
rodear to surround
rodela *f.* buckler
rogar to beg
roguéles (I asked them) *pret. ind. 1st pers. sing. of* **rogar**
Roma Rome
romanizado, -a Romanized
romano, -a *adj., m. f.* Roman
romper to break
ron *m.* rum
ropa *f.* clothes, clothing
roto, -a broken; torn
royalista *adj., m. f.* monarchy sympathizer
rueda *f.* wheel
ruido *m.* noise
ruina *f.* ruin
rumbo *m.* course, direction; **(con) rumbo a** bound for; **tomar rumbo a** to head (*in a direction*)
rumorar to rumor
rupestre *adj.* rupestrian, inscribed *or* cut into rocks
Rusia Russia
ruso, -a *adj., m. f.* Russian
ruta *f.* route
rutina *f.* routine

S

saber *m.* knowledge; *v.* to know, know how; **hacer saber** to inform; **saber de** to know about
sabio, -a *adj.* wise, learned; *m.* wise man
sacar to draw; to pull out; to obtain
sacerdote *m.* priest; **sumo sacerdote** high priest
sacrificado, -a *adj.* sacrificed
sacrificio *m.* sacrifice
sagrado, -a *adj.* sacred
saja *f.* incision
sala *f.* hall; living room
Salamanca city of Spain
salario *m.* salary
salido, -a *adj.* projecting; *f.* departure; exit; outlet; **tener salida** to sell well
salir to go out; to leave; **salir al encuentro** to go to meet; **salir bien** to succeed
salón *m.* salon; saloon
salubridad *f.* health
salud *f.* health; **mala salud** bad health
san *apocope of* **santo;** saint
sanar to cure; to recover
sangrar to bleed
sangre *f.* blood; spirit; **con los de su sangre** with his own people
sanguinario, -a bloody
sanitario, -a *adj.* sanitary
Santander province in northern Spain
santiguar to make the sign of the cross over
Santo Domingo Caribbean island
santuario *m.* sanctuary
sapiencia *f.* sapience, wisdom
saquear to sack, pillage
sargento *m.* sergeant
satisfacer to please; to satisfy
satisfactorio, -a *adj.* satisfactory
se *pron. refl.* to him, her, them, your, oneself; it
sea *pres. subj. 1st and 3rd pers. sing. of* **ser**
secretariado *m.* secretariat
secreto, -a *adj.* secret; **en secreto** in secret
secta *f.* sect
secuaces *pl. of* **secuaz**
secuaz *adj., m.f.* (*pl.* **secuaces**) partisan; follower
secundario, -a *adj.* secondary

sed *f.* thirst
sede *f.* seat, headquarters
seducir to seduce
seguido, -a *adj.* followed; continued; **en seguida** at once
seguidor, -a *adj.* following; *m. f.* follower
seguir to follow; to hound; to continue
según *prep.* according to; *adv.* depending on circumstances
segundo, -a *adj.* second
seguramente *adv.* surely; certainly; firmly, constantly
seguridad *f.* certainty, safety
seguro, -a *adj.* sure; *m.* insurance; **estar seguro** to be sure
seis *adj.* six
seiscientos, -as *adj.* six hundred
seleccionar to select, appoint
selva *f.* forest, woods; jungle
semana *f.* week
semejable *adj.* like, resembling; alike, comparable
semejante *adj.* like, similar
semilla *f.* seed
seminario *m.* seminar
senador *m.* senator
sencillo, -a *adj.* simple, plain
sentar to seat; **sentarse** to sit down
sentencia *f.* sentence
sentenciar to sentence
sentido *m.* sense; **sentido común,** common sense; **sin sentido** meaningless; **en el sentido de** from the point of view of, in the sense of
sentimiento *m.* feeling; sorrow; sentiment
sentir *m.* feeling; *v.* to regret; to hear; **sentirse** to feel; **se hizo sentir** was felt
señal *f.* sign, mark; **en señal de** in proof of
señalar to show, point out
Señor Lord; **Nuestro Señor** Our Lord; **señor** *m.* mister
señora *f.* Mrs., lady; **su señora** his wife
separar to separate; **separarse** to separate
separatista *adj. m. f.* separatist
septentrional *adj.* septentrional, northern
septiembre *m.* September
séptimo, -a *adj.* seventh
sepulcro *m.* tomb, grave
ser to be
seriamente *adv.* seriously
serie *f.* series; **serie mundial** World Series
serio, -a *adj.* serious
serpiente *f.* serpent, snake
servicio *m.* service; **servicio social** social service; **servicio militar** military service; **al servicio de** in the service of
servir to serve; to help; **servir de** to serve as, be used for; **servir para** to be used for; **servirse de** to make use of
sesenta *adj.* sixty
setenta *adj.* seventy
Sevilla Seville, city of southern Spain
sevillano, -a Sevillian
sexto, -a *adj.* sixth
sido *p. part. of* **ser**
siempre *adv.* always; **casi siempre** almost all the time
siendo *pres. part. of* **ser**
siente *pres. ind. 3rd pers. sing. of* **sentir**
sierra *f.* mountain range
siete *adj.* seven
siglo *m.* century; **el Siglo de Oro** the Golden Age
sigue *pres. ind. 3rd pers. sing. of* **seguir; sigue siendo** still is
siguiente *adj.* following; next
sílaba *f.* syllable
silenciar to silence; to keep silent about
silencio *m.* silence; **en silencio** in silence
silva *f. a poetic form*
simbólico, -a *adj.* symbolic, symbolical
simbolismo *m.* symbolism (*French school of poetry mainly preoccupied with the musical effect of the verse*)
símbolo *m.* symbol
similaridad *f.* similarity
simpatía *f.* sympathy

simpatizador *m.* sympathizer
simpatizar to be congenial; **simpatizar con** to get along well with
simultáneamente *adv.* simultaneously
sin *prep.* without; **sin duda** no doubt; **sin embargo** nevertheless
sinceramente *adv.* sincerely
sinfónico, -a symphonic; **orquesta sinfónica** symphony orchestra
singular *adj.* singular; **en singular** in particular
sino *conj.* but; except; only; **sino que** only; not only; but, but also
sinónimo, -a *adj.* synonymous
sintieron *pret. ind. 3rd pers. pl. of* **sentir**
siquiera *adv.* even; *conj.* even though; **ni siquiera** not even
sirviente, -a *adj.* serving; *m. f.* servant
sísmico, -a *adj.* seismic; **zona sísmica** seismic zone
sistema *m.* system; **sistema vigesimal**, vigesimal system
situación *f.* situation, position
situar to situate; to locate, place
soberanía *f.* sovereignty
soberano, -a *adj. m. f.* sovereign
sobrado, -a *adj.* excessive; *m.* attic; *p. part. of* **sobrar** to exceed
sobre *prep.* on, upon, above; *m.* envelope; **sobre todo** especially, more than anything
sobrenatural *adj.* supernatural
sobresaliente *adj.* projecting, outstanding
sobresalir to project; to stand out
sobreviviente *m.* survivor
sobrevivir to survive
sobrino *m.* nephew; **sobrina** *f.* niece
sobrio, -a temperate
socialista *adj., m. f.* socialist
sociedad *f.* society; **buena sociedad** fashionable people; **alta sociedad** high society
socio-económico, -a *adj.* socio-economic
sociología *f.* sociology
socorros *m. pl.* help, aid
sol *m.* sun
solamente *adv.* only
solar *adj.* solar; *m.* lot, ground; manor house
soldado *m.* soldier; **soldado de fortuna** soldier of fortune; **soldado profesional** professional soldier
solicitar to ask for, seek
solidaridad *f.* solidarity
sólido, -a *adj.* solid
solo, -a alone
sólo *adv.* only
solución *f.* solution
solucionar to solve
sombra *f.* shadow
sombrero *m.* hat
someter to submit; to subdue; **someterse** to yield, surrender
sometido, -a *adj.* submissive, docile
sometimiento *m.* submission
son *pres. ind. 3rd pers. pl. of* **ser**
sonar to blow; to sound
soñar to dream; **soñar despierto** to daydream
soplar to blow; to inflate
soplo *m.* blowing; gust of wind
sorprendente *adj.* surprising
sorprender to surprise; to catch
sorpresa *f.* surprise
sospechar to suspect; **sospechar de** to suspect of
sospechoso, -a *adj.* suspicious
sostener to maintain; to sustain; to support; to stand; to keep; to bear
sostenido, -a *adj.* held, supported
soviético, -a *adj.* Soviet; **la Unión Soviética** the Soviet Union
soy *pres. ind. 1st pers. sing. of* **ser**
su *adj. poss.* his, hers, its, theirs, your, one's
suave *adj.* smooth; mild; gentle
subdesarrollado, -a underdeveloped
súbdito *adj., m. f.* subject
subdividir to subdivide
subir to go up; to raise
sublevación *f.* uprising, revolt
sublevar to incite to rebellion; **sublevarse** to revolt

subordinado, -a *adj.* subordinating; *m. f.* subordinate
subordinar to subordinate; **subordinarse** to be subordinated
subsecretario, -a undersecretary; **subsecretario de Estado** undersecretary of State
subsecuente *adj.* subsequent
subsiguiente subsequent, succeeding
subterráneo, -a underground, subterranean
subyugar to subjugate
suceder to happen; to be the successor; **sucederse** to follow one after the other; **me sucedió bien de ello** (*arch.*) it did me good
sucesivo, -a *adj.* successive
suceso *m.* event
sucumbir to succumb
suelo *m.* floor; soil; **el suelo peninsular** the peninsula
sueño *m.* sleep; dream; daydream; **entre sueños** dreaming, while dreaming
suerte *f.* luck; **por suerte** luckily, by chance
suevo, -a *adj., m. f.* Suevian
suficiente *adj.* sufficient
sufragar to support; to help; to defray
sufrido, -a *adj.* long-suffering
sufrimiento *m.* suffering
sufrir to suffer; to undergo
sugerir to suggest
sulfuro *m.* sulfid, sulfide
sumamente *adv.* extremely
sumergir to submerge; **sumergirse** to submerge
sumido, -a submerged
suministrar to provide, supply
sumir to submerge; **sumirse** to be submerged
superado, -a surpassed, excelled
superior *adj.* superior; higher; **superior a** superior to
superviviente *m. f.* survivor
supieron *pret. ind. 3rd pers. pl. of* **saber**
supo *pret. ind. 3rd pers. sing. of* **saber**
suponer to suppose; supposition
supremacía *f.* supremacy
supremo, -a *adj.* supreme; **jefe supremo** commander-in-chief
suprimir to suppress; to abolish, lift
supuesto *adj.* supposed, assumed; **por supuesto** of course
sur *m.* south
Suramérica *f.* South America
suramericano, -a *adj.* pertaining to South America; *m. f.* South American, Latin American
surgir to sprout; to issue; to arise
surrealista *adj.* surrealist
suscitar to provoke; to stir up
suscribir to subscribe; to endorse
suspenso, -a *adj.* suspended, hanging; **en suspenso** in suspense
suspirar to sigh
sustituir to replace
sustituto *m.* substitute
sustituyó *pret. ind. 3rd pers. sing. of* **sustituir**
suyo, -a *adj., pron. poss.* his, hers, yours, theirs, its, one's; **de los suyos** his, hers, your, theirs

T

tablilla *f.* small board
táctica *adj.* tactical; *f.* tactics
taínos *extinct Indian tribe of Cuba*
tal *adj. indef.* such, such a; *pron. indef.* so and so, such a thing; **con tal de que** provided that; **tal vez** maybe
talento *m.* talent
tallar to carve, shape
tamaño *m.* size
también *adv.* too, also, besides
tambor *m.* drum
tamborito *m.* small drum
tan *adv.* as
tanto, -a *adj.* so much; **tantos -as** so many; **estar al tanto de** to be informed; **en tanto** in the meantime; **por lo tanto** therefore; **tanto por ciento** percentage; **tanto . . . como** as well as

tapicería *f.* tapestries
tapiz *m. pl.* **tapices** tapestry
tardar to be long, be late
tarde *f.* afternoon; *adv.* late; **más tarde** later; **hacerse tarde** to grow late
tardío, -a *adj.* late, delayed
tarea *f.* work, homework, task
tarifa *f.* tariff
tartesio, -a *adj., m. f.* tartar
teatro *m.* theatre
técnico, -a *adj.* technical; *m.* technician; *f.* technics, skill; methods; **educación técnica** technical education
tecnología *f.* technology
tecnológico, -a *adj.* technologic
techo *m.* roof, ceiling; cover; housing
tejedor, -a *adj.* weaving;*m. f.* weaver
tejido *m.* weave; textiles
tela *f.* cloth, fabric
televisor, -a *adj.* televising; *m.* television set
tema *m.* theme, subject
temblor *m.* tremor; **temblor de tierra** earthquake
temer to fear
temeroso, -a *adj.* fearful
temor *m.* fear; **por temor a** for fear of
temperamento *m.* temperament
templo *m.* temple
temporada *f.* season
temporal *adj.* temporal; *m.* storm, tempest
temprano, -a *adj., adv.* early
tendencia *f.* tendency
tener to have; to get, obtain; **tener en cuenta** to consider; **tener que** to have to
tenga *pres. subj. 1st pers. sing. of* **tener**
teniente *m.* lieutenant; **teniente gobernador** lieutenant-governor
tenis *m.* tennis
tentar to attempt; to tempt
teñir to color, to dye, tint
teoría *f.* theory
teóricamente *adv.* theoretically
tercio *adj. m.* third
terminar to finish; **terminar por** to end up with
término *m.* end; term; manner; **llevar a término** to carry out
terrateniente *m. f.* land holder, land owner
terremoto *m.* earthquake
terreno *m.* land, ground; **ganar terreno** to gain ground; **perder terreno** to lose ground; **preparar el terreno** to pave the way
terrestre *adj.* terrestrial, land; **comunicaciones terrestres** overland communications
territorio *m.* territory
terrorista *adj.* terrorist
tesoro *m.* treasure, wealth
testigo *m. f.* witness; **testigo presencial** eyewitness
texto *m.* text
Tiahuanaco *region occupied by the Inca empire*
tiempo *m.* weather; time; **al poco tiempo** within a short time; **a tiempo** at the right time; **mal tiempo** bad weather; **mucho tiempo** a long time; **tiempos** ages; **al mismo tiempo** at the same time; **desde hace tiempo** since long ago
tierno, -a *adj.* tender
tierra *f.* earth; ground; dirt; land; **tierra adentro** inland; **tierra firme** earth, ground
tiniebla *f.* darkness
tinta *f.* ink; tint
típico, -a *adj.* typical
tipo *m.* type; shape
tira *f.* long strip (*of paper, cloth, etc.*)
tirar to throw; to tear down; to knock down; to shoot
tiranía *f.* tyranny
tirano, -a *adj.* tyrannous; *m. f.* tyrant
Titicaca *lake between Peru and Bolivia*
titular *adj.* titular; *m.* bearer; headline; *v.* to title, entitle
título *m.* degree; title
todavía *adv.* still, yet

todo, -a all, everything; **ante todo** first of all; **del todo** wholly; **por todo** altogether; **todo el que** everybody who; **todos** everyone, all, everybody; **casi todo** almost everything
Toledo city of central Spain
tolerante *adj.* tolerant
tolteca *adj., m. f.* Toltec
tomado, -a taken, submitted
tomar to drink; to take; to seize; **tomar a mal** to take offense at; **tomar el poder** to seize the power; **tomar medidas** to take measures
torcer to twist
torero *m.* bullfighter
toro *m.* bull
torre *f.* tower
tórrido, -a *adj.* torrid
tortura *f.* torture
total *adj. m.* total; *adv.* in a word; **en total** in total, altogether
totonaco, -a *pre-Columbian Mexican Indian*
trabajador, -a *adj.* working; *m.f.* hard worker; laborer
trabajar to work
trabajo *m.* work; **trabajos** tribulations, hardships
tradición *f.* tradition
tradicional *adj.* traditional
traducción *f.* translation
traducir to translate
traductor *m.* translator
traer to bring; to carry
tráfico *m.* traffic; **tráfico de negros** slave trade
tragar to swallow; **tragarse** to swallow up
tragedia *f.* tragedy
trágico, -a *adj.* tragic
traído, -a brought; *p. part. of* **traer**
traidor, -a *adj.* traitorous; treacherous; *m. f.* traitor
traje *m.* dress, costume
trajeran *pres. subj. 3rd pers. pl. of* **traer**
trajeron *pret. ind. 3rd pers. pl. of* **traer**
trajín *m.* carrying; going and coming
tranquilo, -a *adj.* tranquil, calm
transcendencia *f.* penetration; keenness; importance; result
transformar to transform, to change; **transformarse** to become transformed
transición *f.* transition
transitorio, -a *adj.* transitory
transparente *adj.* transparent
transportar to transport
transporte *m.* transport; transportation
tras *prep.* after; behind; **tras de** in addition to
trasandino, -a *adj.* trans-Andean
trascendencia *f.* importance
trasladar to transfer; to move
trasmitir to transmit
trasplantar to transplant; to emigrate
tratado *m.* treaty; agreement
tratamiento *m.* treatment
tratar to deal with; to treat; **tratar de** to deal with; +*inf.* to try to
trato *m.* treatment; manner; deal, agreement
través *m.* misfortune; **a través de** through, across
trazar to trace; to design; to outline; to draw
trece *adj.* thirteen
treinta *adj.* thirty
tremendo, -a *adj.* tremendous
tren *m.* train
trepanación *f.* trepanation
tres *adj.* three
trescientos, -as *adj.* three hundred
tribu *f.* tribe
tributario, -a *adj.* tributary; **reformas tributarias** tax reforms; *m.* tributary (*stream flowing into a larger one or into the sea*)
trigo *m.* wheat
Trinidad—Tobago *islands in the Caribbean that were united politically after their independence from England*
triplicar to triple
tripulación *f.* crew; *pl.* crew members
triste *adj.* sad
tristeza *f.* sadness, sorrow
triunfar to triumph
triunfo *m.* triumph

triunvirato *m.* triumvirate
trono *m.* throne
tropas *f.* troops
truco *m.* trick
tumba *f.* grave
tumulto *m.* tumult
tumultuoso, -a *adj.* tumultuous
tungsteno *m.* tungsten
tupido, -a *adj.* thick, dense
turbar to disturb, upset
turco, -a *adj.* Turkish; *m.* Turk
turquesa turquoise
turnar to alternate, take turns
tuvieron *pret. ind. 3rd pers. pl. of* **tener**
tuvo *pret. ind. 3rd pers. sing. of* **tener**
  tuvo que he or she had to

U

último, -a *adj.* last; remote; **a última hora** at the eleventh hour; **por último** at last; finally; **últimamente** recently
ultramar *m.* (country) overseas; **en ultramar** overseas
un, -a *art. indef.* a, an
unánime *adj.* unanimous
único, -a only, sole; unique; **lo único** the only thing
unidad *f.* unity; unit
unificar to unify
unión *f.* union; **Unión Soviética** Soviet Union
unir to unite, join; **unirse** to join
unitario, -a *adj.* unitary; *m. f.* Unitarian
universalidad *f.* universality
universidad *f.* university
universitario, -a *adj.* pertaining to a university
universo *m.* universe
uno, -a one, a, an; **uno de ellos** one of them
urbanizar to urbanize
urbano, -a *adj.* urban
urgencia *f.* urgency
urgente *adj.* urgent
urna *f.* urn
urpis variety of the Inca lyric poetry
uruguayo, -a *adj. m. f.* Uruguayan
usar to use; to wear
usurpador, -a *adj.* usurping; *m. f.* usurper
usurpar to usurp
utensilio *m.* utensil
utilizar to utilize

V

vacío, -a *adj.* empty
vacuno, -a *adj.* bovine; *f.* vaccine
valentía *f.* valor, bravery
valer *m.* worth, value; **valerse** to help oneself; **valerse de** to make use of; **no poder valerse** to be helpless
valeroso, -a *adj.* valiant, brave
valiente *adj.* valiant; *m.* brave fellow
valioso, -a *adj.* valuable
valor *m.* value, worth; **valor literario** literary value; **valores** securities
valorar to value, evaluate
Valladolid city in northwestern Spain
valle *m.* valley
vamos *pres. ind. 1st pers. pl. of* **ir**
van *pres. ind. 3rd pers. pl. of* **ir**
vándalo *adj., m. f.* Vandal
variado, -a *adj.* varied
variadísimo, -a tremendously varied
variar to change, to vary
variedad *f.* variety
vario, -a *adj.* various; **varios, -as** several
vasco, -a *adj. m. f.* Basque
vaso *m.* glass
vasto, -a *adj.* vast
vecino, -a *adj.* neighboring; *m. f.* neighbor, native
vehemencia *f.* vehemence
vehículo *m.* vehicle
veinte *adj.* twenty
veinticinco *adj.* twenty-five
veinticuatro *adj.* twenty-four
veintiséis *adj.* twenty-six
veintisiete *adj.* twenty-seven
vencedor, -a *adj.* conquering; *m. f.* conqueror
vencer to conquer; to defeat
vencido, -a *adj.* conquered
vender to sell
Venecia *f.* Venice

veneciano, -a *adj., m. f.* Venetian
venerar to venerate
venezolano, -a *adj., m. f.* Venezuelan
venganza *f.* vengeance, revenge
venir to come; **venir bien** to fit
venta *f.* sale
ventaja *f.* advantage; **tomar ventaja** to take advantage
ventana *f.* window; **ventana de en medio** central window
venturaba (*arch.*) *imp. ind. 3rd per. sing. of* **aventurar**
ver to see; **no poder ver** not to be able to bear; *m.* opinion; **a mi ver** in my opinion
verano *m.* summer
verdad *f.* truth
verdadero, -a *adj.* true; truthful, real
verde *adj.* green
verdor *n.* verdure, greenness
verificar to verify
Verlaine, Paul (*1844–1896*), *one of the greatest figures of French symbolism*
vertiginoso, -a *adj.* vertiginous, fast
vestido *m.* clothing; costume; *p. part. of* **vestir**
vestidura *f.* clothing; vestment
vestir to dress; to cover; **verstirse** to dress oneself
vez *f.* (*pl.* **veces**) time; turn; **a la vez** at one time; **a la vez que** while; a **su vez** in turn; **alguna vez** sometimes; **de vez en cuando** once in a while; **en vez de** instead of; **rara vez** seldom; **tal vez** perhaps; **una vez** once; **de vez en vez** once in a while; **unas veces** at times
vía *f.* road; route; rail; **estar en vías de** to be engaged in; **vías de comunicación** communications
viajar to travel
viaje *m.* trip, voyage
vicepresidente *m.* vicepresident
vicisitud *f.* vicissitude
víctima *f.* victim
victoria *f.* victory
victorioso, -a *adj.* victorious
vida *f.* life; **con vida** alive; **quitarse la vida** to take one's life
vidrioso *adj.* glassy, vitreous
viejo, -a *adj.* old, ancient; *m. f.* old man, old woman
vigesimal *adj.* vigesimal; *m.* twentieth
vigilante *adj.* vigilant, watchful
vigilar to watch (over), supervise
vigorizar to invigorate
vigoroso, -a *adj.* vigorous, strong
villa *f.* town; villa
vimos *pret. ind. 3rd pers. pl. of* **ver**
vincular to tie, bind; to entail; to continue
vinícola *adj.* pertaining to wine
vino *m.* wine
viñedo *m.* vineyard
violar *m.* to violate
violencia *f.* violence
virgen *f.* virgin
virrey *m.* viceroy
virreinato *m.* viceroyalty
virtud *f.* virtue; power; **en virtud de** in virtue of
visigodo, -a *adj., m. f.* Visigothic
visión *f.* vision; view
visita *f.* visit; **ir de visita** to go calling, visiting
visitar to visit
visorey (*arch.*) viceroy
visto, -a *adj.* evident; *f.* sight, view; **a la vista** at the sight; **en vista de** in consideration of
vivienda *f.* dwelling
vivir *m.* life; *v.* to live
vivo, -a *adj.* alive, living; vivid
Vizcaya Biscay (*province of northern Spain*)
vocacional *adj.* vocational
volcán *m.* volcano
volcánico, -a *adj.* volcanic
volcar to upset; to overturn; **volcarse** to overturn oneself
voluntad *f.* will; **a voluntad** at will; **de mala voluntad** unwillingly; **de buena voluntad** willingly
voluntario, -a *adj.* voluntary; *m. f.* volunteer

volver to return; **volver a dar razón** to explain again; **volverse** to become; to turn; **volverse atrás** to back up
voto *m.* vow; vote; **votos** wishes; **hacer votos** to wish
voz *f.* (*pl.* **voces**) voice
vuelta *f.* turn, rotation; return; **a la vuelta** on returning
vuelto, -a returned

X

Xerez, Francisco de *1504–1539 chronicler of the conquest of Peru who accompanied Pizarro*

Y

y *conj.* and
ya *adv.* already
yacimiento *m.* bed; layer
yerba *f.* grass
yo *pers. pron.* I
yuca yucca
yungas *f.* deep valleys in Bolivia

Z

zambo, -a *adj.* knock-kneed; *m. f.* of negro and Indian blood
zapato *m.* shoe
zarpar to set sail
zinc *m.* cinc
zona *f.* zone
Zuñi American Indian tribe (Western New Mexico)

Illustration Credits

Maps by Alan Moyler

2 Courtesy of the Hispanic Society of America.
2 Dirección General del Turismo.
3 Courtesy of the Hispanic Society of America.
4 Peter Buckley.
5 Courtesy of the Hispanic Society of America.
7 - 9 Ediciones Sicilia.
14 Helena Kolda.
17 Courtesy of Pan American Union (Canadian Pacific Railway).
18 Dan Budnik.
20 Courtesy of the American Museum of Natural History.
23 Philip Gendreau.
24 - 26 Dan Budnik.
29 Courtesy of Pan American Union (Barbachano Travel Service).
31 George Holton, Photo Researchers, Inc.
32 The Metropolitan Museum of Art, Gift of George D. Pratt, 1933.
39 - 42 Courtesy of the N. Y. Public Library, Picture Collection.
43 Courtesy of the N. Y. Public Library, Prints Division.
48 Courtesy of the American Museum of Natural History.
50 Courtesy of the N. Y. Public Library, Picture Collection.
51 Dan Budnik.
53 Courtesy of the N. Y. Public Library, Picture Collection.
56 Pease, Monkmeyer Press Photo Service.
59 Dieter Grabitzky, Monkmeyer Press Photo Service.
60 - 71 Courtesy of the N. Y. Public Library, Picture Collection.
74 Monkmeyer Press Photo Service.
76 - 77 Dan Budnik.
79 Courtesy of Pan American Union.
85 CABRERA, Miguel. *Portrait of Sister Juana Ines de la Cruz.* 1750. Collection, Instituto Nacional de Antropología e Historia, Mexico City. Photo: The Museum of Modern Art, New York.
87 Courtesy of the N. Y. Public Library, Prints Division.
89 Photographie Giraudon.
91 Courtesy of the N. Y. Public Library, Picture Collection.
92 - 93 Dan Budnik.
95 Courtesy of the N. Y. Public Library, Picture Collection.
97 Courtesy of the N. Y. Public Library, Prints Division.
101 - 102 Courtesy of Pan American Union.
103 The Bettmann Archive, Inc.
104 Courtesy of Pan American Union.
107 Philip Gendreau.
110 Courtesy of Pan American Union.
111 Carl Frank, Photo Researchers, Inc.
112 - 113 Courtesy of Pan American Union.
116 The Bettmann Archive, Inc.
119 - 121 Courtesy of the N. Y. Public Library, Picture Collection.
123 RIVERA, Diego. *Agrarian Leader Zapata.* 1931. Collection, The Museum of Modern Art, New York. Mrs. John D. Rockefeller, Jr. Purchase Fund.
124 George Holton, Photo Researchers, Inc.
126 Carl Frank, Photo Researchers, Inc.

128 Dan Budnik
129 Silberstein, Monkmeyer Press Photo Service.
130 Carl Frank, Photo Researchers, Inc.
131 Peter Buckley.
132 - 134 Carl Frank, Photo Researchers, Inc.
135 Courtesy of Pan American Union (Shell Caribbean Co.).
137 Linares, Monkmeyer Press Photo Service.
138 Courtesy of Brazilian Coffee Institute; Courtesy of United Fruit Company.
140 Fritz Henle, Monkmeyer Press Photo Service.
142 Peter Buckley.
143 Linares, Monkmeyer Press Photo Service.
144 - 146 Peter Buckley.
147 Courtesy of Mexican National Tourist Council.
148 Peter Buckley.
149 Dan Budnik.
153 Monkmeyer Press Photo Service.
157 Carl Frank, Photo Researchers, Inc.
158 Peter Buckley, Monkmeyer Press Photo Service.
160 Carl Frank, Photo Researchers, Inc.
162 George Holton, Photo Researchers, Inc.
163 Peter Buckley.
164 Charles Perry Weimer.
165 Dan Budnik.
167 Jane Latta, Photo Researchers, Inc.; Tiers, Monkmeyer Press Photo Service.
169 - 172 Carl Frank, Photo Researchers, Inc.
173 Courtesy of American Airlines.
175 - 176 Carl Frank, Photo Researchers, Inc.
179 Lawrence H. Berlin, Photo Researchers, Inc.
186 Paul Conklin, Courtesy of the Peace Corps.
187 Linares, Monkmeyer Press Photo Service.
188 Courtesy of the Consulate of Guatemala in New York.
190 OROZCO. *Self Portrait.* 1940. Collection, The Museum of Modern Art, New York. Inter-America Fund.
191 ALFARO SIQUEIROS, David. *The Sob.* 1939. Collection, The Museum of Modern Art, New York.
192 Dan Budnik; TAMAYO, Rufino. *Melon Slices.* 1950. Collection, The Museum of Modern Art, New York. Gift of Mrs. Sam A. Lewisohn.
194 Carl Frank, Photo Researchers, Inc.
199 - 200 Patricia Caulfield, Photo Researchers, Inc.
202 Courtesy of the Commonwealth of Puerto Rico.
205 Carl Frank, Photo Researchers, Inc.
206 Fujihira, Monkmeyer Press Photo Service.
207 Carl Frank, Photo Researchers, Inc.
cover—candlesticks, courtesy of Phoenix, Pan American Imports, New York.

EL MUNDO HISPÁNICO

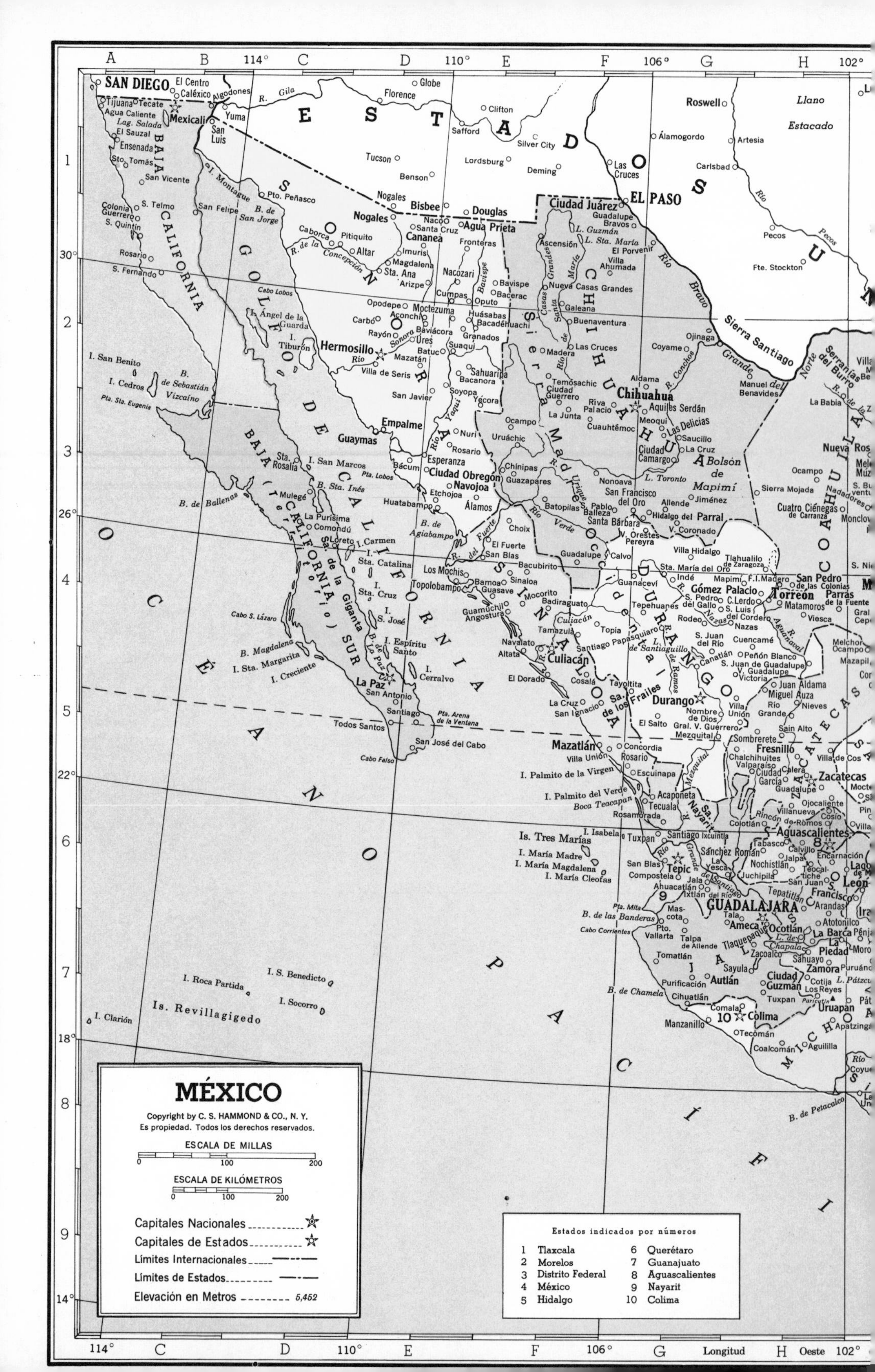

MÉXICO
Copyright by C. S. HAMMOND & CO., N. Y.
Es propiedad. Todos los derechos reservados.
ESCALA DE MILLAS
0
100
200
ESCALA DE KILÓMETROS
0
100
200
Capitales Nacionales
Capitales de Estados
Límites Internacionales
Límites de Estados
Elevación en Metros 5,452
Estados indicados por números
1 Tlaxcala
2 Morelos
3 Distrito Federal
4 México
5 Hidalgo
6 Querétaro
7 Guanajuato
8 Aguascalientes
9 Nayarit
10 Colima
A
B
114°
C
D
110°
E
F
106°
G
H
102°
Longitud
Oeste
30°
26°
22°
18°
14°
1
2
3
4
5
6
7
8
9
ESTADOS UNIDOS
OCÉANO PACÍFICO
GOLFO DE CALIFORNIA
BAJA CALIFORNIA
BAJA CALIFORNIA SUR
SONORA
CHIHUAHUA
DURANGO
SINALOA
COAHUILA
ZACATECAS
JALISCO
Sierra Madre Occidental
SAN DIEGO
El Centro
Caléxico
Algodones
Tijuana
Tecate
Mexicali
Yuma
San Luis
Agua Caliente
Lag. Salada
El Sauzal
Ensenada
Sto. Tomás
San Vicente
Colonia Guerrero
S. Telmo
S. Quintín
Rosario
S. Fernando
R. Gila
Globe
Florence
Clifton
Safford
Silver City
Tucson
Lordsburg
Benson
Deming
Las Cruces
EL PASO
Roswell
Álamogordo
Artesia
Carlsbad
Llano Estacado
Río Pecos
Pecos
Fte. Stockton
I. Montague
San Felipe
B. de San Jorge
Pto. Peñasco
Nogales
Bisbee
Douglas
Naco
Agua Prieta
Santa Cruz
Cananea
Caborca
Pitiquito
Altar
R. de la Concepción
Imuris
Magdalena
Sta. Ana
Arizpe
Nacozari
Fronteras
Cumpas
Bavispe
Bacerac
Oputo
Huásabas
Bacadéhuachi
Opodepe
Moctezuma
Aconchi
Carbó
Baviácora
Ures
Rayón
Hermosillo
Río Sonora
Mazatán
Batuc
Suaqui
Granados
Villa de Seris
Sahuaripa
Bacanora
Soyopa
Yécora
San Javier
Empalme
Guaymas
Río Yaqui
Nuri
Rosario
Esperanza
Ciudad Obregón
Navojoa
Bácum
Etchojoa
Huatabampo
Álamos
B. de Agiabampo
Cabo Lobos
I. Ángel de la Guarda
I. Tiburón
I. San Benito
I. Cedros
B. de Sebastián Vizcaíno
Pta. Sta. Eugenia
Sta. Rosalía
I. San Marcos
Pta. Lobos
B. Sta. Inés
Mulegé
B. de Ballenas
La Purísima
Comondú
Loreto
I. Carmen
I. Sta. Catalina
I. Sta. Cruz
I. San José
I. Espíritu Santo
I. Cerralvo
Sa. de la Giganta
Cabo S. Lázaro
B. Magdalena
I. Sta. Margarita
I. Creciente
La Paz
San Antonio
Santiago
Todos Santos
Pta. Arena de la Ventana
San José del Cabo
Cabo Falso
Ciudad Juárez
Guadalupe Bravos
L. Guzmán
L. Sta. María
El Porvenir
Villa Ahumada
Ascensión
Nueva Casas Grandes
Galeana
Buenaventura
Río Bravo
Sierra Santiago
Ojinaga
Coyame
Madera
Las Cruces
Temósachic
Ciudad Guerrero
Aldama
Chihuahua
Río Conchos
Riva Palacio
Aquiles Serdán
La Junta
Meoqui
Cuauhtémoc
Las Delicias
Saucillo
La Cruz
Ciudad Camargo
Bolsón de Mapimí
Ocampo
Uruáchic
Chínipas
Guazapares
Nonoava
L. Toronto
San Francisco del Oro
Allende
Jiménez
Batopilas
Balleza
Santa Bárbara
Hidalgo del Parral
V. Coronado
V. Orestes Pereyra
Manuel Benavides
Choix
El Fuerte
San Blas
Los Mochis
Topolobampo
Bacubirito
Sinaloa
Bamoa
Guasave
Mocorito
Guamúchil
Angostura
Badiraguato
Guadalupe y Calvo
Villa Hidalgo
Tlahualilo de Zaragoza
Sta. María del Oro
Indé
Mapimí
F. I. Madero
San Pedro de las Colonias
Torreón
Gómez Palacio
C. Lerdo
Guanaceví
S. Pedro del Gallo
S. Luis del Cordero
Tepehuanes
Rodeo
Nazas
Matamoros
Viesca
Tamazula
Topia
Navolato
Altata
Culiacán
Santiago Papasquiaro
S. Juan del Río
Canatlán
Cuencamé
Peñón Blanco
S. Juan de Guadalupe
V. Guadalupe Victoria
El Dorado
Cosalá
Tayoltita
Sa. de los Frailes
Durango
La Cruz
San Ignacio
El Salto
Nombre de Dios
Gral. V. Guerrero
Villa Unión
Mezquital
Juan Aldama
Miguel Auza
Río Grande
Nieves
Sombrerete
Sain Alto
Fresnillo
Mazatlán
Villa Unión
Concordia
Rosario
Escuinapa
I. Palmito de la Virgen
I. Palmito del Verde
Boca Teacapan
Acaponeta
Tecuala
Rosamorada
Chalchihuites
Valparaíso
Ciudad García
Calera
Guadalupe
Zacatecas
Ojocaliente
Villanueva
Rincón de Romos
Cosío
Colotlán
Aguascalientes
Is. Tres Marías
I. Isabela
I. María Madre
I. María Magdalena
I. María Cleofas
Tuxpan
Santiago Ixcuintla
San Blas
Tepic
Compostela
Ahuacatlán
Ixtlán del Río
Jala
La Yesca
Sánchez Román
Tabasco
Calvillo
Jalpa
Nochistlán
Juchipila
Teocaltiche
San Juan
Encarnación
León
Francisco
Tepatitlán
Arandas
Pta. Mita
B. de las Banderas
Cabo Corrientes
Mascota
Pto. Vallarta
Talpa de Allende
Tomatlán
GUADALAJARA
Tala
Ameca
Tlaquepaque
Ocotlán
L. de Chapala
Zacoalco
Atotonilco
La Barca
La Piedad
Sahuayo
Zamora
Sayula
Autlán
Ciudad Guzmán
Cotija
Los Reyes
Purificación
Cihuatlán
B. de Chamela
Tuxpan
Paricutín
Uruapan
Apatzingán
Comala
Colima
Manzanillo
Tecomán
Coalcomán
Aguililla
B. de Petacalco
Nueva Rosita
Ocampo
Sierra Mojada
Cuatro Ciénegas de Carranza
Monclova
La Babia
Serranías del Burro
I. S. Benedicto
I. Roca Partida
I. Socorro
Is. Revillagigedo
I. Clarión

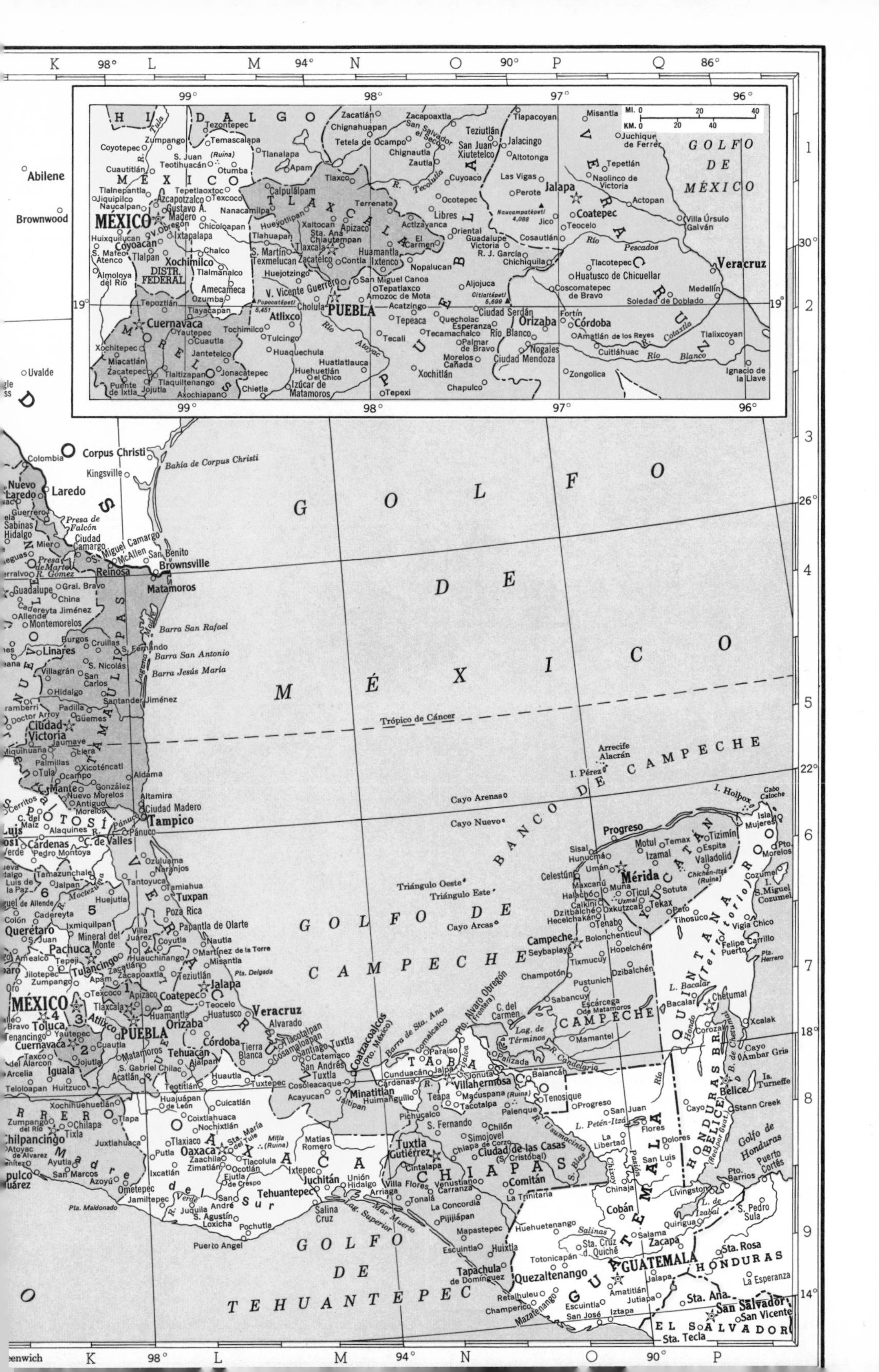

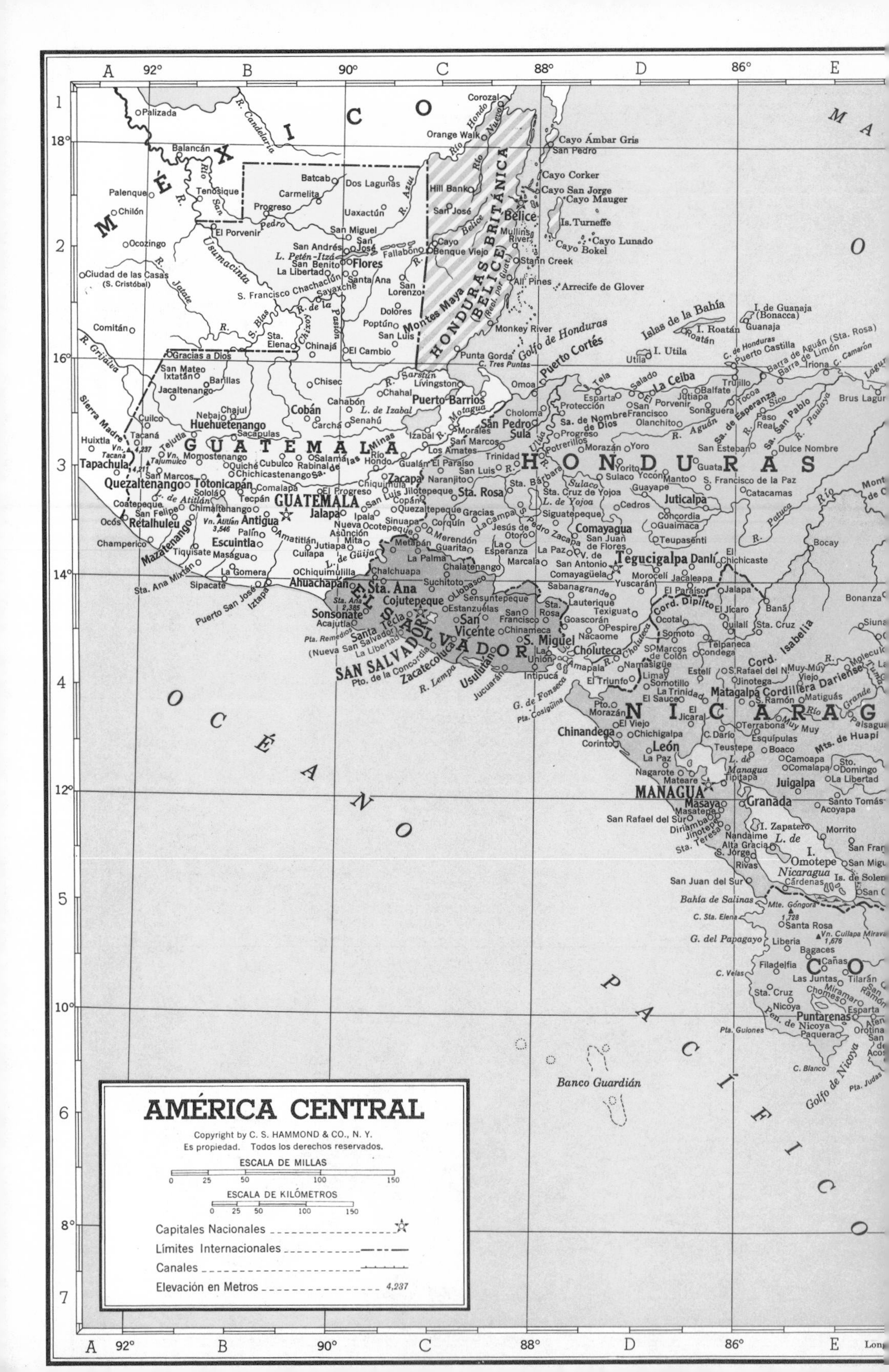

AMÉRICA CENTRAL
Copyright by C. S. HAMMOND & CO., N. Y.
Es propiedad. Todos los derechos reservados.
ESCALA DE MILLAS
0 25 50 100 150
ESCALA DE KILÓMETROS
0 25 50 100 150
Capitales Nacionales
Límites Internacionales
Canales
Elevación en Metros 4,237
A 92° B 90° C 88° D 86° E
18° 16° 14° 12° 10° 8°
1 2 3 4 5 6 7
MÉXICO
GUATEMALA
HONDURAS BRITÁNICA (BELICE)
(Recl. por Guat.)
HONDURAS
EL SALVADOR
NICARAGUA
OCÉANO PACÍFICO
Golfo de Honduras
Islas de la Bahía
Palizada
Balancán
Palenque
Chilón
Ocozingo
Ciudad de las Casas (S. Cristóbal)
Comitán
Tenosique
El Porvenir
R. Candelaria
R. Usumacinta
R. Jataté
R. Grijalva
Sierra Madre
Batcab
Dos Lagunas
Carmelita
Progreso
Uaxactún
San Miguel
San Andrés
L. Petén-Itzá
San José
San Benito
La Libertad
Flores
Santa Ana
San Lorenzo
S. Francisco Chachaclún
Sayaxché
Dolores
Poptún
San Luis
Montes Maya
Sta. Elena
Chinajá
El Cambio
Gracias a Dios
San Mateo Ixtatán
Barillas
Jacaltenango
Chisec
Chahal
Cahabón
Cobán
Carchá
Senahú
L. de Izabal
Nebaj
Chajul
Huehuetenango
Sacapulas
Cuilco
Tacaná
Huixtla
Vn. Tacaná 4,237
Tapachula
Vn. Tajumulco 4,211
Momostenango
Quiché
Cubulco
Rabinal
Salamá
Chichicastenango
San Marcos
Quezaltenango
Totonicapán
Comalapa
Sololá
L. de Atitlán
Tecpán
Coatepeque
San Felipe
Chimaltenango
Retalhuleu
Antigua
Vn. Atitlán 3,546
Ocós
Champerico
Mazatenango
Escuintla
Palín
Amatitlán
Tiquisate
Masagua
La Gomera
Sipacate
Puerto San José
Iztapa
Sta. Ana Mixtán
GUATEMALA
Jalapa
El Progreso
Ipala
Nueva Ocotepeque
Asunción Mita
Jutiapa
Cuilapa
Chiquimulilla
Zacapa
Chiquimula
Jilotepeque
Copán
Quezaltepeque
Gualán
Izabal
Los Amates
Puerto Barrios
Livingston
Sarstún
Corozal
Orange Walk
Río Hondo
Río Nuevo
Hill Bank
San José
Belice
Cayo
Benque Viejo
Mullins River
Stann Creek
All Pines
Monkey River
Punta Gorda
C. Tres Puntas
Cayo Ámbar Gris
San Pedro
Cayo Corker
Cayo San Jorge
Cayo Mauger
Is. Turneffe
Cayo Lunado
Cayo Bokel
Arrecife de Glover
I. de Guanaja (Bonacca)
Guanaja
I. Roatán
Roatán
I. Utila
Utila
C. de Honduras
Puerto Castilla
Barra de Aguán (Sta. Rosa)
Barra de Limón
Iriona
C. Camarón
Brus Laguna
Puerto Cortés
Omoa
Tela
Salado
La Ceiba
Balfate
Trujillo
Esparta
El Porvenir
Jutiapa
Sonaguera
Protección
San Francisco
Olanchito
Choloma
San Pedro Sula
Sa. de Nombre de Dios
Progreso
Morales
San Marcos
Trinidad
Potrerillos
Morazán
Yoro
R. Aguán
Sa. de Esperanza
Paso Real
San Pablo
San Esteban
Dulce Nombre
El Paraíso
Naranjito
San Luis
Sta. Bárbara
Yorito
Sulaco
Yocón
Manto
Guata
S. Francisco de la Paz
Catacamas
Sta. Rosa
Gracias
Sta. Cruz de Yojoa
L. de Yojoa
Guayape
Juticalpa
Siguatepeque
Cedros
Concordia
Guaimaca
Corquín
Jesús de Otoro
Comayagua
San Juan de Flores
Teupasenti
La Esperanza
La Paz
V. de San Antonio
Marcala
Tegucigalpa
Danlí
El Chichicaste
Comayagüela
Morocelí
Yuscarán
Jacaleapa
Bocay
Bonanza
Metapán
Guarita
La Palma
Chalatenango
Chalchuapa
Ahuachapán
Sta. Ana
Sta. Ana 2,385
Suchitoto
Ilobasco
Sensuntepeque
Cojutepeque
Estanzuelas
Sonsonate
Acajutla
Pta. Remedios
Santa Tecla (Nueva San Salvador)
La Libertad
SAN SALVADOR
Pto. de la Concordia
Zacatecoluca
San Vicente
R. Lempa
Usulután
Jucuarán
Chinameca
S. Miguel
La Unión
Intipucá
Sta. Rosa
Sabanagrande
Lauterique
Texiguat
Goascorán
Pespire
Nacaome
Amapala
Choluteca
Namasigüe
Marcos de Colón
Somoto
Ocotal
Cord. Dipilto
El Paraíso
Jalapa
El Jícaro
Quilalí
Baná
Sta. Cruz
Telpaneca
Condega
Limay
Somotillo
El Triunfo
G. de Fonseca
Pta. Cosigüina
Estelí
S. Rafael del N.
Muy-Muy Viejo
Jinotega
La Trinidad
El Sauce
Matagalpa
Cordillera Dariense
S. Ramón
Matiguás
Cord. Isabelia
Pto. Morazán
El Viejo
Chinandega
Chichigalpa
Corinto
El Jícaral
C. Darío
Terrabona
Muy Muy
Esquipulas
León
La Paz
Teustepe
Boaco
L. de Managua
Camoapa
Comalapa
Sto. Domingo
La Libertad
Mts. de Huapí
Nagarote
Mateare
Tipitapa
MANAGUA
Juigalpa
Masaya
Masatepe
Granada
Santo Tomás
Acoyapa
San Rafael del Sur
Diriamba
Jinotepe
Sta. Teresa
I. Zapatero
Nandaime
Alta Gracia
S. Jorge
Rivas
L. de Nicaragua
I. Omotepe
Morrito
San Juan del Sur
Cárdenas
Is. de Solentiname
Bahía de Salinas
C. Sta. Elena
Mte. Góngora 1,728
Santa Rosa
Vn. Cuilapa Miravalles 1,676
G. del Papagayo
Liberia
Bagaces
Cañas
Filadelfia
C. Velas
Las Juntas
Tilarán
Sta. Cruz
Chomes
Miramar
Nicoya
Esparta
Puntarenas
Pen. de Nicoya
Paquera
Pta. Guiones
C. Blanco
Golfo de Nicoya
Pta. Judas
Banco Guardián
Lon

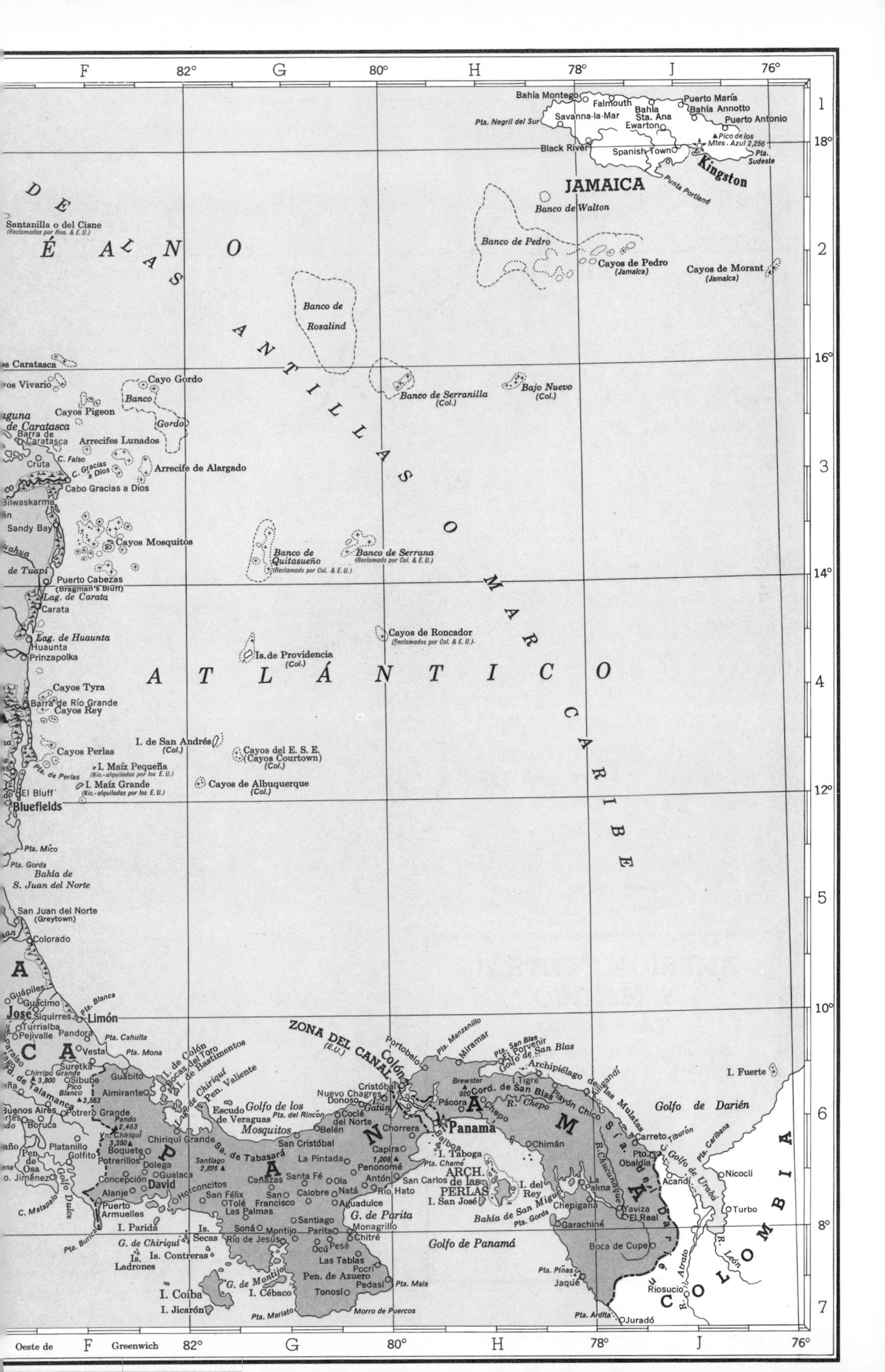

JAMAICA
Bahía Montego
Falmouth
Bahía Sta. Ana
Puerto María
Bahía Annotto
Puerto Antonio
Savanna-la-Mar
Ewarton
Pta. Negril del Sur
Black River
Spanish Town
Kingston
Punta Portland
Banco de Walton
Banco de Pedro
Cayos de Pedro
(Jamaica)
Cayos de Morant
(Jamaica)
Santanilla o del Cisne
Banco de Rosalind
Banco de Serranilla
(Col.)
Bajo Nuevo
(Col.)
Cayo Gordo
Banco Gordo
Cayos Pigeon
Arrecifes Lunados
Arrecife de Alargado
Cabo Gracias a Dios
C. Falso
Cruta
Sandy Bay
Cayos Mosquitos
Banco de Quitasueño
(Reclamado por Col. & E. U.)
Banco de Serrana
(Reclamado por Col. & E. U.)
Puerto Cabezas
(Bragman's Bluff)
Lag. de Carata
Carata
Lag. de Huaunta
Huaunta
Prinzapolka
Cayos de Roncador
(Reclamados por Col. & E. U.)
Is. de Providencia
(Col.)
Cayos Tyra
Barra de Río Grande
Cayos Rey
I. de San Andrés
(Col.)
Cayos del E. S. E.
(Cayos Courtown)
(Col.)
Cayos Perlas
I. Maíz Pequeña
I. Maíz Grande
Cayos de Albuquerque
(Col.)
El Bluff
Bluefields
Pta. Mico
Pta. Gorda
Bahía de S. Juan del Norte
San Juan del Norte
(Greytown)
Colorado
MAR CARIBE
ATLÁNTICO
ZONA DEL CANAL
(E.U.)
Limón
Siquirres
Turrialba
Pandora
Vesta
Guabito
Almirante
I. de Colón
Bocas del Toro
I. de Bastimentos
Pen. Valiente
Laguna de Chiriquí
Escudo de Veraguas
Golfo de los Mosquitos
Portobelo
Colón
Cristóbal
Nuevo Chagres
Donoso
Gatún
Coclé del Norte
Belén
Chorrera
Panamá
Balboa
Pácora
Chepo
Cord. de San Blas
Golfo de San Blas
Archipiélago de las Mulatas
Golfo de Darién
I. Fuerte
Tigre
Playón Chico
Carreto
Pto. Obaldía
Acandí
Golfo de Urabá
Nicoclí
Turbo
COLOMBIA
David
Concepción
Boquete
Chiriquí Grande
Santiago
San Cristóbal
La Pintada
Penonomé
Antón
Río Hato
Capira
San Carlos
I. Taboga
ARCH. de las PERLAS
I. del Rey
I. San José
Chimán
La Palma
Yaviza
El Real
Chepigana
Garachiné
Boca de Cupe
Jaqué
Riosucio
Juradó
Golfo de Panamá
Golfo de Parita
Chitré
Las Tablas
Pen. de Azuero
Pedasí
Tonosí
I. Coiba
I. Jicarón
I. Cébaco
G. de Montijo
G. de Chiriquí
I. Parida
Puerto Armuelles
Golfo Dulce
Golfito
Oeste de Greenwich
82°
80°
78°
76°
18°
16°
14°
12°
10°
8°

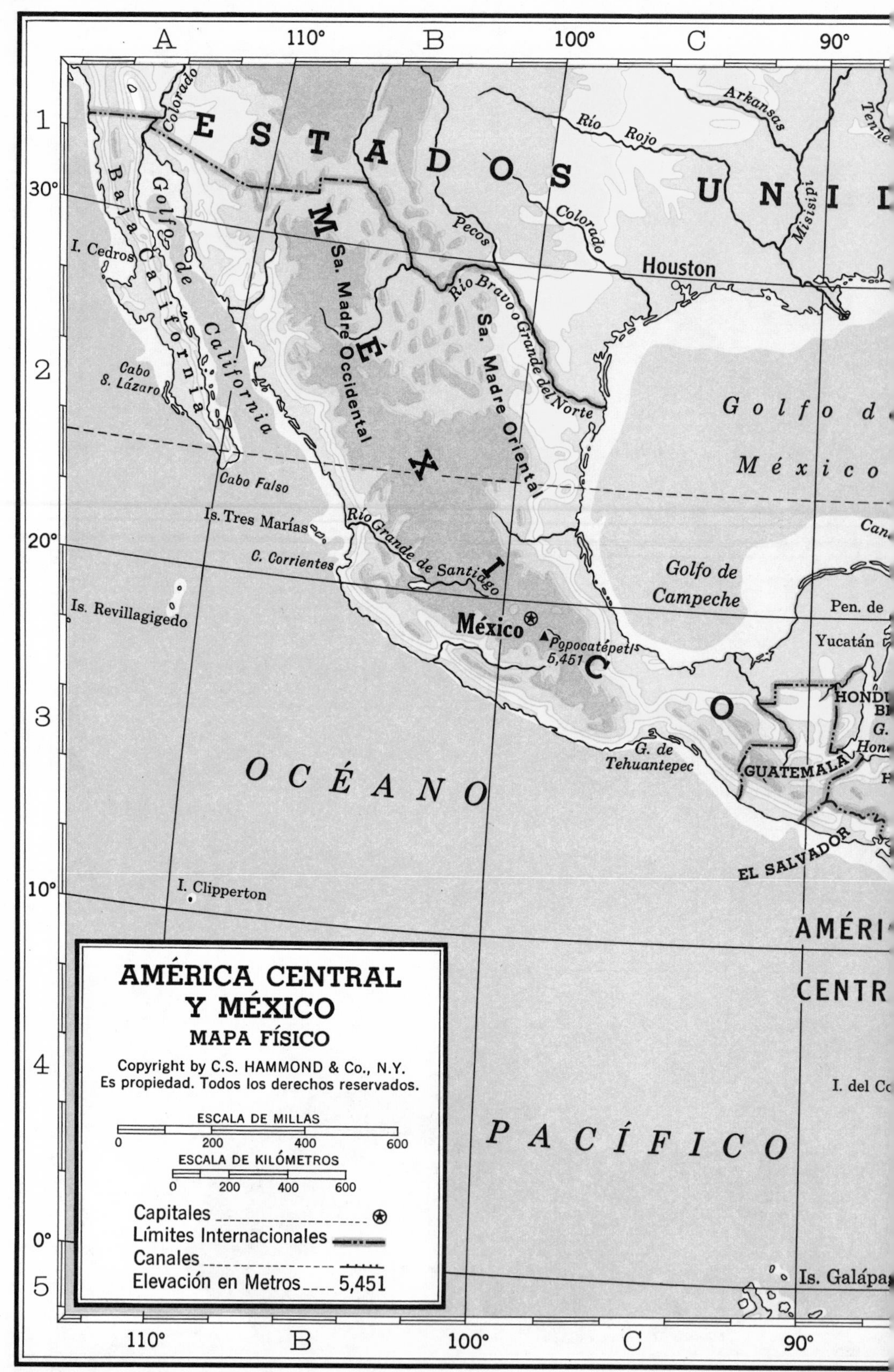
AMÉRICA CENTRAL Y MÉXICO
MAPA FÍSICO
Copyright by C.S. HAMMOND & Co., N.Y.
Es propiedad. Todos los derechos reservados.
ESCALA DE MILLAS
0 200 400 600
ESCALA DE KILÓMETROS
0 200 400 600
Capitales
Límites Internacionales
Canales
Elevación en Metros 5,451
ESTADOS UNIDOS
MÉXICO
Golfo de México
Golfo de Campeche
OCÉANO PACÍFICO
Golfo de California
Baja California
Sa. Madre Occidental
Sa. Madre Oriental
Río Bravo o Grande del Norte
Río Grande de Santiago
Colorado
Pecos
Río Rojo
Arkansas
Misisipí
Houston
México
Popocatépetl 5,451
I. Cedros
Cabo S. Lázaro
Cabo Falso
Is. Tres Marías
C. Corrientes
Is. Revillagigedo
I. Clipperton
G. de Tehuantepec
GUATEMALA
EL SALVADOR
Yucatán
Is. Galápagos

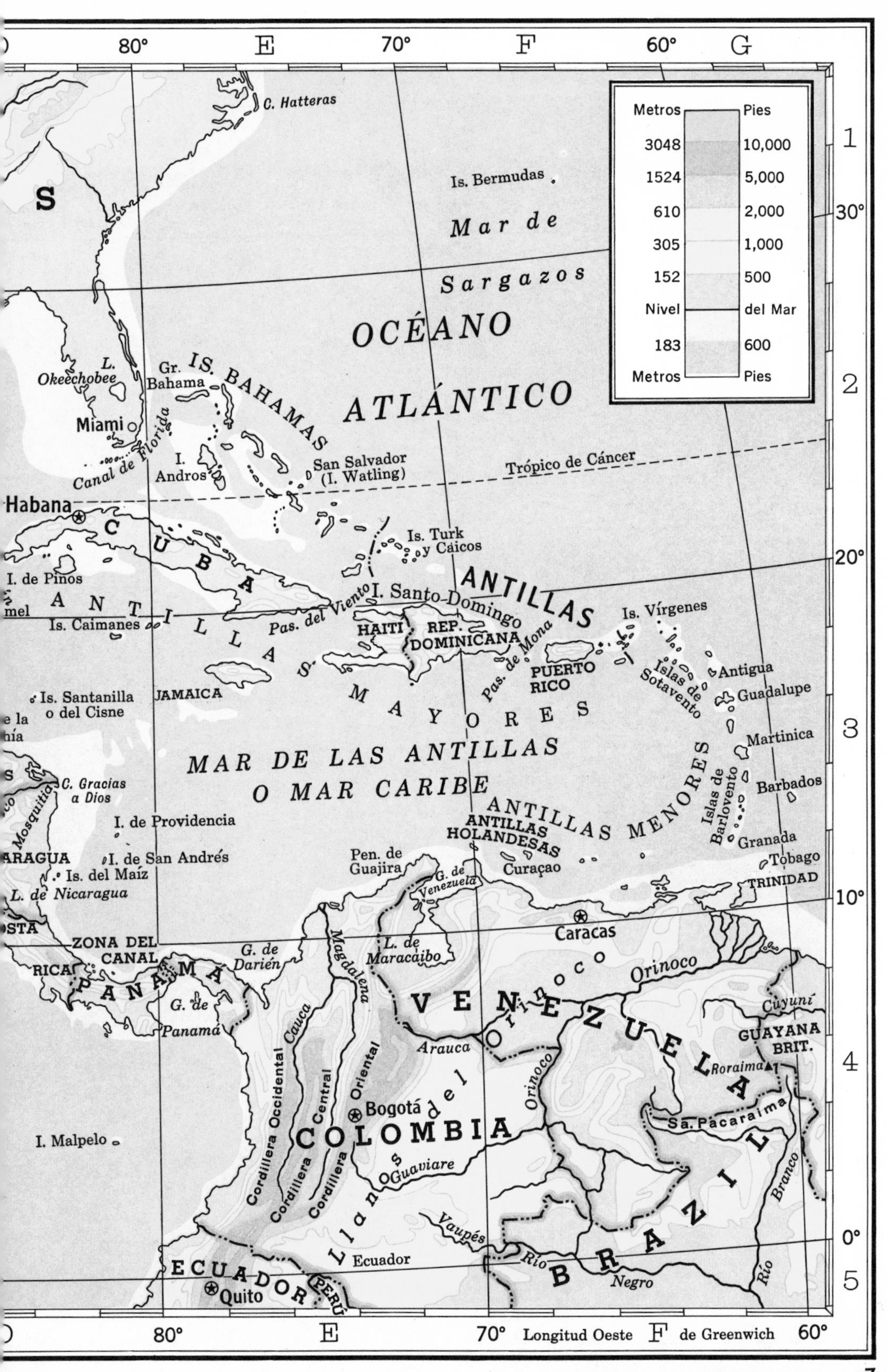
80°
E
70°
F
60°
G
C. Hatteras
Metros
Pies
3048
10,000
1524
5,000
610
2,000
305
1,000
152
500
Nivel
del Mar
183
600
Metros
Pies
1
30°
2
20°
3
10°
4
0°
5
S
Is. Bermudas
Mar de Sargazos
OCÉANO ATLÁNTICO
L. Okeechobee
Gr. Bahama
IS. BAHAMAS
Miami
Canal de Florida
I. Andros
San Salvador (I. Watling)
Trópico de Cáncer
Habana
CUBA
Is. Turk y Caicos
I. de Pinos
ANTILLAS
I. Santo Domingo
Is. Vírgenes
Is. Caimanes
Pas. del Viento
HAITI
REP. DOMINICANA
Pas. de Mona
PUERTO RICO
Islas de Sotavento
Antigua
Guadalupe
Is. Santanilla o del Cisne
JAMAICA
ANTILLAS MAYORES
Martinica
MAR DE LAS ANTILLAS O MAR CARIBE
Islas de Barlovento
Barbados
C. Gracias a Dios
Mosquitia
ANTILLAS MENORES
I. de Providencia
ANTILLAS HOLANDESAS
Granada
I. de San Andrés
Pen. de Guajira
Curaçao
Tobago
Is. del Maíz
G. de Venezuela
TRINIDAD
L. de Nicaragua
Caracas
ZONA DEL CANAL
G. de Darién
L. de Maracaibo
Orinoco
PANAMÁ
Magdalena
G. de Panamá
VENEZUELA
Cuyuní
GUAYANA BRIT.
Cauca
Arauca
Orinoco
Roraima
Cordillera Occidental
Cordillera Central
Cordillera Oriental
Bogotá
Sa. Pacaraima
I. Malpelo
COLOMBIA
Llanos del Orinoco
Guaviare
Branco
Vaupés
Ecuador
Río Negro
BRASIL
Río
ECUADOR
Quito
PERÚ
70°
Longitud Oeste
de Greenwich

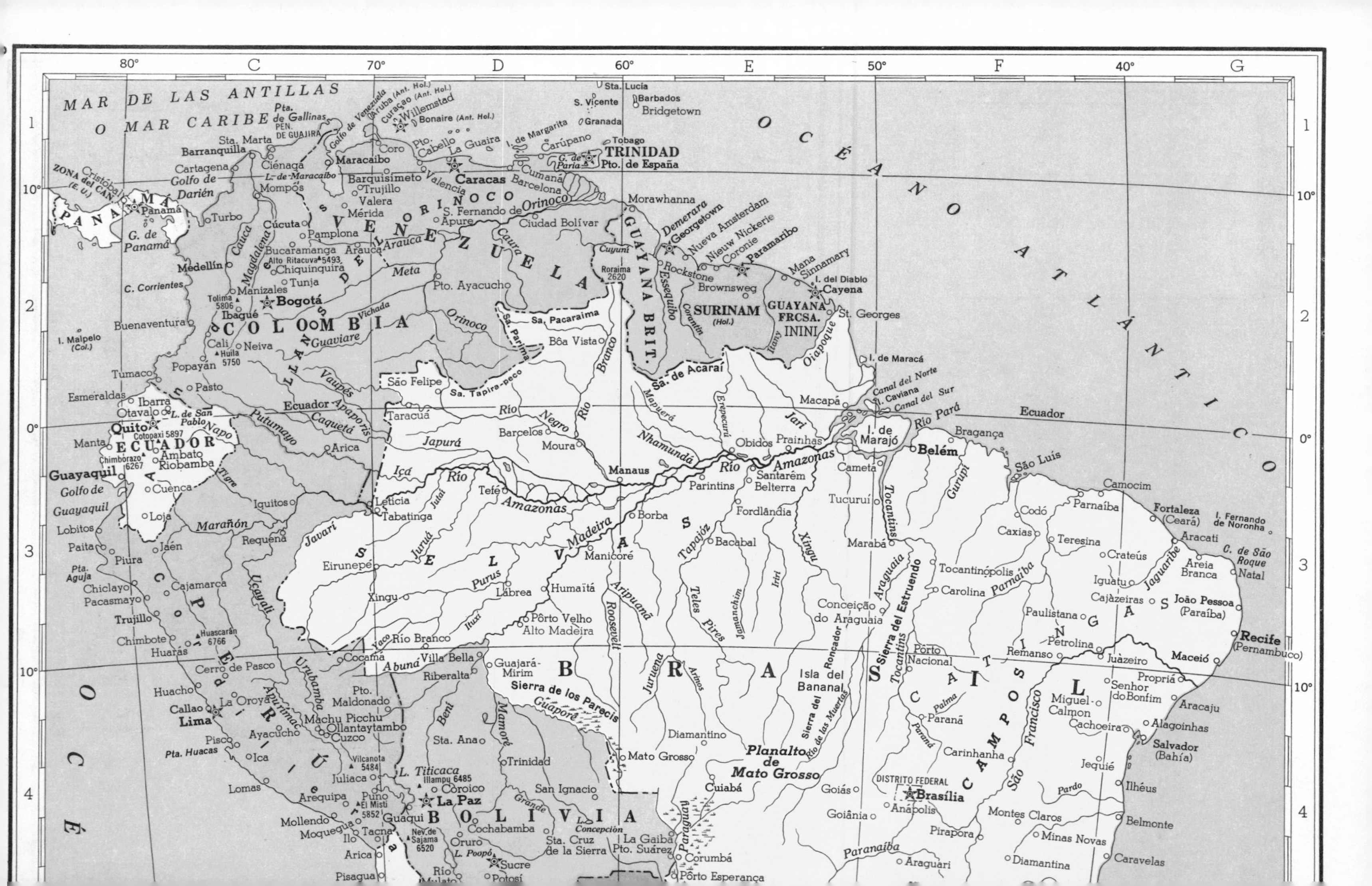

80°
C
70°
D
60°
E
50°
F
40°
G
1
2
3
4
10°
0°
MAR DE LAS ANTILLAS
O MAR CARIBE
OCÉANO ATLÁNTICO
OCÉ
Pta. de Gallinas
PEN. DE GUAJIRA
Golfo de Venezuela
Aruba (Ant. Hol.)
Curaçao (Ant. Hol.)
Willemstad
Bonaire (Ant. Hol.)
Sta. Lucía
S. Vicente
Barbados
Bridgetown
Granada
Tobago
TRINIDAD
Pto. de España
G. de Paria
I. de Margarita
Carúpano
Sta. Marta
Barranquilla
Cartagena
Ciénaga
L. de Maracaibo
Maracaibo
Coro
Pto. Cabello
La Guaira
Caracas
Cumaná
Barcelona
Valencia
Barquisimeto
Trujillo
Valera
Mérida
ZONA del CAN. (E. U.)
Cristóbal
PANAMÁ
Panamá
G. de Panamá
Golfo de Darién
Mompós
Turbo
Cúcuta
Pamplona
Bucaramanga
Alto Ritacuva 5493
Chiquinquira
Tunja
Arauca
Medellín
Cauca
Magdalena
Manizales
C. Corrientes
Tolima 5806
Ibagué
Bogotá
Buenaventura
COLOMBIA
Cali
Neiva
Huila 5750
Popayán
I. Malpelo (Col.)
Tumaco
Pasto
Esmeraldas
Ibarra
Otavalo
Quito
L. de San Pablo
Napo
Cotopaxi 5897
ECUADOR
Manta
Chimborazo 6267
Ambato
Riobamba
Guayaquil
Golfo de Guayaquil
Cuenca
Loja
Lobitos
Paita
Piura
Pta. Aguja
Chiclayo
Pacasmayo
Trujillo
Chimbote
Huarás
Huascarán 6766
Jaén
Cajamarca
PERÚ
Cerro de Pasco
Huacho
Callao
Lima
La Oroya
Pisco
Pta. Huacas
Ayacucho
Ica
Lomas
Arequipa
Mollendo
Moquegua
Ilo
Tacna
Arica
Pisagua
El Misti 5852
Vilcanota 5484
Juliaca
Puno
L. Titicaca
Illampu 6485
Coroico
La Paz
Guaqui
Nev. de Sajama 6520
Oruro
L. Poopó
Sucre
Potosí
Río Mulato
Cochabamba
BOLIVIA
Sta. Cruz de la Sierra
Concepción
San Ignacio
Trinidad
Sta. Ana
Beni
Mamoré
Grande
La Gaiba
Pto. Suárez
Corumbá
Pôrto Esperança
Paraguay
Apurimac
Urubamba
Machu Picchu
Ollantaytambo
Cuzco
Pto. Maldonado
Riberalta
Villa Bella
Abuná
Cocama
Guajará-Mirim
Ucayali
Requena
Marañón
Iquitos
Tigre
Putumayo
Caquetá
Apaporis
Arica
Ecuador
Vaupés
LLANOS
Guaviare
Vichada
Meta
Arauca
Orinoco
Pto. Ayacucho
S. Fernando de Apure
Ciudad Bolívar
Caura
VENEZUELA
Cuyuní
Roraima 2620
GUAYANA BRIT.
Morawhanna
Demerara
Georgetown
Nueva Amsterdam
Nieuw Nickerie
Coronie
Paramaribo
Rockstone
Essequibo
Brownsweg
Corantijn
SURINAM (Hol.)
Mana
Sinnamary
I. del Diablo
Cayena
GUAYANA FRCSA.
ININI
Itany
Oiapoque
St. Georges
Sa. de Acaraí
Sa. Pacaraima
Sa. Parima
Sa. Tapira-peco
São Felipe
Bôa Vista
Branco
Río Negro
Taracuá
Barcelos
Moura
Japurá
Içá
Río
Tefé
Leticia
Tabatinga
Amazonas
Manaus
Nhamundá
Mapuerá
Erepecurú
Óbidos
Prainhas
Jari
Macapá
I. de Maracá
Canal del Norte
I. Caviana
Canal del Sur
Río Pará
I. de Marajó
Belém
Bragança
São Luís
Ecuador
Cametá
Santarém
Belterra
Parintins
Fordlândia
Borba
Javari
Juruá
Jutaí
Eirunepé
Xingu
Purus
Lábrea
Ituxi
Pôrto Velho
Alto Madeira
Río Branco
Yaco
Madeira
Humaitá
Manicoré
Aripuanã
Roosevelt
Juruena
Arinos
Teles Pires
Tapajóz
Bacabal
Jamanchim
Iriri
Xingu
Tucuruí
Tocantins
Marabá
Gurupi
Araguaia
Conceição do Araguaia
Sierra del Estruendo
Sierra del Roncador
Isla del Bananal
Río de las Muertas
Planalto de Mato Grosso
Diamantino
Mato Grosso
Sierra de los Parecis
Guaporé
Cuiabá
Goiás
Goiânia
Anápolis
DISTRITO FEDERAL
Brasília
Paranaíba
Araguari
Pirapora
Montes Claros
Minas Novas
Diamantina
Caravelas
Belmonte
Ilhéus
Jequié
Pardo
Salvador (Bahía)
Alagoinhas
Cachoeira
Aracaju
Propriá
Senhor do Bonfim
Miguel Calmon
São Francisco
CAMPOS
Carinhanha
Paraná
Palma
Pôrto Nacional
Tocantinópolis
Carolina
Parnaíba
Caxias
Codó
Teresina
Parnaíba
Camocim
Fortaleza (Ceará)
I. Fernando de Noronha
Aracati
C. de São Roque
Natal
Areia Branca
Crateús
Iguatu
Jaguaribe
Cajàzeiras
João Pessoa (Paraíba)
Recife (Pernambuco)
Maceió
Juàzeiro
Petrolina
Remanso
Paulistana
BRASIL
GAS
SIN

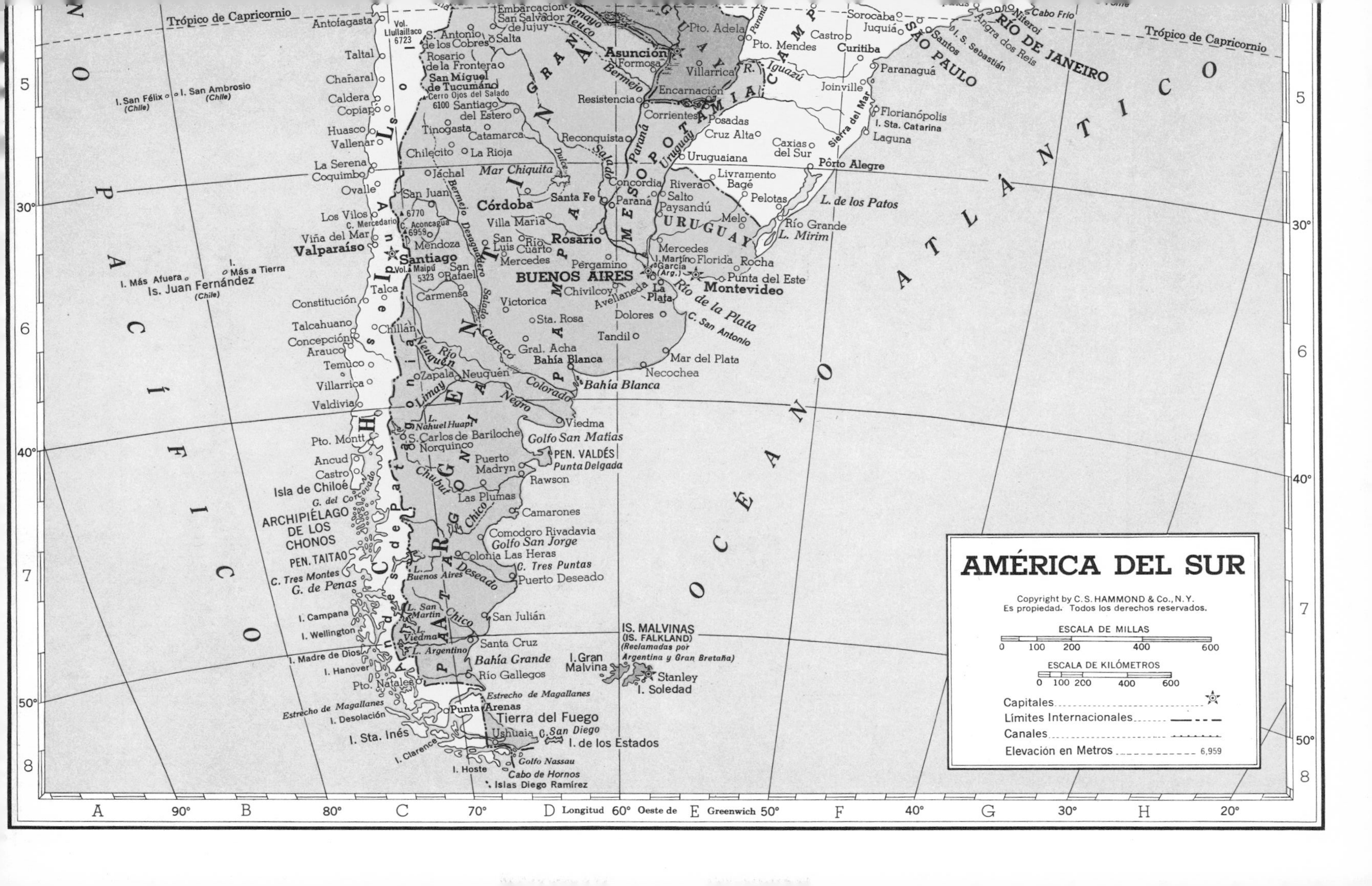

AMÉRICA DEL SUR
Copyright by C. S. HAMMOND & Co., N. Y.
Es propiedad. Todos los derechos reservados.
ESCALA DE MILLAS
0 100 200 400 600
ESCALA DE KILÓMETROS
0 100 200 400 600
Capitales
Límites Internacionales
Canales
Elevación en Metros 6,959
Trópico de Capricornio
OCÉANO ATLÁNTICO
OCÉANO PACÍFICO
I. San Félix (Chile)
I. San Ambrosio (Chile)
I. Más Afuera
I. Más a Tierra
Is. Juan Fernández (Chile)
Antofagasta
Taltal
Chañaral
Caldera
Copiapó
Huasco
Vallenar
La Serena
Coquimbo
Ovalle
Los Vilos
Viña del Mar
Valparaíso
Santiago
Constitución
Talca
Talcahuano
Concepción
Arauco
Chillán
Temuco
Villarrica
Valdivia
Pto. Montt
Ancud
Castro
Isla de Chiloé
G. del Corcovado
ARCHIPIÉLAGO DE LOS CHONOS
PEN. TAITAO
C. Tres Montes
G. de Penas
I. Campana
I. Wellington
I. Madre de Dios
I. Hanover
Pto. Natales
Estrecho de Magallanes
I. Desolación
I. Sta. Inés
I. Clarence
I. Hoste
Golfo Nassau
Cabo de Hornos
Islas Diego Ramírez
Vol. Llullaillaco 6723
S. Antonio de los Cobres
Salta
San Salvador de Jujuy
Embarcación
Rosario de la Frontera
San Miguel de Tucumán
Cerro Ojos del Salado 6100
Santiago del Estero
Tinogasta
Catamarca
Chilecito
La Rioja
Jáchal
San Juan
C. Mercedario 6770
C. Aconcagua 6959
Mendoza
Vol. Maipú 5323
San Rafael
Carmensa
Mar Chiquita
Córdoba
Villa María
San Luis
Río Cuarto
Mercedes
Santa Fe
Rosario
Pergamino
BUENOS AIRES
Chivilcoy
Avellaneda
La Plata
Victorica
Sta. Rosa
Gral. Acha
Bahía Blanca
Dolores
Tandil
Mar del Plata
Necochea
C. San Antonio
Río de la Plata
Neuquén
Zapala
L. Nahuel Huapí
S. Carlos de Bariloche
Norquinco
Viedma
Golfo San Matías
PEN. VALDÉS
Punta Delgada
Puerto Madryn
Rawson
Las Plumas
Camarones
Comodoro Rivadavia
Golfo San Jorge
Colonia Las Heras
C. Tres Puntas
Puerto Deseado
L. Buenos Aires
L. San Martín
L. Viedma
L. Argentino
San Julián
Santa Cruz
Bahía Grande
Río Gallegos
Punta Arenas
Tierra del Fuego
Ushuaia
C. San Diego
I. de los Estados
IS. MALVINAS (IS. FALKLAND)
(Reclamadas por Argentina y Gran Bretaña)
I. Gran Malvina
Stanley
I. Soledad
Asunción
Formosa
Villarrica
Pto. Adela
Encarnación
Resistencia
Corrientes
Posadas
Reconquista
Concordia
Paraná
Uruguaiana
Cruz Alta
Rivera
Salto
Paysandú
Livramento
Bagé
Pelotas
Melo
URUGUAY
Mercedes
Florida
Rocha
Montevideo
Punta del Este
Caxias do Sul
Pôrto Alegre
L. de los Patos
Río Grande
L. Mirim
Pto. Mendes
Castro
Curitiba
Sorocaba
Juquiá
Paranaguá
Joinville
Sierra del Mar
Florianópolis
I. Sta. Catarina
Laguna
SÃO PAULO
Santos
I. S. Sebastián
Angra dos Reis
RÍO DE JANEIRO
Niteroi
Cabo Frío
Bermejo
Salado
Dulce
Paraná
Uruguay
Iguazú
Colorado
Negro
Limay
Chubut
Chico
Deseado
Curacó
Desaguadero
Longitud 60° Oeste de Greenwich

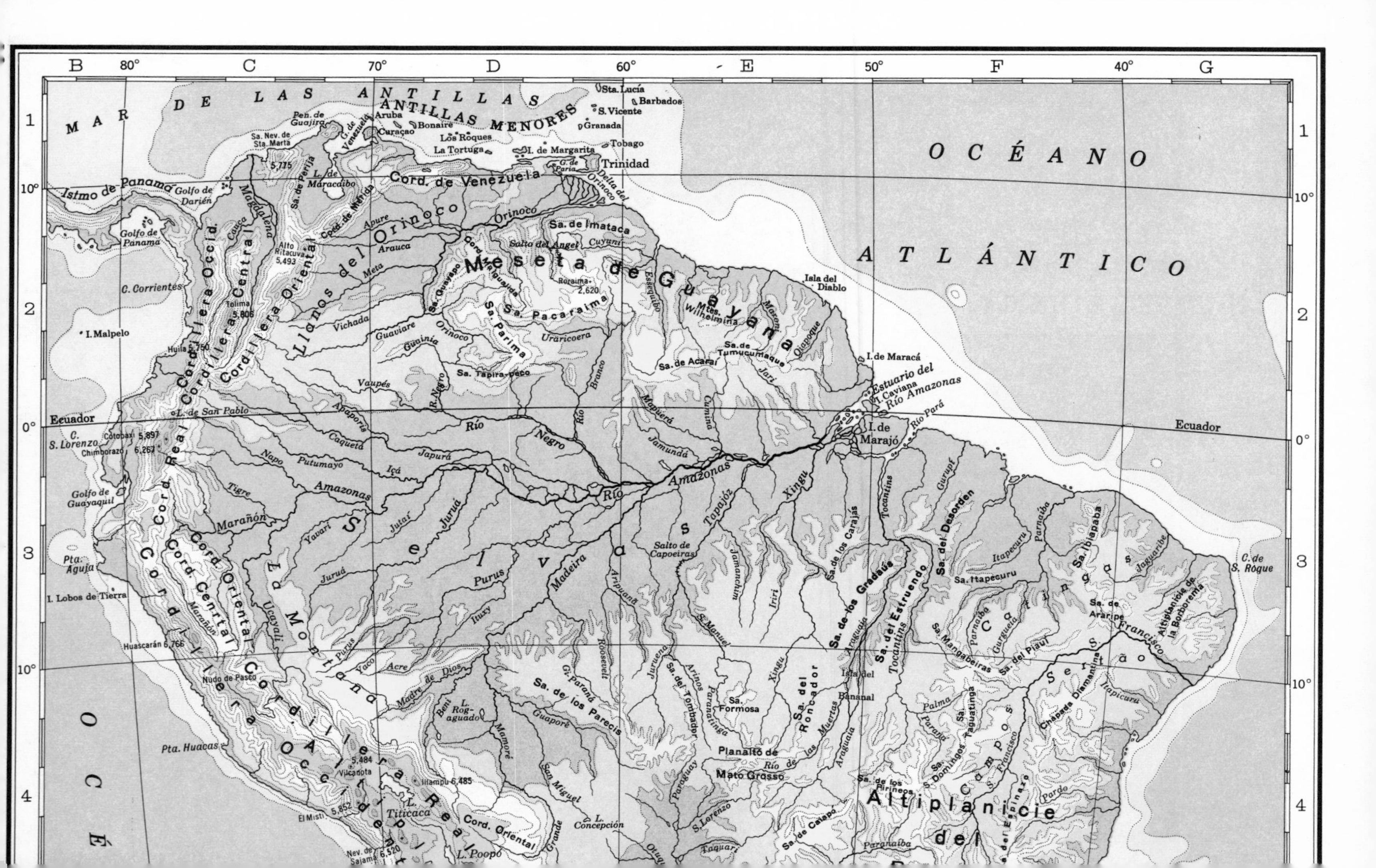

OCÉANO ATLÁNTICO
MAR DE LAS ANTILLAS
ANTILLAS MENORES
Sta. Lucía
Barbados
S. Vicente
Granada
Tobago
Trinidad
I. de Margarita
La Tortuga
Los Roques
Bonaire
Curaçao
Aruba
Pen. de Guajira
G. de Venezuela
L. de Maracaibo
Sa. Nev. de Sta. Marta
Istmo de Panamá
Golfo de Darién
Golfo de Panamá
C. Corrientes
I. Malpelo
Cord. de Venezuela
Delta del Orinoco
Orinoco
Llanos del Orinoco
Cordillera Oriental
Cordillera Central
Cordillera Occid.
Magdalena
Cauca
Apure
Arauca
Meta
Vichada
Guaviare
Meseta de Guayana
Sa. de Imataca
Salto del Angel
Cuyuni
Sa. Pacaraima
Sa. Parima
Roraima 2,620
Esequibo
Mtes. Wilhelmina
Maroni
Oiapoque
Sa. de Tumucumaque
Sa. de Acaraí
Isla del Diablo
I. de Maracá
Estuario del Río Amazonas
I. Caviana
I. de Marajó
Río Pará
Ecuador
Río Negro
Río Branco
Amazonas
Japurá
Içá
Putumayo
Napo
Caquetá
Vaupés
Apaporis
Juruá
Jutaí
Purus
Madeira
Tapajóz
Xingu
Tocantins
Araguaia
Selvas
La Montaña
Ucayali
Marañón
Cord. Real
Cord. Oriental
Cord. Central
Cordillera Occidental
Cordillera Real
Altiplanicie
Planalto de Mato Grosso
Sa. de los Parecis
Sa. del Roncador
Sa. de los Gradaús
Sa. del Estruendo
Sa. del Desorden
Sa. Ibiapaba
Sa. de Araripe
Sertão
Caatingas
Campos
Francisco
C. de S. Roque
Parnaíba
Chapada Diamantina
L. Titicaca
L. Poopó
Huascarán 6,766
Chimborazo 6,267
Cotopaxi 5,897
Huila 5,750
Tolima 5,806
Illampu 6,485
El Misti
Golfo de Guayaquil
Pta. Aguja
I. Lobos de Tierra
Pta. Huacas
OCÉ

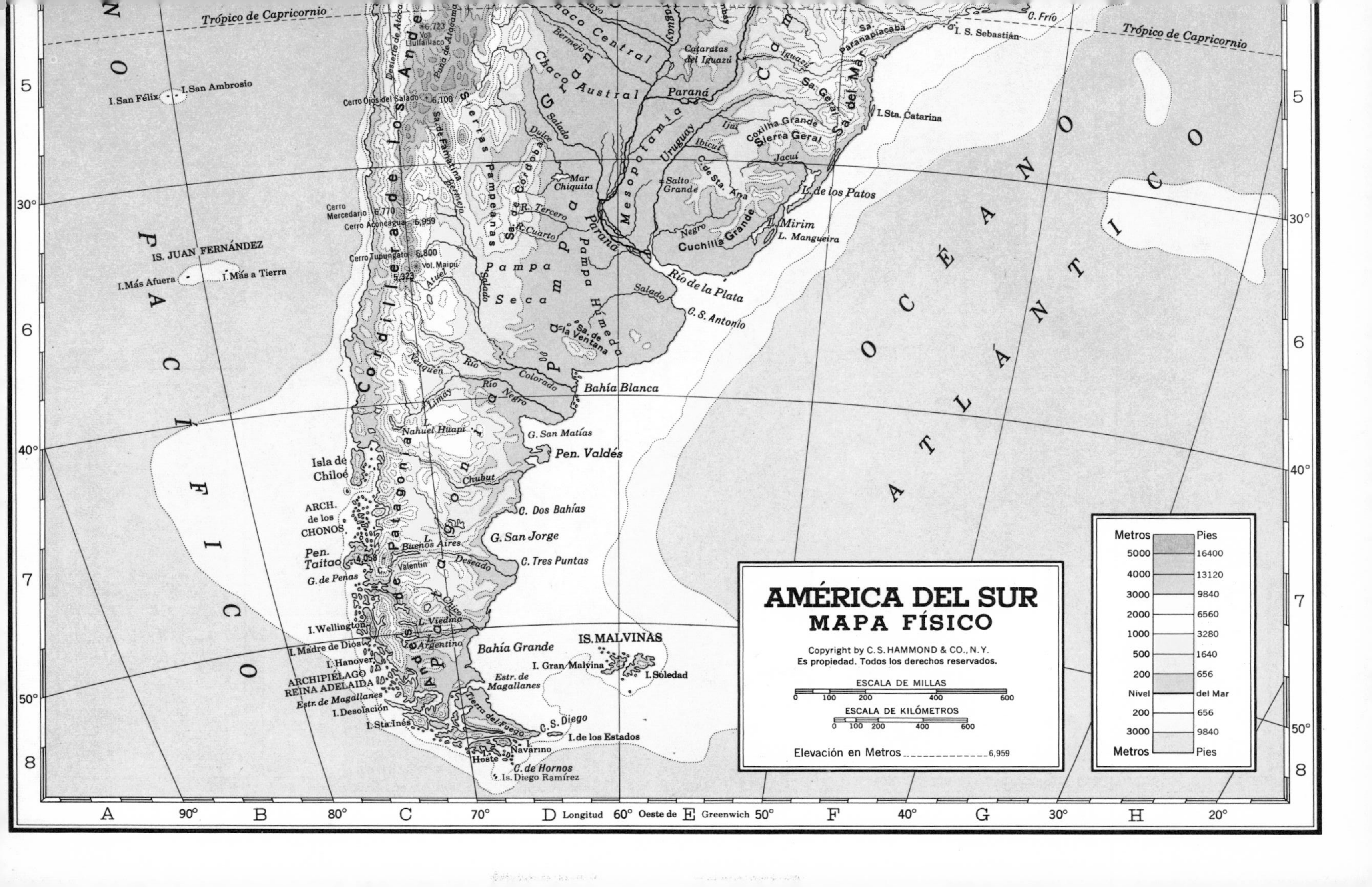
AMÉRICA DEL SUR
MAPA FÍSICO
Copyright by C. S. HAMMOND & CO., N. Y.
Es propiedad. Todos los derechos reservados.
ESCALA DE MILLAS
0 100 200 400 600
ESCALA DE KILÓMETROS
0 100 200 400 600
Elevación en Metros 6,959
Metros Pies
5000 16400
4000 13120
3000 9840
2000 6560
1000 3280
500 1640
200 656
Nivel del Mar
200 656
3000 9840
Metros Pies
OCÉANO ATLÁNTICO
OCÉANO PACÍFICO
Trópico de Capricornio
IS. JUAN FERNÁNDEZ
I. Más Afuera
I. Más a Tierra
I. San Félix
I. San Ambrosio
Cordillera de los Andes
Cerro Ojos del Salado 6,100
Cerro Mercedario 6,770
Cerro Aconcagua 6,959
Cerro Tupungato 6,800
Vol. Maipú 5,323
Sierras Pampeanas
Sa. de Famatina
Chaco Central
Chaco Austral
Gran Chaco
Mesopotamia
Pampa Seca
Pampa Húmeda
Pampa
Sa. de la Ventana
Sa. de Córdoba
Mar Chiquita
Patagonia
Paraná
Uruguay
Río de la Plata
Cataratas del Iguazú
Iguazú
Sa. Geral
Sa. do Mar
Sa. Paranapiacaba
Sierra Geral
Coxilha Grande
Cuchilla Grande
C. de Sta. Ana
Salto Grande
Negro
Ibicuí
Ijuí
Jacuí
L. de los Patos
L. Mirim
L. Mangueira
I. Sta. Catarina
I. S. Sebastián
C. Frío
C. S. Antonio
Salado
Dulce
Bermejo
R. Tercero
R. Cuarto
Atuel
Neuquén
Río Colorado
Río Negro
Limay
Chubut
Deseado
Chico
Bahía Blanca
G. San Matías
Pen. Valdés
C. Dos Bahías
G. San Jorge
C. Tres Puntas
L. Nahuel Huapí
L. Buenos Aires
Valentín 4,058
L. Viedma
L. Argentino
Isla de Chiloé
ARCH. de los CHONOS
Pen. Taitao
G. de Penas
I. Wellington
I. Madre de Dios
I. Hanover
ARCHIPIÉLAGO REINA ADELAIDA
Estr. de Magallanes
I. Desolación
I. Sta. Inés
Tierra del Fuego
I. Hoste
I. Navarino
C. de Hornos
Is. Diego Ramírez
C. S. Diego
I. de los Estados
Bahía Grande
IS. MALVINAS
I. Gran Malvina
I. Soledad
Longitud Oeste de Greenwich

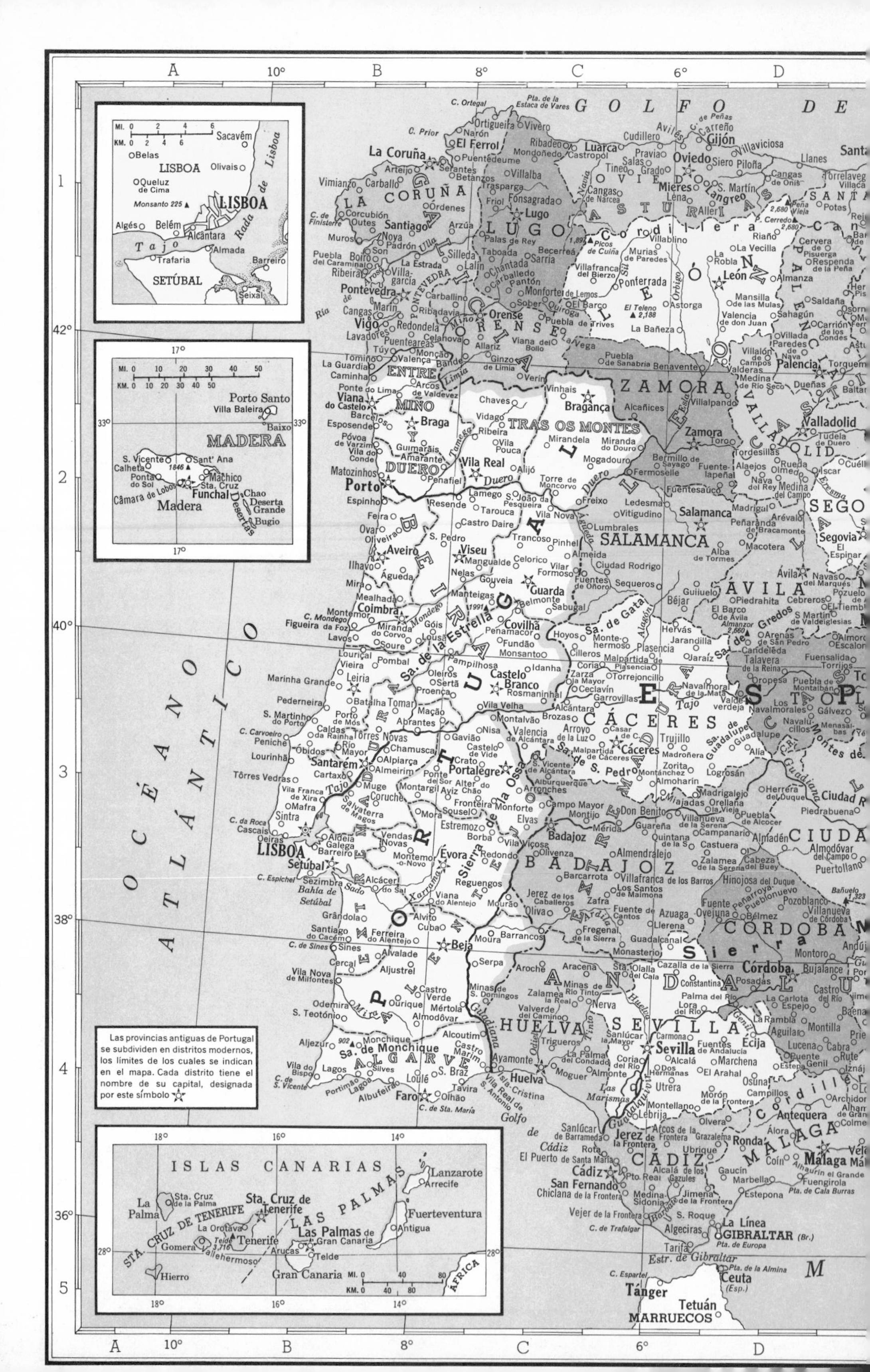

A
10°
B
8°
C
6°
D
GOLFO DE
LISBOA
Sacavém
Belas
Olivais
Queluz de Cima
Monsanto 225
Rada de Lisboa
Algés
Belém
Alcântara
Tajo
Almada
Trafaria
Barreiro
SETÚBAL
Seixal
Porto Santo
Villa Baleira
Baixo
MADERA
S. Vicente
Sant' Ana
Calheta
Machico
Ponta do Sol
Sta. Cruz
Câmara de Lobos
Funchal
Chao
Madera
Deserta Grande
Bugio
Desertas
La Coruña
El Ferrol
LA CORUÑA
Santiago
LUGO
Lugo
Oviedo
Gijón
ASTURIAS
Pontevedra
Vigo
Orense
ORENSE
León
LEÓN
Palencia
Valladolid
VALLADOLID
Zamora
ZAMORA
Salamanca
SALAMANCA
Avila
AVILA
Segovia
Viana do Castelo
Braga
Bragança
TRAS OS MONTES
ENTRE MIÑO Y DUERO
Porto
Vila Real
Aveiro
Viseu
Guarda
Coimbra
Castelo Branco
Leiria
Santarém
Portalegre
LISBOA
Setúbal
Évora
Beja
Faro
PORTUGAL
BEIRA
ESTREMADURA
ALENTEJO
ALGARVE
OCÉANO ATLÁNTICO
ESPAÑA
CÁCERES
Cáceres
BADAJOZ
Badajoz
EXTREMADURA
HUELVA
Huelva
SEVILLA
Sevilla
CÓRDOBA
Córdoba
CÁDIZ
Cádiz
MÁLAGA
Málaga
CIUDAD REAL
ANDALUCÍA
Sierra Morena
Cordillera Cantábrica
Sa. de Gata
Sa. de Gredos
Sa. de la Estrella
Sa. de Monchique
Golfo de Cádiz
Estr. de Gibraltar
GIBRALTAR (Br.)
La Línea
Tánger
Tetuán
Ceuta (Esp.)
MARRUECOS
Las provincias antiguas de Portugal se subdividen en distritos modernos, los límites de los cuales se indican en el mapa. Cada distrito tiene el nombre de su capital, designada por este símbolo
ISLAS CANARIAS
Lanzarote
Arrecife
Sta. Cruz de la Palma
La Palma
Sta. Cruz de Tenerife
LAS PALMAS
STA. CRUZ DE TENERIFE
Fuerteventura
La Orotava
Tenerife
Las Palmas de Gran Canaria
Antigua
Gomera
Telde
Arucas
Vallehermoso
Hierro
Gran Canaria
AFRICA
42°
40°
38°
36°
1
2
3
4
5

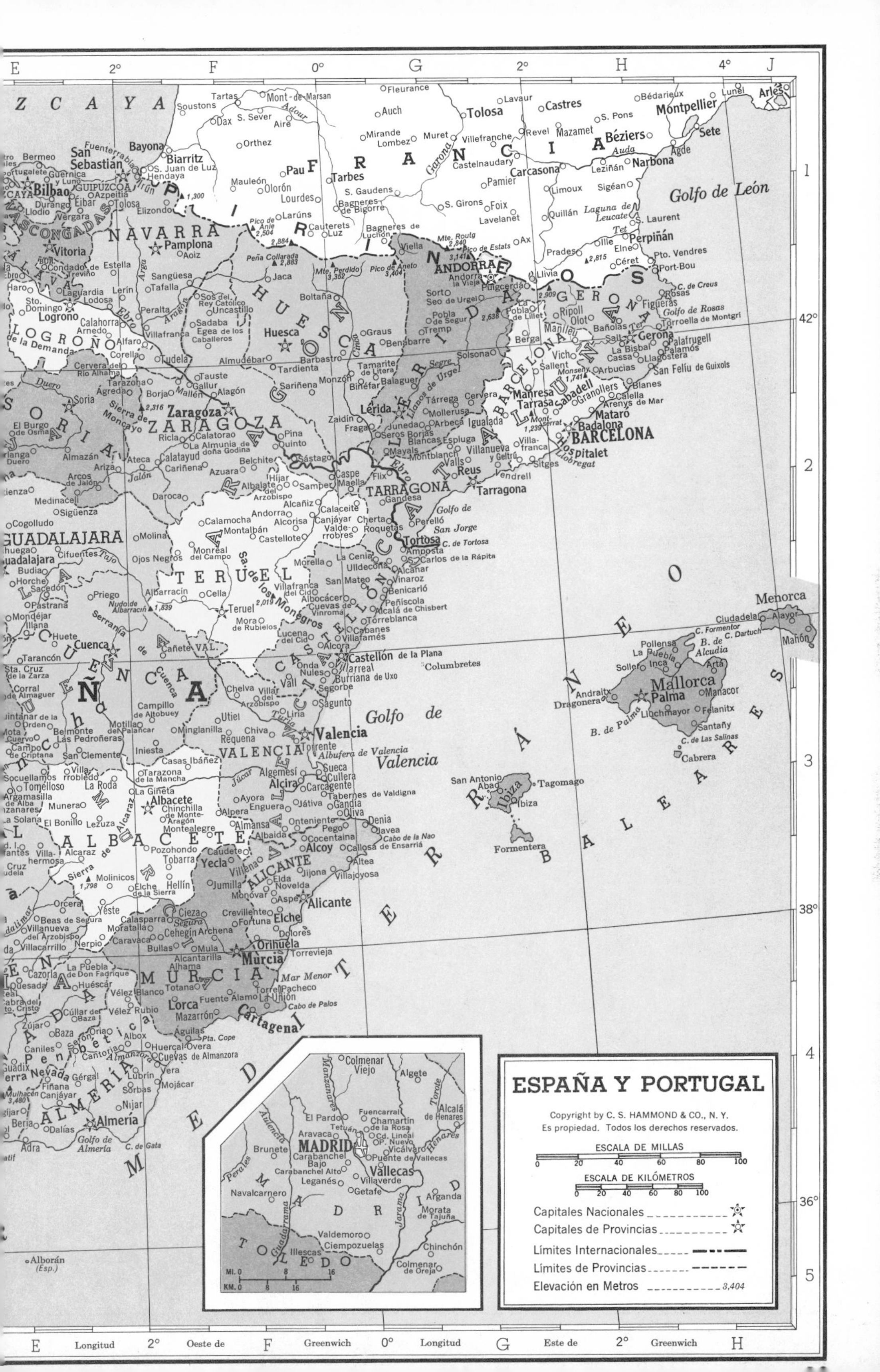

ESPAÑA Y PORTUGAL
Copyright by C. S. HAMMOND & CO., N. Y.
Es propiedad. Todos los derechos reservados.
ESCALA DE MILLAS
0 20 40 60 80 100
ESCALA DE KILÓMETROS
0 20 40 60 80 100
Capitales Nacionales
Capitales de Provincias
Límites Internacionales
Límites de Provincias
Elevación en Metros
3,404
E 2° F 0° G 2° H 4° J
E Longitud 2° Oeste de F Greenwich 0° Longitud G Este de 2° Greenwich H
1 2 3 4 5
42° 38° 36°
VIZCAYA
FRANCIA
PIRINEOS
Golfo de León
NAVARRA
HUESCA
LÉRIDA
GERONA
BARCELONA
TARRAGONA
ZARAGOZA
ARAGÓN
TERUEL
CASTELLÓN
VALENCIA
CATALUÑA
LOGROÑO
SORIA
GUADALAJARA
CUENCA
ALBACETE
ALICANTE
MURCIA
ALMERÍA
MANCHA
ANDORRA
MAR MEDITERRÁNEO
BALEARES
Golfo de Valencia
Golfo de San Jorge
Golfo de Rosas
Golfo de Almería
Menorca
Mallorca
Ibiza
Formentera
Cabrera
Dragonera
Columbretes
Alborán (Esp.)
Mahón
Ciudadela
Palma
Manacor
Felanitx
Santañy
Llucmayor
Inca
Sóller
Pollensa
Andraitx
Alcudia
Artá
B. de Palma
C. de Las Salinas
C. Formentor
C. Dartuch
San Antonio Abad
Tagomago
Bayona
Biarritz
S. Juan de Luz
Hendaya
Fuenterrabía
Irún
San Sebastián
Bilbao
Vitoria
Pamplona
Tolosa
Montpellier
Sete
Arles
Lunel
Béziers
Narbona
Agde
Carcasona
Perpiñán
Castres
Pau
Tarbes
Lourdes
Auch
Mont-de-Marsan
Dax
Orthez
Oloron
Foix
Pamier
Limoux
Leucate
Pto. Vendres
Port-Bou
C. de Creus
Rosas
Figueras
Olot
Ripoll
Gerona
Palafrugell
Palamós
San Felíu de Guixols
Blanes
Vich
Manresa
Tarrasa
Sabadell
Granollers
Mataró
Badalona
BARCELONA
Hospitalet
Llobregat
Sitges
Villanueva y Geltrú
Vendrell
Tarragona
Reus
Valls
Tortosa
C. de Tortosa
Amposta
S. Carlos de la Rápita
Vinaroz
Benicarló
Peñíscola
Castellón de la Plana
Villarreal
Burriana
Nules
Onda
Segorbe
Sagunto
Liria
Valencia
Albufera de Valencia
Sueca
Cullera
Gandía
Oliva
Denia
Jávea
Cabo de la Nao
Alcira
Carcagente
Játiva
Alcoy
Villajoyosa
Alicante
Elche
Elda
Novelda
Jijona
Orihuela
Torrevieja
Mar Menor
Cabo de Palos
Cartagena
Murcia
Lorca
Mazarrón
Águilas
Pta. Cope
Cuevas de Almanzora
Vera
Mojácar
Nijar
Almería
C. de Gata
Berja
Dalías
Adra
Sierra Nevada
Mulhacén 3,480
Guadix
Baza
Huéscar
Cazorla
Caravaca
Cieza
Yecla
Jumilla
Hellín
Albacete
Almansa
Villena
Chinchilla de Monte-Aragón
La Roda
Villarrobledo
Tomelloso
San Clemente
Belmonte
Cuenca
Huete
Tarancón
Pastrana
Sacedón
Guadalajara
Cifuentes
Molina
Sigüenza
Medinaceli
Almazán
Soria
Ágreda
Tarazona
Borja
Tudela
Calatayud
Daroca
Zaragoza
Caspe
Alcañiz
Calamocha
Montalbán
Teruel
Albarracín
Morella
Lérida
Balaguer
Fraga
Monzón
Barbastro
Huesca
Jaca
Sabiñánigo
Tremp
Seo de Urgel
Puigcerdá
Andorra la Vieja
Logroño
Calahorra
Haro
Estella
Sangüesa
Tafalla
Elizondo
Ebro
Segre
Júcar
Turia
Segura
Duero
Tajo
Pico de Aneto 3,404
Mte. Perdido 3,352
Peña Collarada 2,883
Pico de Anie 2,504
Mte. Routg 2,840
Pico de Estats 3,141
Montserrat 1,239
Monseny 1,741
Serranía de Cuenca
Sierra de los Monegros
Sierra de Moncayo 2,316
Sierra de Alcaraz
Cordillera Penibética
MADRID
El Pardo
Fuencarral
Chamartín de la Rosa
Tetuán
Cd. Lineal
P. Nuevo
Vicálvaro
Puente de Vallecas
Vallecas
Aravaca
Carabanchel Bajo
Carabanchel Alto
Leganés
Getafe
Villaverde
Alcalá de Henares
Colmenar Viejo
Algete
Brunete
Navalcarnero
Valdemoro
Ciempozuelos
Arganda
Morata de Tajuña
Chinchón
Illescas
Colmenar de Oreja
TOLEDO
Manzanares
Jarama
Henares
Guadarrama
Perales
Aulencia
Torote
MI. 0 8 16
KM. 0 8 16

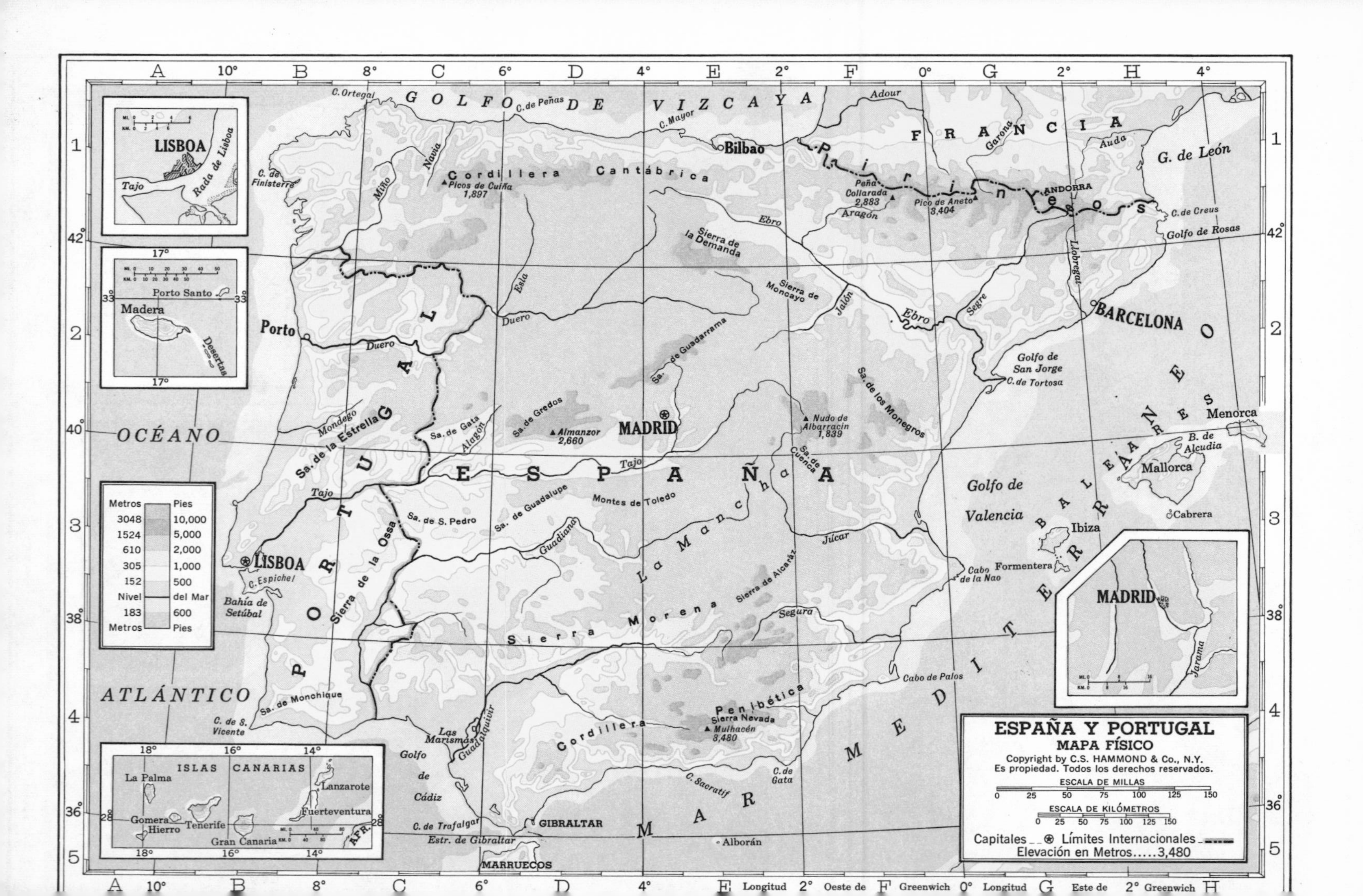

ESPAÑA Y PORTUGAL
MAPA FÍSICO
Copyright by C.S. HAMMOND & Co., N.Y.
Es propiedad. Todos los derechos reservados.
ESCALA DE MILLAS
0 25 50 75 100 125 150
ESCALA DE KILÓMETROS
0 25 50 75 100 125 150
Capitales ⊛ Límites Internacionales
Elevación en Metros.....3,480
Metros 3048 1524 610 305 152 Nivel 183 Metros
Pies 10,000 5,000 2,000 1,000 500 del Mar 600 Pies
GOLFO DE VIZCAYA
OCÉANO ATLÁNTICO
MAR MEDITERRÁNEO
FRANCIA
PORTUGAL
ESPAÑA
Pirineos
Cordillera Cantábrica
Picos de Cuiña 1,897
Sierra de la Demanda
Sierra de Moncayo
Sa. de Guadarrama
Sa. de Gredos
Almanzor 2,660
MADRID
Montes de Toledo
La Mancha
Sa. de Cuenca
Nudo de Albarracín 1,839
Sa. de los Monegros
Peña Collarada 2,883
Pico de Aneto 3,404
ANDORRA
BARCELONA
Bilbao
Porto
LISBOA
Sa. de la Estrella
Sa. de Gata
Sa. de S. Pedro
Sa. de Guadalupe
Sierra de la Ossa
Sierra Morena
Sierra de Alcaraz
Cordillera Penibética
Sierra Nevada
Mulhacén 3,480
Sa. de Monchique
C. Ortegal
C. de Peñas
C. Mayor
C. de Finisterre
C. Espichel
Bahía de Setúbal
C. de S. Vicente
Golfo de Cádiz
Las Marismas
C. de Trafalgar
Estr. de Gibraltar
GIBRALTAR
MARRUECOS
Alborán
C. Sacratif
C. de Gata
Cabo de Palos
Cabo de la Nao
Golfo de Valencia
Golfo de San Jorge
C. de Tortosa
Golfo de Rosas
C. de Creus
G. de León
Menorca
B. de Alcudia
Mallorca
Cabrera
Ibiza
Formentera
Miño
Navia
Esla
Duero
Mondego
Tajo
Alagón
Guadiana
Guadalquivir
Júcar
Segura
Ebro
Aragón
Jalón
Segre
Llobregat
Garona
Adour
Auda
LISBOA
Rada de Lisboa
Tajo
Porto Santo
Madera
Desertas
ISLAS CANARIAS
La Palma
Gomera
Hierro
Tenerife
Gran Canaria
Fuerteventura
Lanzarote
AFR.
MADRID
Jarama
Longitud Oeste de Greenwich
Longitud Este de Greenwich

ÍNDICE

ÍNDICE